BIERBUSINESS

WAS DIE BRANCHE DENKT

Werner Beutelmeyer
Conrad Seidl

IMPRESSUM

© 2017 market GesmbH & Co KG – Institut für Markt-, Meinungs- und Mediaforschung, Klausenbachstraße 67, A-4040 Linz

VERLAG	medianet Verlag AG, Brehmstrasse 10, A-1110 Wien
GRAFISCHES KONZEPT	Alexandra Denk
GRAFIK	Sigrid Raditschnig
COVERFOTO	Günter Menzl
FOTOS	Conrad Seidl, Archiv Bierpapst, Spiegelau (S.36)
DRUCK	Ferdinand Berger & Söhne Ges.m.b.H., A-3580 Horn
ISBN	978–3–902843–87–6 Euro 24,90

INHALT

EIN BIER – UND EIN PAAR WORTE – VORWEG

Das Jahr 2016 war ein außergewöhnliches Jahr für die Bierwelt. Im Großen mit dem größten Zusammenschluss von Brauereien, den es je gegeben hat. In der etwas kleineren deutschen Bierwelt mit den Feiern rund um das Reinheitsgebotsjubiläum, Dutzenden Ausstellungen und Publikationen zum Thema Bier – all das hat weit über Deutschland und seinen Biermarkt hinausgestrahlt. Und schließlich in der ganz kleinen Bierwelt, der der Kleinbrauereien, der Stammtische, der Bierstammtische: Da hat jeder von Craftbier gesprochen – ein Begriff, den vor zehn Jahren noch kaum jemand gekannt hat (und über den auch heute noch leidenschaftlich gestritten werden kann).

Ach ja: vor zehn Jahren! Da war die Bierwelt überhaupt eine ganz andere. Werner Beutelmeyer und ich haben damals ein Bierbuch für Profis herausgegeben, „Bier verkaufen" hat es geheißen und die Bierszene von damals beschrieben. Wir haben wieder mal darin geblättert und uns gefragt, was da wohl noch heute stimmen mag.

Wie viel davon können wir aus unserer eigenen Erfahrung abschätzen? Auch mit jahrzehntelanger publizistischer Erfahrung ist man ja auf aktuelle Daten angewiesen. Gerade wenn man selber immer wieder gefragt wird, was wohl die Branche so denkt.Ich konnte in den vergangenen Jahren darauf stets nur anekdotenhaft antworten. Mit Erzählungen über jenen Weißbierbrauer, der mir vor zehn Jahren noch erzählt hat, dass die tollen Biere, die er exklusiv für den amerikanischen Markt gebraut hat, auf dem deutschen Markt nicht verkäuflich wären – zu intensiv im Geschmack, zu hoch im Preis. Das hat sich definitiv geändert, heute gibt es diese Biere in ganz Deutschland zu kaufen; und sie haben Konkurrenz von einigen Kleinbrauern bekommen, die ebenfalls erfolgreich mit intensiv gehopftem Weizenbier experimentieren.

Ich kann ebenfalls aus anekdotenhaft belegbarer Erfahrung von Gastronomen erzählen, die sich schon lange vor der Jahrtausendwende auf belgische Bierspezialitäten eingelassen haben. Mit sehr unterschiedlichem Erfolg: Auf die Schnelle fallen mir drei ein, die – zum Teil unter Hinterlassung beachtlicher Verbindlichkeiten – ihre Lokale wieder schließen mussten. Andere hatten das nötige Durchhaltevermögen, einem wird (nach Jahren, in denen er allein im Lokal gestanden ist) nun Abend für Abend die Tür eingerannt, in der internationalen Bier- und Reiseliteratur macht er Furore. Inzwischen hat er ein zweites Lokal eröffnet, das sich auf Biercocktails spezialisiert. Der Zuspruch des Publikums zu diesen Cocktails ist mäßig, wie seinerzeit, als er mit belgischem Bier begonnen hat. Aber er gibt nicht auf, er weiß ja, dass man Durststrecken aushalten muss. Und dasselbe weiß ich von Getränkehändlern zu erzählen, die Bierspezialitäten angeboten haben, als noch niemand eine Ahnung hatte, was Craftbier eigentlich sein soll.

Viele, viele gute Stories. Und viel Evidenz. Aber kein genereller, datenbasierter Überblick über das, was die Branche und ihre Stakeholder wirklich denken. Das alles habe ich dann wieder einmal mit Werner Beutelmeyer vom Market-Institut besprochen.

Und der hat sich sofort bereit erklärt, eine entsprechende Umfrage aufzusetzen.

Dieses Buch ist auf Basis dieser Umfrage entstanden. Ein Projekt, das wesentlich umfangreicher geworden ist, als wir das ursprünglich gedacht hatten. Wir wollten wissen, was die Branche denkt.

Und da fängt es schon mit den Problemen an: Wer ist „die Bierbranche"? Wer sind deren Stakeholder? Die Braumeister gehören dazu, das ist wohl selbstverständlich. Und sicher auch die Mitarbeiter der Getränkehersteller. Die Wirte und ihr Personal klarerweise ebenso.

Wer Biersommeliers und deren Begeisterung für das, was sich in der Branche tut, kennt, wird verstehen, dass die sich selber ebenfalls in die Branche hineinreklamieren würden. Sehr zu Recht!

Aber natürlich wollten wir auch wissen, was die Konsumenten denken. Und ob Journalisten, die die öffentliche Meinung prägen, dasselbe denken wie die Konsumenten, die ja nicht nur Konsumenten von Bier und anderen alkoholischen Getränken sind, sondern eben auch Medienkonsumenten. Besonders gespannt waren wir, was sich wohl Politiker denken – und ob deren Bierwelt dieselbe ist wie die ihrer Wähler.

Um die Stichprobe der diesem Buch zugrundeliegenden Umfrage zusammenzustellen, mussten wir Methoden ausprobieren, die noch nicht verwendet wurden: Wir haben in verschiedenen Gemeinden verschiedener Größe alle Politiker angeschrieben, von denen wir E-Mailadressen finden konnten. Wir haben alle deutschsprachigen EU-Abgeordneten angeschrieben – einige haben teilgenommen, wobei es uns weniger um deren Parteizugehörigkeit, als um ihre generelle Einschätzung gegangen ist. Besonders erfreulich, was eine befreundete EU-Abgeordnete zurückgeschrieben hat:

„Lieber Conrad, habe mich sehr über Dein Mail gefreut – ein großartiges Projekt, das Du aufziehst! Ich habe die Umfrage natürlich sehr gerne ausgefüllt. Sie ist sehr interessant und vor allem ausführlich –

ich bin gespannt auf das Gesamtergebnis. Gerne leite ich die Umfrage auch an deutschsprachige Kontakte weiter.
Bis bald und liebe Grüße aus Brüssel!
E. "

Ebenso erfreulich war das Engagement, das viele Verbände in der Branche gezeigt haben – viele Braumeister haben berichtet, dass sie den Fragebogen weitergeleitet haben und dann ein paar Tage später von ihrem Berufsverband nochmals auf den Link hingewiesen worden sind. Wir haben über Facebook und E-Mail eingeladen, haben Newsletter und Briefpost, berufliche und private Netzwerke aktiviert und mehr als 12.000 Kontakte erreicht.

Tatsächlich haben wir einen sehr umfangreichen Fragebogen erstellt – und die eine oder andere Teilnehmerin, der eine oder andere Teilnehmer hat auch darüber geklagt, dass das Ausfüllen sehr zeitaufwändig war. Zwei Prozent der 1713 Befragten, die die Umfrage abgeschlossen haben und noch eine eigene Aussage anschließen wollten, antworteten sinngemäß: „Prost, jetzt habe ich mir ein Bier verdient."

Ja eh – und es werden auch 100 Exemplare dieses Buches unter den Teilnehmern verlost. Und wir müssen uns auch bei allen anderen bedanken.

3093 Personen haben sich an der Umfrage beteiligt und zumindest einige Fragen beantwortet. Ein gutes Drittel der Befragten – 1066 Personen und von diesen wiederum etwa gleich viele Frauen und Männer – sagten, dass sie keine Stakeholder der Branche sind. Das sind also die normalen Konsumenten, die uns in diesem Buch noch öfter begegnen werden.

Und so sieht der Rest der Stichprobe aus (wobei es teilweise Doppelnennungen gibt, etwa von Wirten, die auch in der Politik sind, oder Braumeistern, die auch in einem Verband tätig sind)

>> Braumeister

15 Prozent aller 3093 Befragten üben den Beruf eines Braumeisters, Getränketechnikers oder professionellen Bierherstellers aus: 475 Personen aus diesen Berufsgruppen haben teilgenommen, wobei sich hier besonders deutlich manifestiert, dass die Branche immer noch stark männlich dominiert ist.

>> Journalisten

Mit 426 Personen ist das die zweitgrößte Gruppe der Befragten – 13,77 Prozent der Gesamtstichprobe kommen aus einem der Medienberufe Journalist, Pressesprecher oder PR-Beauftragter. Es ist die Gruppe der Befragten, die den höchsten Frauenanteil hat (doppelt so viele weibliche wie männliche Befragte) und die ex aequo mit den Braumeistern auch das höchste Durchhaltevermögen beim Ausfüllen des Fragebogens bis zum Schluss gezeigt hat.

>> Sommeliers

352 Sommeliers (der Großteil davon Biersommeliers), 11,38 Prozent der Stichprobe, haben mitgemacht. Es waren etwa gleich viele Frauen wie Männer, besonders hoch ist der Anteil der Biersommeliers unter den Befragten in der Schweiz und in Deutschland.

>> Politiker

9,86 Prozent der Befragten (305 Personen) sind politisch tätig, knapp sieben Prozent auf kommunaler Ebene, der Rest zu etwa gleichen Teilen auf Bundesländer-/Kantons-Ebene und auf nationaler oder europäischer Ebene.

>> Gastronomen

265 Personen aus der Gastronomie (8,57 Prozent der Stichprobe) haben mitgemacht, wobei die Inhaber rund drei mal so häufig selbst geantwortet haben wie deren Mitarbeiter.

>> Getränkehersteller

292 Befragte deklarierten sich als Inhaber, Manager oder kaufmännische Mitarbeiter eines Getränkeherstellers – rechnet man die Braumeister, die hier eine Doppelfunktion angegeben haben, heraus, bleiben rund acht Prozent der Stichprobe.

>> Zulieferer

Vier Prozent der Befragten kommen aus dem weiten Bereich der Zulieferer der Getränkeindustrie, dazu kommt ein weiterer Prozentpunkt der Befragten, die aus dem Feld Beratung, Wissenschaft oder Studium der Getränkewirtschaft kommen.

>> Handel

134 Personen (15 Prozent aller Befragten) kommen aus dem Getränkehandel.

>> Funktionäre

Zwei Prozent der Befragten deklarierten sich als Funktionäre von Berufs- oder Interessensverbänden der Brauwirtschaft – wobei es hier natürlich auch etliche Überschneidungen gibt.

Sie alle haben mitgeholfen, dass dieses Buch eine solide Datenbasis hat. Und die Experten, die mit uns ihre persönlichen Einschätzungen geteilt haben, waren eine wertvolle Ergänzung.

Ich sage – gemeinsam mit Werner Beutelmeyer – vielen Dank fürs Mitmachen. Und empfehle, ein gutes Bier aufzumachen und weiterzuschmökern. Es gibt vieles zu entdecken!
Herzliches Prost

Conrad Seidl   Werner Beutelmeyer

Wien und Linz, November 2016

INSPIRATION AUS DER GESCHICHTE

Jedes Bierbuch scheint mit einem Kapitel über die Geschichte des Bieres zu beginnen – und dieses soll keine Ausnahme sein. Nur schreiben wir nicht wie viele Kolleginnen und Kollegen einfach voneinander ab, was man über die Geschichte des Bieres zu wissen glaubt. Wir verbreiten nicht die Legende weiter, dass Bier von einer biederen Hausfrau erfunden worden wäre, die eines Tages einen zu dünnen Brotteig habe stehen lassen, der dann zu Bier vergoren wäre. Das kann aus technologischen Gründen nicht so gewesen sein. Vor allem kann es aber nicht so gewesen sein, weil der Mensch erst Bierbrauerei und Sesshaftigkeit entwickelt hat – und danach erst zum Brot gefunden hat.

Zugegeben: Auch in einigen frühen Büchern von Conrad Seidl wurden ein paar der gängigen Bier-Legenden ungeprüft weiterverbreitet, weil sie halt so schön geklungen haben, auch wenn sie nicht belegt waren. Bitte um Vergebung. Als Ausrede könnte man anführen, dass viele dieser Legenden von Brauereien selber gern in ihrer Kommunikation verwendet werden. Geloben wir also gemeinsam Besserung – schweigen wir von den Lederhosen der Bierkieser, von der Heiligkeit oder auch nur der Königseigenschaft des Gambrinus und von Ziegenböcken, die an der Wiege des Bockbieres gestanden sein sollen.

Es ist hier auch nicht der Platz, die gesamte Bier-Story von Babylonien über das deutsche Mittelalter bis in die Firmengeschichten der Neuzeit minutiös aufzuarbeiten. Wohl aber wollen wir ausgewählte Elemente der Biergeschichte herausgreifen, um Zusammenhänge zu erläutern.

Und bleiben wir dabei, gute – und wahre – Geschichten aus der Geschichte zum Bier zu erzählen! Dies ist auch die Begründung, warum wir uns zuerst mit der Biergeschichte befassen wollen: Sie liefert nämlich Gesprächsstoff.

Und Gesprächsstoff hilft verkaufen.

Nicht nur beim Bier. Man weiß, mit welcher Hingabe Fans über ihre Fußballvereine und deren Geschichte fachsimpeln. Oder wie viel Detailwissen Autofahrer über ihre Lieblingsmarke austauschen – vorausgesetzt natürlich, es handelt sich um eine Kult-Marke.

Kult-Marken entstehen nämlich vor allem dadurch, dass über sie gute Geschichten erzählt werden können. Gut erzählte Geschichte ist Teil guten Marketings. Und mehr noch: Sie liefert Anknüpfungspunkte für Kunden, die die Geschichte weitererzählen. Sie liefert auch Anknüpfungspunkte für eine Brauerei, neue Produkte auf Basis der Geschichte zu entwickeln.

Wir haben Braumeister, Getränkehersteller, Konsulenten und Sommeliers gefragt, wo sie in ihrem Betrieb Möglichkeiten der Differenzierung sehen. Folgende Antwort erhielt die zweitgrößte Zustimmung:

›› Stilgerechtes Brauen historischer Braurezepte

40 Prozent der Befragten aus der Branche sagten uns, dass sie das sicher in den nächsten Jahren machen werden, weitere 40 Prozent wollen das vielleicht machen – nur der Einsatz von individuellen Biergläsern wird in noch intensiverem Maß geplant. Darüber später.

Zunächst ein kurzer Ausflug zu den Wurzeln

In Bierseminaren erzählen wir gerne, wie eng die Bierbrauerei mit der Entwicklung der menschlichen Kultur verbunden ist. Die wichtigste Innovation, die der Menschheit gelungen ist, ist nicht das Internet und nicht das Automobil, nicht die Dampfmaschine und nicht die Stromversorgung. Und auch Telefonie und Luftfahrt haben die Menschheit nicht so weit vorwärts gebracht wie die Erfindung des Ackerbaus: Der Pflug ist für die Entwicklung einer Kultur sesshafter Menschen wichtiger gewesen als das Rad. Denn mit dem Ackerbau wird es möglich, Brot zu backen und Bier zu brauen – und damit mehr Menschen zu versorgen als das Jägern und Sammlern, wohl auch als es nomadisierenden Hirten möglich wäre.

Das also steht am Beginn der Kulturgeschichte des Bieres, es ist längst bekanntes Wissen, das sich auf die Theorie der neolithischen Revolution stützt: Demnach hätten unsere Vorfahren in der Steinzeit einen akuten Fleischmangel gelitten und sich daher auf den Ackerbau verlegt – Bauern hätten die ersten Städte gegründet und noch der trojanische König Priamos sei nicht viel mehr gewesen als ein königlicher Großbauer. (Wir erinnern uns: Sohn Paris weidete seine Herde auf dem Berge Ida, als ihn die Göttinnen um sein Urteil baten.)

Man kann sich auch gut zusammenreimen, was das älteste Gewerbe der Welt war. Nein, nicht das, das meist so bezeichnet wird: Gewerbliche Bierbrauerei hat in diesem kulturgeschichtlichen Erklärungsmodell ganz gute Chancen, am Beginn der Entwicklung der Berufsstände gestanden zu sein. Nur stimmen die Erklärungsmodelle nicht ganz: Der deutsche Professor Joseph Reichholf hat 2008 ein paar Ungereimtheiten – zum Beispiel eine Jahrtausende während Lücke zwischen dem ersten Getreidebau und den ersten nachgewiesenen Broten – entdeckt und die Urgeschichte ganz neu interpretiert.

Wir Biertrinker haben es uns wohl immer schon gewünscht, aber jetzt haben wir es schwarz auf weiß: Am Anfang unserer Kultur steht das Bier.

Hopfen und Malz
Gott erhalts

Gut: Am Biertisch redet man ja so manches. Aber im anerkannten National Geographic hat Kurt Stoppkotte bereits 2001 darauf hingewiesen, dass es eine erstaunliche Parallele zwischen der Entdeckung der Bierbrauerei und der Entwicklung der Zivilisation gibt. Einen ähnlichen Hinweis konnte man – schon sechs Jahre vorher – bei Professor Solomon Katz von der University of Pennsylvania im Buch „The Origins and Ancient History of Wine" lesen, aber da ging es eher um Wein als um Bier.

Anders ist das bei jenem Werk, in dem Reichholf ein überzeugendes Bild der menschlichen Entwicklung von den in den Wäldern hockenden Affen zu den am Biertisch sitzenden Menschen zeichnet. „Warum die Menschen sesshaft wurden" lautet der Titel des bei S.Fischer erschienenen Buchs – und die Antwort Reichholfs lautet schlicht: Weil sie miteinander Bier trinken wollten.

Natürlich handelte es sich dabei zu Beginn nicht um Bier, wie wir es kennen, das wäre auch zu viel verlangt. Aber Reichholf schreibt die Biergeschichte und die Urgeschichte der Menschheit in einem wesentlichen Punkt um: Er rechnet vor, dass vor 12.500 Jahren ziemlich sicher das erste Mal Gerste angebaut wurde, ohnehin eine für die Brotherstellung nicht geeignete Feldfrucht; vor 9800 kam dann Weizen dazu, vor 8600 Jahren Roggen, aber erst vor 6500 Jahren wurden die ersten Brote gebacken. Diese Zeitlücke ist so groß, dass man sie nicht nur auf Fundumstände schieben kann.

Dennoch galt bisher: Die so genannte neolithische Revolution wäre eine Folge davon gewesen, dass die damaligen Menschen das vorhandene Wild praktisch ausgerottet hätten und nun aus Not zu einer nachhaltigen Wirtschaftsweise gefunden hätten. Reichholf rechnete nach und fand heraus: Es gab wahrscheinlich keinen Mangel an (Wild-)Fleisch. Und aus den frühen Formen von Getreide hätte man auch gar nicht genügend entspelzte Körner gewinnen können, um nennenswerte Mengen von Broten backen zu können.

Mit Bier als ursprünglichem Ziel der Nutzung von Gräsersamen (nichts anderes sind Getreidekörner) ergibt sich eine einleuchtende Deutung: Getreide war kein Fleischersatz in schlecht gewordenen Zeiten, sondern im Gegenteil ein Genussmittel, das man sich leisten konnte, wenn die Zeiten gut waren.

Bevor die Menschen darangehen konnten, Brot zu backen, bevor sie überhaupt darangehen konnten, Getreide systematisch anzubauen, mussten sie sich mit der Ernte von wilden Körnern zufriedengeben. Reichholf:

„Während das Sammeln von Wildgräsersamen in der Bilanz zu aufwändig ausfällt, um eine attraktive Alternative zu anderen Ernährungsweisen darzustellen, gilt diese Einschränkung für die Erzeugung von Bier daraus nicht nur nicht, sondern es kommt durch die Gärung ganz von selbst zu einer Konzentration von leicht verdaulichen, ergiebigen Nährstoffen, sodass Bier tatsächlich als Nahrungsmittel betrachtet werden kann – und das nicht nur in Bayern! Es müssen zu Beginn der Nutzung von Gräsersamen nicht einmal ausschließlich solche von Wildgerste oder Wildemmer (Weizen) gewesen sein, denn anders als bei Beeren, wo darauf geachtet werden muss, sind Wildgräser frei von Giften."

Es muss diesen frühen Trinkern also besser bekommen sein, einfache Biere zu brauen als Weine aus wilden Beeren zu vergären!

Und es wird viele hundert Jahre an Selektions- und später Züchtungserfahrung gebraucht haben, bis mit Hilfe von Hackstock und Pflug richtige Äcker für richtiges Brotgetreide angelegt werden konnten. Dann aber war es klar: Ohne Bier keine Sesshaftigkeit (und umgekehrt) und ohne Sesshaftigkeit keine (Agri-)Kultur, keine Staatenbildung, kein Menschsein im modernen Sinne.

Das finden wir schon in der ältesten Dichtung der Menschheit, im Gilamesch-Epos vor etwa 3600 Jahren niedergeschrieben. Da will der König von Uruk – Gilgamesch – den kräftigen, aber wilden,

mit den Tieren auf der Steppe lebenden Urmenschen Enkidu zum Gefährten gewinnen. Er schickt ein Tempelmädchen, das aber auch als Dirne tätig ist, zu dem Wilden: Diese Schamkat soll ihn verführen und zum Menschen machen.

Was also macht dieses Mädchen Schamkat? Was wohl jede Frau täte, die einen unzivilisierten Kraftlackel trifft: Sie verlangt, dass sich Enkidu erst einmal waschen soll. Dann treibt sie es sieben Tage lang mit ihm, worauf er gänzlich den wilden Tieren entwöhnt ist – und sie macht ihn mit den Segnungen der Zivilisation vertraut: Enkidu, der wie die Gazellen Gras frass und Wasser trank, wurde mit Brot und Bier vertraut gemacht. Im Gilgamesch-Epos heisst es:

Da tat die Schamkat den Mund auf und sprach
zu Enkidu:
‚Iss das Brot, Enkidu, das gehört zum Leben!
Trink das Bier, wie's Brauch ist im Lande!'
Brot ass Enkidu, bis er gesättigt war.
Er trank das Bier – sieben Krüge voll.
Da entspannte sich sein Inneres, und er ward heiter."

Wir können daraus schließen, dass man nach Ansicht der Sumerer sieben Krüge Bier als Initiationsritus trinken muss. Und bei Enkidu zeigt es die erwünschte Wirkung:

„Sein Herz frohlockte, und sein Antlitz strahlte!
Mit Wasser wusch er ab seinen zottigen Leib.
Er salbte sich mit Öl – und ward ein Mensch."

Die Menschwerdung erfolgt also nicht in den sieben Tagen und Nächten auf der schönen Tempeldienerin, sondern indem Enkidu Brot isst und Bier trinkt – dann erst kann er sich in die Stadt aufmachen. Damit sagt uns der unbekannte sumerische Dichter: Ein eigentlicher Mensch ist ein städtischer Mensch. Und ein Städter trinkt Bier und isst Brot – wie unsere ersten sesshaften Vorfahren.

Wir können nun gut ein paar Jahrtausende Biergeschichte überspringen, müssen uns nicht mit den alten Ägyptern und den alten Germanen aufhalten. Und der mittelalterlichen Klosterbrauerei stellen wir nur quasi ergänzend ein Teilergebnis aus unserer Umfrage gegenüber. Wir haben gefragt, „welche der folgenden Gründe könnten für Sie dafür sprechen, dass Sie ein Bier bevorzugt kaufen?" Ein Item lautete:

>> Dass es ein Bier aus einer Klosterbrauerei ist

25 Prozent der zu diesem Thema befragten 1906 Personen sagten, dass das für sie ein Argument wäre – das Klosterthema liegt da, bei allem sonstigen Respekt für die frommen Brauer, also nur im Mittelfeld. Und es zieht bei älteren Befragten mehr als bei jüngeren, bei Schweizern stärker als bei Österreichern oder gar Deutschen. Auffallend ist, dass Journalisten die Stories über Klosterbrauereien überdurchschnittlich gerne hören (und auch weiterverbreiten). Und tröstlich für die Klosterbrauer, dass die Herkunft aus einer Schlossbrauerei mit zwölf Prozent als noch weniger bedeutsam eingeschätzt wird.

Wir aber eilen weiter durch die Biergeschichte, vermeiden Seitenstränge wie jenen, dass Bierbrauen früher Frauensache war (aber das war auch Wäschewaschen und Saubermachen, ohne dass das einer besonderen Erwähnung wert gewesen wäre) und merken nur kurz an, dass früher jedes Wirtshaus irgendwelche Biere gebraut hat. Wir kommen darauf zurück, wenn wir uns mit Gasthausbrauereien und Brewpubs befassen werden.

Festhalten wollen wir, dass industrielle Revolution und Gewerbefreiheit bedeutsam für die Entwicklung waren. Und wir wollen eine kleine Verbeugung vor einem Mikroorganismus machen, der die Bierbrauerei revolutioniert hat: Saccharomyces eubayanus – ein Hefepilz, der von Diego Libkind von der Universidad Nacional del Comahue in Argentinien und Chris Todd Hittinger von der University of Co-

lorado 2011 an Scheinbuchen in Patagonien entdeckt wurde, dürfte die für kalte Gärung notwendigen Eigenschaften mitgebracht haben, die die untergärigen Hefestämme gemeinsam haben.

Die obergärige Bierhefe Saccharomyces cerevisiae kann in ihren unzähligen Varianten mit diesen Eigenschaften nicht dienen. Damit also untergäriges Bier gebraut werden konnte, mussten Hefen aus dem argentinischen Patagonien irgendwann in der frühen Neuzeit nach Europa eingeschleppt werden. Sie haben sich hier wohlgefühlt, gut eingelebt und mit der Lagerbierproduktion viele Brauer reich gemacht.

Diese Industrialisierung des 19. Jahrhunderts hat die technische Qualität der Biere enorm verbessert. Aber sie hat auch eine Vereinheitlichung gebracht. Wenn wir die Situation der Brauwirtschaft vor zwei Jahrhunderten betrachten, dann fällt uns der alte Brauergruß „Gott gebe Glück und Segen drein!" ein.

Dieser zeugt nicht nur von der Frömmigkeit, die einmal in der Zunft geherrscht haben muss. Er zeugt auch davon, dass beim „zünftigen", also vorindustriellen Bierbrauen auf Gottes Segen vertraut werden musste, weil man nicht recht wusste, was sich da in den einzelnen Gefäßen getan hat. Nach dem Eintreffen des Saccharomyces eubayanus noch weniger als vorher. Die Brauer hatten nach dem Eintreffen der modernen Hefen, die mit Holz oder Früchten nach Europa gekommen waren, noch weniger Ahnung, was Gärung eigentlich ist – sie wussten bloß, dass „ein kalter Keller ein halber Brauer" ist, dass also kalte Gärung andere Biere ergibt als die bis dahin übliche für Ales.

Im Braugewerbe musste man (anders als in der im 19. Jahrhundert aufkommenden Brauindustrie) auf Erfahrung bauen. Und es gibt Bierbrauer, die das auch heute noch tun. Ben Neidhart zum Beispiel. In Oxford, einer Kleinstadt im Ostküsten-Bundesstaat Connecticut, betreibt er mit seinem Vater Matthias – der an einer späteren Stelle in

diesem Buch ausführlich zu Wort kommen wird – eine kleine Brauerei, die die beiden Auslandsdeutschen „OEC Brewing (Ordinem Ecentrici Coctores)" nennen.

Diese Brauerei ist eine seltsame Mischung aus Hi-Tech und sehr traditionellen Elementen: Bei seinem ansonsten hochmodernen Edelstahl-Sudgefäß ist der Boden wie in der guten alten Zeit noch aus Kupfer, im Läuterbottich hängt ein Balken aus Bronze – die Metallionen sollen sich positiv auf die Biere auswirken. Die heiße Würze wird nicht, wie in den geschlossenen Edelstahlsystemen moderner Brauereien in einen Whirlpool ausgeschlagen und dann gekühlt, sondern sie läuft wie vor 100 Jahren auf ein offenes Kühlschiff (für Nicht-Brauer: das ist ein großes, flaches „Schaff" aus Metall), wo sich der Eiweißtrub absetzen kann.

Traditionell arbeitet Ben schon während dem Maischverfahren, also dem Vermischen von geschrotetem Malz mit Brauwasser – das aufwändige belgische Trübmaischeverfahren haben andere Brauer längst verworfen. „Europäische Brauer setzen auf Technologie, wir setzen auch ein bisschen auf Magie", sagt der junge Brauer. Seine Biere unterscheiden sich radikal von dem leichten hellen Bier, das Großbrauereien überall auf der Welt machen – und sie werden in den USA zu Spitzenpreisen gehandelt. Eben weil sie nach Gewürzen, nach Essigsäure, nach Yoghurt oder auch nach allen möglichen Früchten duften und schmecken. Tatsächlich sind bei der Gärung dieser Biere nicht nur Hefen, sondern alle möglichen säurebildenden Bakterien beteiligt.

Die muss man freilich beherrschen, wenn man mit ihnen arbeiten will. Das hat die Brauwirtschaft im Verlauf des 19. Jahrhunderts verlernt.

Bis dahin hatte im Wesentlichen gegolten, dass man mit dem Getreide und den Bitterstoffen (vor allem, aber nicht immer und überall: Hopfen) der Umgebung die Würze für das lokale Bier brauen konnte. Das ergab Vorformen unserer heutigen

Weizenbiere, wo mit Weizen gebraut wurde, Spiced Ales, wo man mit Bilsenkraut, Wermut, Wacholder oder Erikagewächsen für Bittere sorgte. Schon Heinrich Knaust (1510-1580), dem das erste Bierbuch in deutscher Sprache zu verdanken ist, erwähnte Dutzende unterschiedliche Biere, die in verschiedenen Städten gebraut wurden. Dass die Zusammensetzung des örtlichen Wassers da ebenso zur Vielfalt beitrug wie die jeweilige lokale Mikroflora, konnte Knaust noch nicht wissen.

Zur Gärung gaben die Brauer das so genannte „Zeug" in die gekühlte Bierwürze; dabei handelte es sich um die Hefen, die sich beim Vergären des vorigen Suds vermehrt hatten. Die Brauer wussten nicht, was sie tun – sie wussten nur, dass es funktionierte. Und noch 1839 spottete der berühmte Chemiker Justus Liebig über andere Wissenschaftler, die inzwischen die Bedeutung des zuckerspaltenden Pilzes Saccaromyces Cerevisiae erkannt und beschrieben hatten: „Infusorien fressen Zucker, entleeren aus dem Darmkanal Weingeist und aus dem Harnorgan Kohlensäure".

Liebig konnte und wollte sich nicht vorstellen, dass die Gärung einem Lebewesen zu verdanken war, noch dazu einem so unscheinbaren Einzeller wie der Bierhefe, der ja tatsächlich Zucker – im Falle des Bieres: Malzzucker – zu Alkohol und CO_2 verstoffwechselt, allerdings nicht so, wie Liebig es in seinem spöttischen Traktat formuliert hatte. Es dauerte Jahre, bis das wissenschaftlich anerkannt war.

Und diese wissenschaftliche Anerkennung hängt auch damit zusammen, dass die Brauwirtschaft gerade in jenen Jahren den entscheidenden Übergang von der gewerblichen zur industriellen Produktion schaffte. Statt zünftig arbeitender Werkstätten entstanden Brauhäuser mit gigantischen Pfannen, riesige gekühlte Keller mit großen Eislagern (und bald auch künstlicher Kühlung) – wer sich die Einrichtung einer Großbrauerei leisten konnte, wurde damit rasch noch reicher.

Diese ersten Industriebrauer, vornehmlich jene in England, leisteten sich dann auch die ersten Laboratorien: Dem Brauereibesitzer James Prescott Joule (1818-1889) verdankt nicht nur die Brauwirtschaft die Erkenntnisse der Wärmelehre. Cornelius O'Sullivan (1841–1907) untersuchte – im Sold der Brauerei Bass in Burton on Trent – die Enzymatik des Malzes und entdeckte, wie die Wasserhärte und die im Wasser gelösten Salze das daraus gebraute Bier beeinflussen. In Kopenhagen forschte Emil Christian Hansen (1842-1909) in den Labors der Carlsberg-Brauerei an der Hefe: Seine Erkenntnis, dass man aus einer einzelnen Hefezelle Milliarden Tochterzellen mit exakt den gleichen Gärungseigenschaften gewinnen kann, erlaubte die Reinzucht von unterschiedlichen Hefestämmen, die bis dahin im „Zeug" der Brauer vermischt gewesen war. Hartog Elion (1853-1930) isolierte daraufhin 1886 den Heineken A-Stamm, der bis heute die für Heineken typischen esterigen Aromen ins Bier bringt. Und Louis Pasteur (1822–1895) verfasste Studien über Weingärung, Essiggärung und Bier – er lehrte die Brauwirtschaft, die Jungbiere mit dem Mikroskop zu untersuchen, um rechtzeitig die Infektion mit unerwünschten Organismen zu erkennen.

Diese Verwissenschaftlichung des Brauprozesses ermöglichte es, noch rationeller zu produzieren: Am Ende eines industriellen Produktionsvorgangs soll ja ein standardisiertes Produkt herauskommen. Und genau das ist auch passiert: Je besser die Brauereien über ihre Rohstoffe Bescheid wussten, desto genauer konnten sie darauf hinarbeiten, dass ihr Bier eine standardisierte Farbe, einen standardisierten Stammwürze- und in der Folge Alkohol-Gehalt, ja sogar vorhersehbare Aromen hatten. In einer modernen Brauerei kennt man ja die Hefen (oft verwendet man nur einen einzigen, dafür aber besonders gut untersuchten Hefestamm), man kennt die „Umweltbedingungen", also die Temperaturen und Drücke, bei denen die

jeweiligen Hefen optimale Leistungen erbringen. So gewinnen Biere wie das amerikanische Budweiser oder das niederländische Heineken durch den jeweiligen Hefestamm ihr produktspezifisches Aroma. Das tschechische Pilsner Urquell dagegen verdankt sein charakteristisches Aroma der Temperaturführung bei der Gärung – das Gärungsnebenprodukt Diacetyl wird dabei nicht vollständig abgebaut, das Pilsner Urquell hat daher einen leicht ranzigen Geruch.

Dieser Geruch gilt quasi als Marken-Code. Als SAB im Jahr 2000 die Pilsner Brauerei Plzenský Prazdroj übernommen hat, hat war es der Manager Tony van Kralingen, der darauf gedrängt hat, eben keine Modernisierung durchzuführen, die daran etwas geändert hätte.

In den meisten anderen Brauereien, auch den meisten tschechischen, die bis in die 1990er Jahre „Bohemian Style Pilsner" gebraut hatten, versucht man, genau dieses Aroma zu vermeiden.

Wie man überhaupt in den vergangenen 150 Jahren vor allem darüber geforscht hat, wie man mögliche Fehler vermeiden kann. Das Ergebnis waren immer hellere, immer leichter schmeckende Biere. Dem ist unter anderem der Bierstil „Wiener Lager" zum Opfer gefallen – schon um 1900 entsprachen die helleren Biere böhmischer Brauart besser dem Massengeschmack; erst in den letzten Jahren wurde das Wiener Lager zunächst in Amerika, dann aber auch in seiner Heimatstadt Wien wiederbelebt.

Das hängt mit einer generellen Renaissance historischer Bierstile zusammen – sie hat Braumeistern und Sudhaustechnikern, Gersten- und Hopfenzüchtern, Gastronomen und nicht zuletzt auch Bierfreunden eine viel weitere Welt eröffnet als sie vor 30 Jahren überhaupt vorstellbar war. Da hatte sich etwa die Sudhaustechnologie darauf spezialisiert, bei der Produktion von Maische und Bierwürze im Heißbereich der Brauerei möglichst sauerstoffarm zu arbeiten. Das ermöglicht eine

schonendere Würzekochung, hellere Biere und – wir sprechen ja von einem Industrieprodukt – längere Haltbarkeiten in Flasche oder Dose. Erkauft wurde das mit weniger intensivem Geschmack. Das war der Mehrheit des biertrinkenden Publikums ja durchaus recht – nicht jeder will bei jedem Schluck Bier die subtilen Aromen dieser oder jener besonderen Hopfensorte oder gar der unterschiedlichen Malze aus den lokalen Getreidesorten der jeweiligen Anbaugebiete herausschmecken. Und dass gutes Bier auch sauer sein kann, geht in den Kopf des Durchschnittskonsumenten schwer hinein. So etwas hat man lange den Weintrinkern überlassen.

Und doch war Bier immer mehr als ein Wirtschaftsgut. Wo es lokale Brauereien gegeben hat, hat es immer auch eine gewisse Loyalität des Publikums zum regionalen Produkt gegeben – auch wenn die Produktionsanlagen, die Rezepte und vielfach auch die Rohstoffe der Brauereien einander immer ähnlicher geworden sind: Alle Braumeister haben ja gelernt, die Erkenntnisse der Herren O'Sullivan & Co für den jeweiligen Betrieb optimal einzusetzen.

Aber ein paar Brauer wollten mehr. Da gab es einige störrische Belgier, die in den 1960er Jahren alte Rezepte ausgegraben haben und längst geschlossene Brauanlagen reaktiviert haben, um Biere der alten Art zu brauen. Ähnlich haben sich in den 1970er Jahren einige englische Kleinbrauer (unterstützt von der rasch wachsenden Konsumenteninitiative Campaign for Real Ale) entschlossen, traditionelle obergärige Biere den gängigen, letztlich auf der Forschung Hansens beruhenden Lagerbieren entgegenzusetzen. Dann entdeckten ein paar amerikanische Enthusiasten – viele davon zunächst als Hobby – die Reize von kräftig schmeckenden Bieren, die so ganz anders waren als die von der amerikanischen Industrie hergestellten, extrem milden Biere. Und im deutschen Sprachraum sind Weizen und Zwickl, Bockbier und Wiener Lager zu neuer Popularität gelangt.

Nach und nach hat sich die Idee durchgesetzt, dass die Optimierung des Industrieprodukts Helles (oder Lager oder Pils oder Märzen) eben nur einer der Wege ist, gute Biere herzustellen. Und dass man manche für untergärige Vollbiere geltende Regel eben nicht auf alle anderen Biere übertragen kann.

Es waren Brauer in den USA, die die Revolution angestoßen haben – ausgerechnet zum 200. Jahrestag ihrer Revolution gegen die englischen Kolonialherren. Da lohnt auch ein kurzer Blick auf die amerikanische Biergeschichte.

Man könnte die Geschichte des amerikanischen Bieres mit der Landung der Mayflower beginnen lassen, die am 21. November 1620 bei Cape Cod notlanden musste, weil an Bord das Bier ausgegangen war. Oder bei den Bieren der amerikanischen Ureinwohner, die den gestrandeten Pilgrim Fathers mit nach uralten Rezepten Selbstgebrautem über den Winter halfen. Man könnte von Samuel Adams erzählen, einem der führenden Köpfe der Boston Tea-Party – und von dessen Eigeninteressen als Braumeister. Vom Bierrezept des George Washington und von der Prohibition.

Aber wenn Julia Herz, die Sprecherin der Brewers Association, über Biergeschichte spricht, dann setzt sie viel später an. Bei der Craft Brewers Conference 2016 stellte sie vor 13.000 Teilnehmern die Kooperation ihres Interessensverbands mit der einflussreichen Smithonian Institution vor – die Geschichte des Bieres und sein Einfluss auf die amerikanische Gesellschaft sollen neu geschrieben werden. Und zwar im Sinne der Revolutionäre.

Als solche sehen sich die Träger der Craftbier-Bewegung: Vor vier Jahrzehnten sind sie angetreten, die Bierwelt zu verändern – und sie haben sie verändert. Zuerst in Amerika. Aber beispielgebend auch in anderen Ländern, vor allem jenen mit verkümmerter Bierkultur oder solchen, die dem Bier nie wirklich Beachtung geschenkt haben wie etwa Italien, Brasilien, Norwegen oder auch Vietnam.

Geht man vom Geschichtsbild der amerikanischen Kleinbrauer aus, beginnt die eigentlich zu erzählende Biergeschichte der USA Mitte der 1960er Jahre – und die Ehre gebührt Fritz Maytag, der 1965 die Anchor Brewing Company in San Francisco kaufte, eine ziemlich heruntergekommene Mittelstandsbrauerei, die bekannt für ihre Qualitätsschwankungen war. Maytag brachte die Brauerei auf Vordermann und konzentrierte sich zunächst auf das Steam Beer, ein bernsteinfarbenes, gut gehopftes Lagerbier, das mit Lagerhefe vergoren wird. Die Vergärung erfolgt allerdings bei etwa 16 Grad Celsius, also erheblich wärmer als die normale Gärtemperatur für Lagerbiere. Das hängt wahrscheinlich damit zusammen, dass es in der Bay Area kein natürlich vorkommendes Eis gibt und die Jahresdurchschnittstemperatur in San Francisco eben bei 61 Grad Fahrenheit (gleich 16 Grad Celsius) liegt. Das Bier ist daher auch erheblich esteriger als wir das gewohnt sind – und ein Vorbild für den Stil „California Common Beer".

Die eigentliche Stunde des Craftbiers schlug aber 1975, als Maytag das „Liberty Ale" auf den Markt brachte – das erste Bier, das wir heute dem Bierstil „American IPA" zuordnen würden: Obergärig und mit der damals gerade auf den Markt gekommenen Hopfensorte Cascade gehopft. Gebraut wurde es aus einem höchst patriotischen Anlass, den der republikanische Präsident Gerald Ford zelebrieren ließ: Im April 1975 jährte sich die amerikanische Revolution zum 200. Male. Am 18. April 1775 hatten Bürger von Boston beobachtet, dass sich englische Truppen in Booten bereitmachten, gegen Aufständische in Concord und Lexington loszumarschieren – mit einem geheimen Signal (zwei Laternen im Turm der Old North Church) wurde Paul Revere alarmiert, der in seinem historischen „Midnight Ride" die Minutemen alarmierte, die daraufhin die Briten zurückschlagen konnten.

Genau auf dieses Ereignis, den Startschuss zur amerikanischen Revolution, beruft sich auch die amerikanische Bier-Revolution. Man konnte gar nicht mitzählen, wie oft das Wort „Revolutionär" bei der Craft Brewers Conference 2016 gefallen ist. Die Herren und Damen Revolutionäre sind stolz darauf, die amerikanische Bierwelt verändert zu haben. Diese sah in den 1970er Jahren tatsächlich so aus, wie sie heute noch in manchem in Europa gängigen Vorurteil weiterlebt: Massenhaft helles, schwach gehopftes und hoch vergorenes Lagerbier – die Sorten schon deshalb schwer unterscheidbar, weil sie allesamt nach (fast) nichts schmecken.

Natürlich gibt es solches Bier auch weiterhin, es hat auch heute noch gut 80 Prozent Marktanteil – allerdings weit weniger Anteil am Bierumsatz. Denn die Klein- und Mittelstandsbrauereien und die tausenden Brewpubs haben mit ihren wesentlich teureren Bieren ein überproportional großes Stück vom Kuchen abgeschnitten. 4269 Craft Breweries gab es mit Jahresende 2015 in den USA; womit die Rekordzahl aus dem Jahr 1873 überschritten wurde, als beinahe jedes Dorf eine Brauerei hatte, insgesamt waren das zu jener Zeit 4131 Braustätten.

Dann kam die industrielle Konsolidierung · wie überall auf der Welt entstanden auch in den USA Großbrauereien, es wurde gewaltiges Kapital angehäuft. Dieses Kapital wurde dann auch benötigt, um nach den 14 Jahren der Prohibition die (zwischenzeitlich auf Malzbonbon- oder gar Käseproduktion umgerüsteten) Brauhäuser wieder auf Vordermann zu bringen. Es gelang hauptsächlich den Großbetrieben. Und tatsächlich fußt der Erfolg der ganz großen Konzerne Anheuser Busch, Miller, Coors – vorher auch noch der von Schlitz, Rheingold und Pabst – auf leicht zu trinkenden, für unseren Gaumen wässrig schmeckenden Lagerbieren.

Wo aber Einheitsgeschmack herrscht (und Importe wie Heineken oder später Corona als geschmacksintensive Alternative gelten), entsteht auch eine Gegenbewegung. Weil in der Prohibitionszeit in vielen Familien illegal, aber mehr oder weniger unbehelligt von den Behörden Bier gebraut werden konnte, war die Erfahrung, dass man Bier auch selber herstellen kann, im allgemeinen Bewußtsein verankert. Man schätzte in den 1970er Jahren, dass etwa jeder hundertste amerikanische Haushalt gelegentlich selber Bier braut. Denn, nicht ganz ungewöhnlich für die Doppelbödigkeit amerikanischer Regelungen: Es gab die Zutaten zum Brauen – diverse Malze, sehr unterschiedliche Hopfensorten und ebenso verschiedene Hefestämme – auch in den Jahrzehnten der Illegalität in Haushaltsmengen zu kaufen; und das entsprechende Equipment gleich dazu. In den spezialisierten Bier-Bars traf man immer wieder auf stolze Home-Brewers, die mit verschwörerischer Miene ein Fläschchen Selbstgebrautes hervorzauberten und auserwählten Bierkennern zur Verkostung anboten. Dass dieses tradierte Wissen nach der offiziellen Freigabe des Home Brewing – im Gesetz mit der Nummer H.R. 1337, unterzeichnet von Jimmy Carter 1978 – eine beachtliche Aufwertung erfahren hat, ist unbestritten.

Viele Heimbrauer haben alte Rezepte und neue Hopfensorten kombiniert und in der Garage zu brauen begonnen. Einige heute hoch angesehene Brauereien wie Lakefront in Milwaukee, oder Stone (damals noch in San Marcos) haben so angefangen und daraus Unternehmen geschaffen, die inzwischen als Großbrauereien gelten dürfen.

Ihre Ansätze waren tatsächlich revolutionär, nicht nur ökonomisch – David gegen Goliath gibt immer eine gute Geschichte ab. Noch besser ist aber das, was geschmacklich entstanden ist: Die stark gehopften India Pale Ales sind längst mehr als die Wiederbelebung eines historischen englischen Bierstils – mit neuen Hopfensorten gibt es immer neue Nuancen und neue Interpretationen

dieses mit dem „Liberty Ale" von 1975 zum Flaggschiff der Bier-Revolution gewordenen Bierstils. Stouts und Porters gibt es in hunderten Variationen, ebenso wurden belgische und deutsche Bierstile (gelegentlich bis zur Unkenntlichkeit) amerikanisiert.

Die Biertrinker freut es: Nie zuvor konnte man so viele so unterschiedlich schmeckende Biere – zumeist in technisch einwandfreier Qualität – so leicht bekommen. Die Kühlregale (auf eine geschlossene Kühlkette wird sehr viel Wert gelegt) biegen sich unter immer neuen Kreationen, viele innerhalb, etliche aber auch sehr weit außerhalb der engen Grenzen des Reinheitsgebots.

Ganz Mutige wie eben Ben Neidhart wagen sich sogar an wilde Hefen oder Milchsäurebakterien heran, die einen völlig anderen Gärungsverlauf als gewohnt ermöglichen. So kommen Frucht- und Blumenaromen, Holz- oder Röstnoten in Bierkreationen, von denen man beim Brauen allenfalls ahnen kann, wie sie sich entwickeln werden.

Für die Bierfreunde bedeutet das, dass es immer neue Biere zu probieren gibt. Viel, worüber man am Biertisch plaudern kann. Und viel zu entdecken, wenn man sich aufmacht, die Brauereien anzuschauen und zu vergleichen. Die nächste Überraschung ist vielleicht schon im Gärtank.

Willkommen in der Gegenwart!

Church Brew Works Pittsburgh

GUTER GESCHMACK UND GUTES GESCHÄFT

Es ist noch nicht kein Vierteljahrhundert her, da haben sich Bierfreunde, durchaus auch Bierkenner, gerne über die Weinjournalisten lustig gemacht. Wenn die beschrieben haben, dass ein von ihnen verkosteter Rotwein ein wenig nach Pferdedecke geschmeckt habe, dann hat unsereins die armen Kolleginnen und Kollegen von der Weinfront bedauert: Unsereins hatte den Referenzgeschmack nicht – und niemand musste an Pferdedecken lutschen, um den Referenzgeschmack kennenzulernen.

Die Bierwelt erschien einfach, zumindest bei uns. Pils war eben pilsig, man konnte dabei allenfalls zwischen mehr kräuterartigen und mehr blumigen Hopfenaromen unterscheiden; beim Weizenbier zwischen mehr bananigen und mehr gewürzhaften Ausprägungen. Aber all die neuen Hopfensorten – Mandarina Bavaria mit Mandarinenaroma, Polaris mit Eiszuckerl-Duft, Amarillo mit diversen Nussaromen und sogar der an Grapefruit erinnernde Cascade – waren vor 25 Jahren in unserem Sprachraum noch unbekannt, die Malzauswahl war beschränkt, die Zahl der eingesetzten Hefen mehr als überschaubar.

Das hat sich glücklicherweise geändert. Man muss nicht gleich an Biere mit Kaffee-, Chili-, Ingwer- oder Fruchtzusatz denken, die die Bierwelt immer öfter bereichern – es reicht schon, sich durchaus innerhalb des Reinheitsgebots der neuen Hopfen, spezieller Malze und eben auch ungewöhnlicher Hefestämme zu bedienen. Und Craft Brewer tun das auch.

Diese Biere zu trinken, ist nicht jedermanns oder jederfrau Sache – und das muss es auch nicht sein: Ein Biertrinker oder eine Biertrinkerin, der mit „seinem" Pils, oder die mit „ihrem" Hefeweizen ohnehin zufrieden ist, muss ja nicht unbedingt zu experimentellen Bieren greifen. Obwohl: Interessant ist es schon. Und immer mehr Bierfreunde probieren es, zumindest gelegentlich.

Das Angebot wird ja immer breiter, erreicht teilweise den Mainstream: Im örtlichen Supermarkt kann man inzwischen den Drunken Sailor, ein IPA von Crew Republic in München oder ein Max Glaner's Witbier aus Salzburg kaufen – beim Wild Jo aus Antwerpen ist man noch auf Grauimporte angewiesen, ebenso beim Tank 7 Farmhouse Ale von Boulevard Brewing in Kansas. Aber auch das könnte sich ändern, Boulevard gehört ebenso wie De Koninck zur Duvel Moortgat Gruppe, die sich langsam zum Weltkonzern mausert.

Tatsächlich ist Duvel Moortgat die einzige Brauereigruppe der Welt, die nur Spezialitätenbrauereien zusammengeschlossen hat und nur Bierspezialitäten anbietet – untergärige Biere bilden da die große Ausnahme, Boulevard etwa hat ein Pils und ein Oktoberfestbier in seinem Portfolio von 13 Bieren, im Stammhaus im belgischen Puurs spielt das Vedett Pils eine eher untergeordnete Rolle und nur die tschechische Brauerei Bernard ist auf „Bohemian Style Pilsner" spezialisiert – bietet aber seit einigen Jahren auch ein 8,2-prozentiges Bohemian Ale an. Passt hervorragend in einen Produkt-Range, der vom belgischen Duvel und Achouffe über die Amsterdamer T'Ij-Biere bis zu Ommegang in den USA reicht.

Bleiben wir noch kurz in Amerika und bei den amerikanischen Aktivitäten des kleinen, aber feinen belgischen Braukonzerns, denn was derzeit in den USA passiert, ist sehr lehrreich für die absehbare Entwicklung des weltweiten Brauereigeschäfts. An der Wiege der Ommegang-Brauerei standen die amerikanischen Getränkehändler Don Feinberg und Wendy Littlefield, die belgisches Bier importierten. 1997 entschlossen sie sich, in Cooperstown, einer früheren Hopfenanbaugemeinde drei Autostunden nördlich von New York City, eine Brauerei zu errichten, die sich auf Belgian Style Ales spezialisieren sollte. 2003 übernahm Duvel Moortgat die Brauerei und baute sie auf eine Kapazität von über 40.000 Hektolitern aus. Die 1988 gegründete 220.000-Hektoliter-Brauerei Boulevard in Kansas City folgte im Jahr 2013 und die 1996 von Adam Firestone (dem Ur-Urenkel des Gummibarons Harvey Firestone) und seinem Schwager David Walker gegründete Firestone Walker Brewing Company im kalifornischen Paso Robles mit 180.000 Hektolitern kam 2015 ins Duvel Moortgat-Imperium.

Die Belgier sind nicht die Einzigen, die in den vergangenen Jahren kräftig in der Craftbier-Szene investiert haben. In Amerika ist nämlich die im vorigen Kapitel erzählte Geschichte noch nicht zu Ende – denn die Revolution belohnt ihre Kinder.

Zumindest einige davon: In den vergangenen Monaten haben mehrere bekannte Craft-Brewer den Verlockungen der bisher verachteten Megabrauer nachgegeben und Anteile an ihren Brauereien verkauft. Das bedeutet für die erfolgreichen Verkäufer nicht nur viel Geld – es bedeutet vor allem eine bessere Marktposition dieser ohnehin schon bedeutenden Marken.

Die 1981 von Paul Shipman in Seattle gegründete Redhook Ale Brewery war bei der ersten Welle dabei: Gemeinsam mit den Widmer-Brüdern aus Portland, Oregon, wurde 2008 die Craft Brew Alliance gegründet, die (entgegen ihrem Namen) der amerikanischen Definition von Craft Brewern nicht entspricht, weil der Großkonzern Anheuser Busch (heute AB-Inbev) mit 32,2 Prozent beteiligt ist. Mit von der Partie sind inzwischen auch Kona Brewing

in Hawaii und Appalachian Mountain Brewery in Boone, North Carolina. Die Vorteile für die kleinen Brauer liegen auf der Hand: Erstens hat man eine gemeinsame Braukapazität von mehr als einer Million Hektolitern. Zweitens kauft man in dieser Größenordnung günstiger ein, wenn es um Rohstoffe, Flaschen oder auch neue Anlagenteile geht. Und drittens ist der Zugang zum Vertriebsnetz von AB·Inbev besonders wertvoll. Denn große Getränkehändler wie „America's Wine Superstore Total Wine & More" mit 147 Märkten in 19 US·Bundesstaaten kaufen gerne von wenigen großen Lieferanten ein – Mittelstandsbrauer haben da kaum eine Chance, überhaupt gelistet zu werden, wenn sie nicht von einem industrienahen Großhändler vertrieben werden. Und diese industrienahen Getränkegroßhändler bieten auch kleinen Läden ein Service, das unabhängige Großhändler nicht haben.

United Craft Brews LLC versucht einen ähnlichen Weg: Hier ist der Eigentümer Fireman Capital und in der Gruppe sind Oskar Blues, Wasatch, Squatters und Perrin Brewing zusammengeschlossen, 2016 wurde zudem die Mehrheit an Cigar City Brewing in Tampa, Florida erworben. Entscheidender Unterschied: Hier ist kein Großkonzern mit von der Partie. Stone-Chef Greg Koch (der zu seiner kalifornischen Braustätte 2016 je eine weitere in Richmond, Virginia und Berlin aufgemacht hat) will einen ähnlichen Weg gehen: Er gründet eine Investment·Firma, die sich mit 100 Millionen Dollar privater Investoren mit Minderheitsbeteiligungen an kleineren Brauereien profilieren will, um deren Eigenkapital zu stärken.

Ebenfalls fremde Investoren ins Boot geholt haben sich die Gründer der Victory Brewing Company in Downingtown, Pennsylvania. 34 verschiedene Biere gibt es derzeit von dieser Brauerei, aber das Angebot kann sich rasch vergrößern, denn die Brauereigründer Bill Covaleski und Ron Barchet kommen immer wieder auf neue Ideen. Und wenn sie nicht selber draufkommen, dann gibt es doch eine Menge innovativ denkender Mitarbeiter, die auf der kleinen Versuchsanlage ein neues Bier ausprobieren und womöglich zur Marktreife führen – da gibt es schon mal eine Kirsch·Gose, ein Agave IPA mit Grapefruit und Agavesaft oder neuerdings eine Berliner Weisse mit Holunderblüten.

Die Brauerei war und ist sehr erfolgreich – gegründet 1996 als Brewpub, wuchs Victory im vorigen Jahrzehnt zeitweise in einem Tempo von 20 bis 25 Prozent pro Jahr, in einem Jahr waren es sogar über 40 Prozent. Das nicht nur mit dem für seinen herben Charakter berühmten IPA Hop Devil, sondern auch mit dem Prima Pils (Ron ist einer der wenigern Craft Brewer, die sich an diesen untergärigen Stil herantrauen), dem Storm King (einem tiefschwarzen Imperial Stout) und vor allem mit dem Golden Monkey, einem 9,5 Prozent starken Belgischen Ale, das heute das meistverkaufte Bier der Brauerei ist.

2011 zeichnete sich schließlich ab, dass die Marke von 100.000 Barrel pro Jahr durchstoßen würde – und da war es an der Zeit, eine strategische Entscheidung zu treffen: „Wir sind im Brauereibusiness, klar. Wir sind auch im Restaurantbusiness, wir haben dieses Brewpub und ein weiteres in Kenneth Square. Aber unser Business sind auch Opportunities – als Arbeitgeber müssen wir unseren Mitarbeiter Karrierechancen und eine Zukunft bieten." Das bedeutet: Wachstum. Starkes Wachstum. Ein Wachstum, das Victory über die Größe eines Familienunternehmens von zwei Freunden (und einer Handvoll Kleinanleger, die 2004 halfen, Sudhausvergrößerung und neuen Flaschenfüller zu finanzieren) hinausführen würde.

Wobei die Sache mit dem Familienunternehmen irgendwie typisch ist für die amerikanische Brauereiszene: Von den 4269 Brauunternehmen, die zu Jahresende 2015 in den USA bestanden haben, sind 98 Prozent jünger als 40 Jahre. 1978 war mit 89 Brauereien der Tiefststand in der Statistik der Braustätten erreicht, bis 1985 war die Zahl mit der Eröffnung der ersten Brewpubs und Microbreweries auf 110 gestiegen, seit 1993 hat sich die Zahl der Braustätten verzehnfacht. Das bedeutet aber auch, dass viele Brauereien noch heute von ihren Gründern geführt werden – von charismatischen Figuren wie Ken Grossman (Sierra Nevada, 1978), Jim Koch (Boston Beer, 1984) und Sam Calagione (Dogfish Head, 1995). Und die meisten der Gründer haben zwar Visionen von gutem Bier und einem anständigen Biergeschäft eingebracht, aber keineswegs den Plan, eine Brauerdynastie zu gründen, wie das etwa bei der Gründungswelle deutscher Brauereien im 19. Jahrhundert quasi selbstverständlich war – Vater Brauer, Sohn und Enkel ebenfalls Brauer. Aber so läuft das längst nicht mehr, schon gar nicht in den USA.

Angesichts der Notwendigkeit zum Ausbau des damals noch in Downingtown konzentrierten Geschäfts hatten Bill und Ron also 2011 die Frage zu beantworten, wie es wohl langfristig weitergehen würde. Klar war, dass ausgebaut werden müsste – die Antwort auf diese Frage steht heute in Form der neuen Brauerei in Parkesburg. „Wir werden eines schönen Tages 25 Prozent Craftbier Marktanteil in den USA haben, dafür wollten wir gerüstet sein, da würden wir eine geeignete Brauerei brauchen", sagt Bill. Der zweite Teil der Frage ging weit hinein ins Persönliche und Familiäre – und da war bald klar, dass die Zukunft von Marke und Brauerei eben nicht in den Familien, sondern in einem größeren Unternehmen liegen würde.

Und es musste schnell gehen, wenn die aufstrebende Brauerei – ihr Ausstoß wuchs 2011 um außergewöhnliche 41 Prozent – nicht im ebenfalls extrem schnell wachsenden Craftbier-Segment an Anteilen verlieren wollte. Die Strategie umfasste zwei Teile: Einerseits wurde die Produktionskapazität massiv ausgebaut, durch den erwähnten Brauereineubau in Parkesburg, wo ein Schmuckstück einer modernen Mittelstandsbrauerei mit einer Jahreskapazität von bis zu 800.000 Hektolitern geplant wurde. Die derzeit installierte Tankkapazität lässt immerhin 290.000 Hektoliter zu.

Der zweite Teil der Antwort lag in der Suche nach einem strategischen Partner, denn ein Gesamtinvestment von 52 Millionen US-Dollar konnte auch mit der Hilfe der bisherigen Kleininvestoren nicht gestemmt werden. Bill räumt ein, dass Banker nicht gut verstehen, dass Entwicklungen keiner geraden Linie folgen; oder dass auf ein Jahr mit 41 Prozent Wachstum nicht unbedingt ein weiteres mit Wachstum in derselben Größe folgen muss.

Mit 14 potenziellen Investment-Firmen haben die beiden Brauer gesprochen, bis sie auf Ulysses Management gestoßen sind – ein Unternehmen, das an der vornehmen Adresse Rockefeller Plaza in Manhattan residiert und das sich 2014 an der 2002 gegründeten Brauerei Southern Tier in Lakewood im Norden des Bundesstaats New York beteiligt hatte. „Ulysses war das einzige Unternehmen, das verstanden hat, wie man das langfristig angeht", erinnert sich Bill, der durch Ulysses die Gründer von Southern Tier, Phin and Sarah DeMink, kennengelernt hat: „Wir haben uns von Anfang an gut verstanden."

Man kam überein, die beiden Bauereien unter einem gemeinsamen Dach zusammenzuführen – es wurde das in Charlotte, North Carolina, beheimatete Unternehmen Artisanal Brewing Ventures gegründet, in dessen Vorstand vier Direktoren aus den Brauereien und vier Finanzinvestoren sitzen. „Victory war die 28 größte Craft Brewery der USA, Southern Tier die Nummer 31 – vereinigt mit Artisanal Brewing sind wir auf den 15. Platz vorgerückt. Ein doppelt so großes Unternehmen hat typischerweise bessere Entscheidungsdaten – in unserem Vertriebsgebiet leben 93 Millionen Amerikaner und diesen Markt müssen wir verteidigen", sagt Bill.

Tatsächlich haben gerade in den vergangenen Monaten mehrere Craft Breweries aus Kalifornien – neben der schon erwähnten Stone Brewery vor

Craftbier Brauerei	Käufer	Jahr	
Ommegang	Duvel Moortgat	2003	
Craft Brew Alliance	AB-Inbev	2008	(32 Prozent)
Goose Island	AB-Inbev	2011	
Boulevard	Duvel Moortgat	2013	
Blue Point Brewing	AB-Inbev	2014	
10 Barrel Brewing	AB-Inbev	2014	
Elysian Brewing	AB-Inbev	2015	
Firestone Walker	Duvel Moortgat	2015	
Golden Road Brewing	AB-Inbev	2015	
Lagunitas	Heineken	201	(50 Prozent)
Breckenridge Brewing	AB-Inbev	2015	
Saint Archer Brewing	MillerCoors	2015	
Ballast Point	Constellation Brands	2015	
Four Peaks Brewing	AB-Inbev	2016	
Devil's Backbone Brewing	AB-Inbev	2016	
Hop Valley Brewing	MillerCoors	2016	(Mehrheitsbeteiligung)
Terrapin	MillerCoors	2016	(Mehrheitsbeteiligung)
Cigar City	United Craft Brewers	2016	(Mehrheitsbeteiligung)
Revolver Brewing	MillerCoors	2016	(Mehrheitsbeteiligung)
Karbach Brewing Company	AB-Inbev	2016	

Brand Z Value Top Beer Brands 2016 in Millionen Dollar	
Budweiser	14.727
Bud Light	13.198
Heineken	10.549
Stella Artois	9.546
Skol	6.743
Corona	6.626
Guinness	4.586
Coors Light	3.610
Aguila	3.270
Brahma	3.269

Quelle: Brand Z

Ausgewählte Weltgegenden und ihre Bierproduktion 2015 in 1.000 HL		
Europäische Union	391.772	1,0 %
Restliches Europa	130.054	-6,7 %
Europa gesamt	**521.826**	**-1,0 %**
Nordamerika	316.963	-1,9 %
Mittelamerika/Karibik	17.652	0,8 %
Südamerika	221.975	-1,8 %
Amerika gesamt	**556.590**	**-1,8 %**
Asien	692.121	-2,3 %
Afrika	141.957	1,6 %
Australien/Ozeanien	20.367	-3,4 %
WELT GESAMT	**1.932.861**	**-1,5 %**

Quelle: Barth Report

allem Sierra Nevada – die US-Ostküste entdeckt und Braustätten hier errichtet.

Vor allem aber sind es die Giganten des Biergeschäfts, die die Chancen entdeckt haben, die im Craftbier stecken. Die größeren unter den unabhängigen Craft-Brewern halten wacker dagegen, bauen neue Braustätten, die durchaus mit dem oberen Mittelstand in der deutschsprachigen Welt an Größe und technischer Qualität mithalten können. Denn das Brauwesen entwickelt sich in unterschiedliche Richtungen: Nicht nur in Europa kämpfen die Brauereien mit schrumpfenden Biermärkten – während einzelne kleine und mittlere Brauer durchaus Erfolge feiern.

Die jährlich vom Hopfenhandelshaus Barth veröffentlichte Statistik zeigt: Der Weltbiermarkt umfasste im Jahr 2015 insgesamt 1.932.861.000 Hektoliter und die Analysten schreiben: „Die Bierproduktion im Jahr 2015 sank gegenüber dem Ausstoß 2014 weltweit um 30,2 Millionen Hektoliter beziehungsweise um 1,5 Prozent. Dieses Ergebnis ist bedingt durch zunehmende Unruhen, politische Einflussnahmen und schwierige wirtschaftliche Bedingungen in bedeutenden Bierländern. Seit Beginn der Aufzeichnung über die Entwicklung des weltweiten Bierausstoßes im Jahr 1950 gab es zwar in den Jahren 2014, 1992 und 1984 Rückgänge zu vermelden, aber noch nie zuvor wurden Rückgänge in zwei aufeinander folgenden Jahren verzeichnet und noch nie war das Minus vergleichbar groß wie 2015. Die Steigerung in 91 Ländern konnte die aus 38 Ländern gemeldete Abnahme nicht ausgleichen."

Von der Weltbierproduktion wurden 521.826.000 Hektoliter in Europa gebraut, was gegenüber dem Vorjahr 2014 einen Rückgang um 6,4 Millionen oder gut ein Prozent bedeutet. In Nordamerika sank der Markt auf 316.963.000 Hektoliter (minus 1,9 Prozent des Volumens) – hier gab es vor allem in Mexiko (minus 3,5 Millionen Hektoliter) und USA (minus 2,5 Millionen Hektoliter) Rückgänge. Und der in früheren Jahren so verlässlich wachsende asiatische Markt schrumpfte 2015 um 16 Millionen Hektoliter (2,3 Prozent) auf 692.121.000 Hektoliter. Allein das Minus in China machte 25,1 Millionen Hektoliter aus – das ist fast dreimal so viel wie der gesamte österreichische Biermarkt (2015: 9,28 Millionen Hektoliter).

Es ist dieser Hintergrund, vor dem sich die größte Brauereifusion der Geschichte abgespielt hat: Der belgische AB·Inbev-Konzern, in Deutschland für Beck's, Diebels, Löwenbräu, Franziskaner und Hasseröder bekannt, zahlte für die Übernahme des britisch-südafrikanischen Konkurrenten SAB Miller insgesamt 103 Milliarden Dollar (93,8 Milliarden Euro).

Der fusionierte Konzern heißt weiterhin AB·Inbev und hat eigenen Angaben zufolge einen Umsatz von 55 Milliarden Dollar (gut 49 Milliarden Euro). Unter den strengen Augen der Kartellwächter mussten sich AB·Inbev und SAB Miller neu aufstellen – in China etwa verkaufte SAB Miller die Beteiligung an seinem chinesischen Gemeinschaftsunternehmen an den Partner China Resources Beer, Hersteller der Marke „Snow" und Marktführer in China. Für die Beteiligung von 49 Prozent zahlten die Chinesen 1,6 Milliarden Dollar.

In Amerika ging der SAB Miller-Anteil am Gemeinschaftsunternehmen MillerCoors an den Partner Molson Coors. Die europäischen Biermarken Peroni und Grolsch sicherte sich für 2,55 Milliarden Euro der japanische Brauer Asahi, der damit einen Fuß im europäischen Markt hat. Für weitere fette Brocken in Osteuropa, wo SAB Miller sich von Pilsner Urquell trennen musste, gab es neben Asahi noch weitere asiatische Interessenten, darunter China Resources.

Aber auch nach den Fusionen und dem Verkauf bekannter Marken wird mehr als jedes vierte auf der Welt verkaufte Bier von AB·Inbev kommen – und es wird billiger produziert werden als bisher: Der Biergigant schätzt mögliche Synergieeffekte auf 1,4 Milliarden Dollar. Das Analysehaus Jefferies International glaubt sogar an Einsparungen in Höhe von drei Milliarden Dollar. Gute Nachrichten für Aktionäre! Eigenen Berechnungen zufolge rangiert der Braukonzern mit den globalen Wachstumsmarken Budweiser, Stella Artois und Corona nach Umsatz auf Rang fünf, knapp hinter Unilever aber deutlich vor Coca-Cola. Und weil Kartellbehörden wohl keinen Zukäufen im Biermarkt mehr zustimmen würden, wird schon überlegt, ob der Konzern vielleicht demnächst einen Schluck Coca-Cola nehmen wird.

Denn das Beispiel AB·Inbev zeigt: Man kann im Biergeschäft weiterhin gut verdienen. Wer etwa im August 2016 Asahi-Aktien gekauft hat, konnte sich bereits Ende Oktober über einen Kursgewinn von mehr als siebeneinhalb Prozent freuen. Der fusionierte AB·Inbev Konzern wird von Analysten überhaupt als profitabelster Konsumgüterhersteller eingeschätzt – Finanz und Wirtschaft berichtet, dass 2015 die Ebitda-Marge auf Pro-forma-Basis über 38 Prozent erreichte. Die Branchennachbarn Heineken und Carlsberg seien mit 23 beziehungsweise 20 Prozent operative Marge deutlich dahinter gelegen.

Bei Heineken gibt es überhaupt größere Fantasien: Analysten von Barclays bestätigten, dass der niederländische Konzern seine Profitabilität im Jahr 2016 enorm gesteigert hat – und dass er internationaler geworden ist. Derzeit erarbeitet der Konzern schon 35 Prozent seines Betriebsgewinns in Asien und Mexiko. Der Anteil wird wegen des erwarteten Wachstums in diesen Regionen steigen, die Rückschläge des Vorjahres sollten da eher Ansporn zu weiterem Marktwachstum sein. Zudem bieten sich für Heineken Chancen, in Brasilien und Vietnam zu wachsen. Es ist auch nicht ganz ausgeschlossen, dass sich Heineken stärker in den USA engagiert – nachdem ein Großteil des amerikanischen SAB Miller Geschäfts bei Molson Coors gelandet ist, könnte Heineken bei einem Zukauf jenseits des großen Teichs mit einem Paukenschlag zu einem Megaplayer werden.

Wobei die Großen auf dem US-Biermarkt vor dem Problem stehen, dass nicht nur der Markt an sich schrumpft – sondern dass eben die neuen Craft Brewer ernsthafte Konkurrenten geworden sind. Nicht nur das schon zitierte Beispiel von Victory mit einem Wachstum von 40 Prozent in einzelnen Geschäftsjahren, sondern die gesamte Entwicklung der Branche deutet darauf hin, dass Spezialitäten beliebter werden.

Profitabler sind sie sowieso, weil die Kunden bereit sind, mehr dafür zu bezahlen. Und zwar nicht nur für holzfassgereifte Biere, die tatsächlich aufwändiger in der Herstellung sind, sondern auch für Pale Ales, IPAs, Witbiere, Stouts und Porters. Hauptsache, sie kommen von einer vertrauenswürdigen „kleineren" Marke – und schmecken erkennbar anders als die untergärigen Mainstream-Biere.

Geschmack ist tatsächlich ein Thema in diesem sich wandelnden Markt. Und anders als bei früheren Versuchen, als etwa Coors mit Blue Moon ein eher dünnes Witbier vorgestellt hat, geht es nun um Biere mit glaubwürdig anderem Charakter. Auch Blue Moon selbst wurde inzwischen von Molson Coors mit einer eigenen Identität und einer „craftigeren" Anmutung ausgestattet: Im River North Stadtteil von Denver wurde 2016 eine weitere Brauerei mit Restaurant eröffnet.

Anheuser Busch, der amerikanische Zweig von AB·Inbev, der erst 2008 vom belgischen Konzern Inbev erworben worden ist, hatte lange Zeit nur Verachtung für die wachsende Craftbierszene gehabt – noch 2015 hat AB·Inbev beim Superbowl einen Spot laufen lassen, in dem über die Hipster-Kultur der Craft-Szene gespottet wurde: „Let them sip their pumpkin peach ale. We'll be brewing us some golden suds. This is the famous Budweiser beer. This Bud's for you."

Dass sich die Spitzenmarke Budweiser (und die noch mehr verkaufte Marke Bud Light) stolz ein

Molson-Coors

Die bisher drittgrößte Bauereigruppe der USA hat mit der Übernahme von MillerCoors einen großen Sprung nach vorne gemacht: Sie ist mit Ende 2016 nicht mehr nur Eigentümer der US-Marke Coors und der kanadischen Molson, sondern auch der Miller-Marken Lite und MGD. Damit ist Molson-Coors zweitgrößter US-Brauer und Nummer drei weltweit. Wer vor drei Jahren, im November 2013, bei MolsonCoors eingestiegen ist, musste für eine Aktie rund 40 Euro hinlegen – Anfang November 2016 notierte das Papier bei etwa 95 Euro.

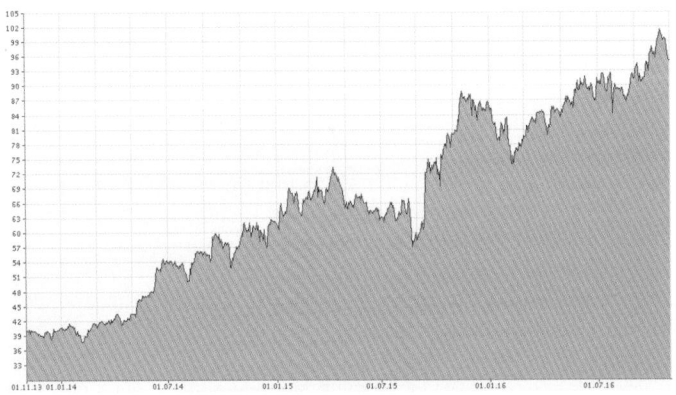

Heineken N.V.

Nach der Fusion von AB-Inbev und SAB-Miller im Oktober 2016 ist Heineken ohne eigenes Zutun zum zweitgrößten Bierbrauer der Welt aufgestiegen. Der Konzern ist mit mehr als 160 Brauereien in über 70 Ländern aktiv. Im Jahr 2016 hat Heineken zwei Prozent mehr Bier verkauft als im Jahr davor – das Produktportfolio umfasst rund 250 internationale, nationale und regionale Marken von A wie Amstel bis Z wie Zywiec. Wer vor drei Jahren eine Heineken-Aktie um 50 Euro gekauft hat, bekommt aktuell rund 74 Euro dafür.

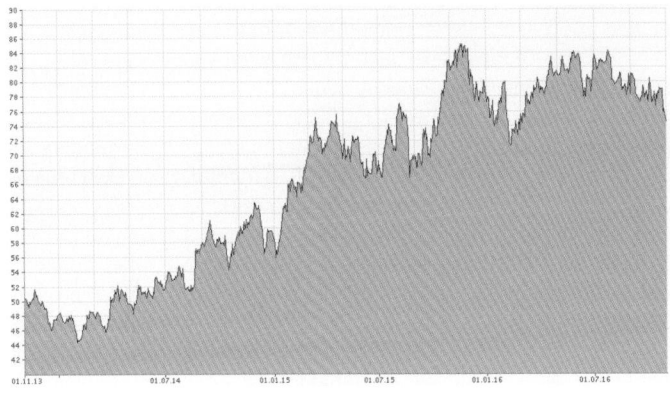

Anheuser-Busch InBev S.A.

Anheuser-Busch stellt mit Budweiser und Bud Light zwei der weltweit meistverkauften Markenbiere her. 2008 fusionierte der in St.Louis beheimate Brauer mit der belgischen Inbev-Gruppe, die ihrerseits aus Ambev und Interbrew hervorgegangen ist. Im Portfolio befinden sich – auch nach dem Verkauf der SAB Miller-Marken – weitere bedeutende Biere wie Beck's, Corona Extra, Diebels, Löwenbräu und Craftbiermarken vom belgischen Bosteels über das italienische del Borgo bis zum amerikanischen Goose Island. Die AB Inbev-Aktie legte im Verlauf der Jahre kräftig zu und hat angesichts erwarteter Kosteneinsparungen weiter Potenzial.

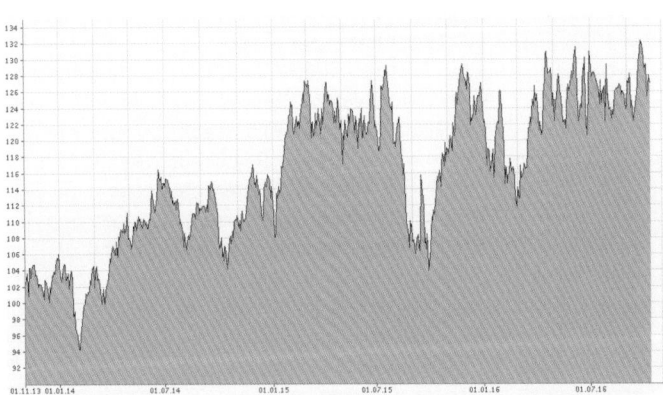

„Makro-Beer" nennt, kann man noch irgendwie verstehen.

Dass die Budweiser-Werbung aber aggressiv auf die Spezialitäten hindreschen würde, hatte man in der Bierszene nicht erwartet, in der Werbewirtschaft auch nicht. Schließlich hatte AB-Inbev gerade in letzter Zeit eine Reihe von Craft Brewern (die definitionsgemäß durch eine mehr als 25-Prozent-Beteiligung einer Großbrauerei den „Craft"-Status verlieren) übernommen – auch bei Goose Island und Elysian, den Neuerwerbungen des Konzerns, schüttelte man den Kopf.

Allerdings kann man die offensive Abgrenzungsstrategie der Budweiser-Marke auch dahingehend interpretieren, dass der Konzern selbst Wert darauf legt, dass seine „craftigen" Marken in keine gedankliche Verbindung mit den Mainstream Marken (neben Bud sind das Michelob und Busch Beer) gebracht werden.

Das Problem ist ja, dass die Konzernbrauer wissen, dass man mit solchen Marken momentan kein Wachstum erzielen kann – was übrigens nicht nur für Amerika gelten dürfte. Und da kann eine Kommunikationsstrategie durchaus darin bestehen, unterschiedliche Gruppen von Bierfreunden gegeneinander auszuspielen. Viele Craftbier-Trinker sind ja ohnehin der Meinung, dass man die Biere aus Konzernbrauereien allenfalls in Ausnahmesituationen trinken kann. Während gleichzeitig vor allem die älteren, markentreuen Konsumenten der Mega-Brews irgendwie die Sorge haben, als loyale Biertrinker nicht mehr ernst genommen zu werden, weil sich ja alle mediale Aufmerksamkeit auf die bunte und hippe Craft-Szene konzentriert.

Große Brauer versuchen daher, in die eine Szene zu gelangen, ohne die andere damit irgendwie zu vergraulen. Man weiß ja: Die Top-Biermarken sind wegen ihrer schieren Größe ungeheuer wertvoll. Die jährlich von Millward Brown erstelle Liste der wertvollsten Marken der Welt wird zwar 2016 von Google (mit 229 Milliarden Dollar) und Apple (228

Milliarden Dollar) angeführt. Aber bereits auf Platz 31 kommt mit 27,92 Milliarden Dollar Budweiser, das in den vergangenen zehn Jahren seinen Markenwert immerhin verdreifachen konnte. Budweiser führt nicht nur die Bier-Kategorie an, es ist auch im Lebensmittelbereich hinter McDonalds (88,65 Milliarden Dollar, neunter Platz), Coca Cola (80,31 Milliarden, 13. Platz) und Starbucks (43,56 Milliarden, 21. Platz) die viertwertvollste Lebensmittelmarke der Welt.

In der Liste der wertvollsten Biermarken liegt Budweiser (14,73 Milliarden) kombiniert mit Bud Light (13,20 Milliarden) mehr als doppelt so gut wie das zweitplatzierte Konkurrenzprodukt Heineken (10,54 Milliarden). Auch die drittplatzierte Biermarke Stella Artois und das fünftplatzierte Corona-Bier kommen aus dem AB-Inbev Portfolio.

Dennoch dürfte es sinnvoll sein, das Markenportfolio mit Boutique-Bieren abzurunden. Denn auch die BrandZ-Studie empfiehlt: „Beer brands that consumers view as highly Different scored well in Brand Potential. Highly Different brands also scored well on Innovation, which includes being seen as creative, and Brand Love, a measure of consumer affinity." Also begaben sich die großen Brauereikonzerne auf Einkaufstour.

Auf der AB-Inbev-Einkaufsliste fand sich unter anderem Four Peaks und Devil's Backbone in den USA – aber auch die kleine Cervejaria Wäls im brasilianischen Belo Horizonte mit nur 3,2 Millionen Dollar Jahresumsatz war dem Konzern nicht zu klein. Ebenfalls in Brasilien wurde Cervejaria Colorado eingekauft, in England wurde die Camden Town Brewery übernommen, in Ontario die Mills Street Brewery, in Kolumbien die Bogota Beer Company und im Frühjahr 2016 schlug Leonardo di Vincenzo, der charismatische Gründer des italienischen Craft-Marktführers Birra del Borgo in einen Übernahmedeal ein.

Heineken spielt ebenfalls mit: Nachdem Tony Magee mit seiner kalifornischen Lagunitas-Braue-

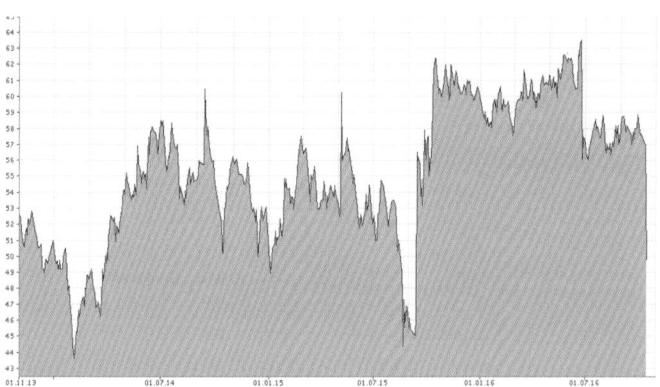

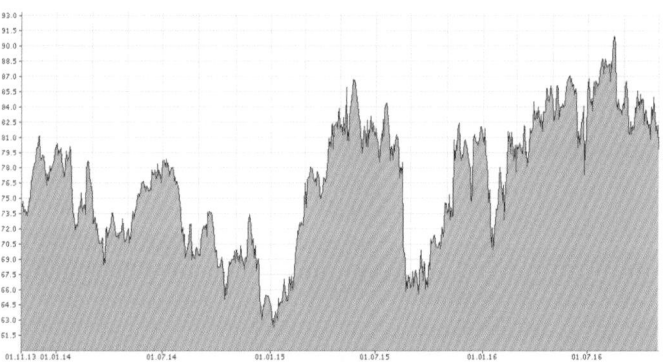

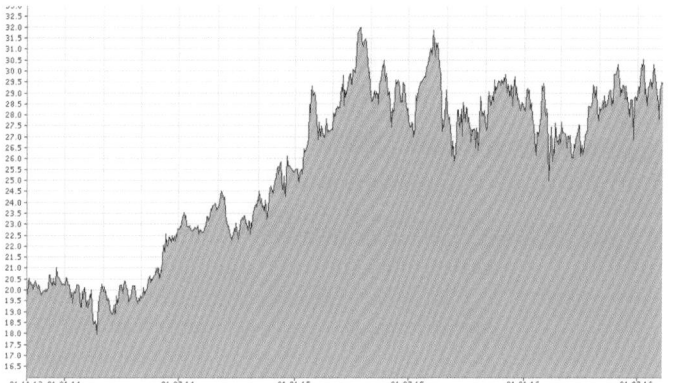

SAB Miller plc

Die Miller-Aktie war jahrzehntelang eine sichere Bank – mit dem Hauptaktionär Philip Morris (heute Altria Group) und der in den USA extrem starken Marke Miller Lite ging es stetig aufwärts. Als der südafrikanische (aber historisch stets an der Londoner Börse gelistete) Marktführer SAB nach einer großen Einkaufstour in Europa (unter anderem Pilsner Urquell) 2002 bei Miller eingestiegen ist, entstand der zweitgrößte Bierkonzern der Welt. Auch er brachte den Aktionären stattliche Gewinne – die Chart der letzten drei Jahre ist geprägt von einem Auf und Ab wegen Übernahmegerüchten. Wer den richtigen Ausstiegszeitpunkt erwischt hat, konnte gut verdienen.

Carlsberg A/S (B)

Der dänische Konzern ist besonders in Nord- und Westeuropa, Osteuropa sowie in Asien präsent. Zu den bekanntesten Marken gehören Carlsberg, Baltika, Tuborg, Kronenbourg 1664 und Feldschlösschen. An der Börse ging es in den vergangenen Jahren deutlich auf und ab – sowohl wegen des starken und von Börsianern als risikoreich eingeschätzten Russland-Engagements als auch wegen diverser Übernahmegerüchte. Wer vor drei Jahren bei einem Kurs von 75 eingestiegen ist, konnte bis November 2016 einen Anstieg auf 80 verbuchen.

Asahi Group

Wer im November 2013 mit 20 Euro bei Asahi eingestiegen ist, konnte – nach einigem Auf und Ab – drei Jahre später sein Papier bei gut 31 Euro auf dem Kurszettel finden. Asahi ist hierzulande vor allem wegen des Bieres – Asahi Super Dry ist Marktführer in Japan – bekannt, tatsächlich ist der japanische Konzern aber auch im Bereich Softdrinks und Babynahrung tätig, in Japan betreibt er auch eigene Gastronomieketten. Da auf Weisung der Kartellbehörden bei der AB-Inbev-Fusion einige bisherige SAB-Miller-Marken verkauft werden mussten, konnte Asahi auf relativ breiter Front in Europa einsteigen.

rei, die 2004 noch bloße 32.000 Hektoliter gebraut hatte, erfolgreich nach Chicago expandiert hatte (Produktionskapazität nunmehr rund 750.000 Hektoliter) verkaufte er 2015 die Hälfte der Anteile an Heineken. Um welche Beträge es da geht, wurde bei diesem Deal nicht veröffentlicht – wohl aber bei einem anderen Geschäft, das ebenfalls 2015 Schlagzeilen machte: Constellation Brands kaufte sich in San Diego die aus einem Homebrewer-Geschäft entstandene Ballast Point Brauerei und legte dafür eine Milliarde Dollar hin. 2011 hatte AB-Inbev für 58 Prozent an Goose Island nur 38,8 Millionen Dollar zahlen müssen, für Blue Point wurden im Februar 2014 gar nur 24 Millionen Dollar hingelegt.

All diesen Deals ist gemeinsam, dass sie sich von früheren Mustern auf dem Biermarkt unterscheiden. Jahrelang galt ja, dass große, erfolgreiche Brauereien kleinere, wenig erfolgreiche Mitbewerber aufkaufen – sei es, um Kunden zu übernehmen, sei es, um Markenrechte zu erwerben, sei es auch schlicht, um lästige Konkurrenz loszuwerden und die kleinere Braustätte dicht zu machen.

Jetzt aber sind es nicht die erfolglosen Brauereien, die übernommen werden – die Käufer picken sich im Gegenteil sehr erfolgreiche Brauereien heraus. Vorausgesetzt, dass sie für diese Brauereien Entwicklungspotenzial sehen.

Und dieses Entwicklungspotenzial gibt es vor allem dort, wo eine Biermarke durch ihre gute Gründungsgeschichte und durch ihre hohe Bierqualität einen starken Wiedererkennungseffekt in einer kaufkräftigen Gruppe eher junger Bierliebhaber aufgebaut hat. Ob das für einzelne deutsche, österreichische oder Schweizer Biermarken zutrifft, muss erst die Zukunft weisen.

Es könnte aber eine Chance sein, eines Tages ordentlich Kasse zu machen.

Was aber soll eine kleine Landbrauerei machen, die vielleicht 5000 Hektoliter im Jahr brauen kann?

Zunächst einmal: Nicht warten, bis der große Bruder mit einem dicken Dollarbündel in der Hand vor der Tür steht. Sondern konsequent am eigenen Geschäft, an der eigenen Marke, an den eigenen Produkten weiterfeilen. Peter Krammer von der Landbrauerei Hofstetten in der Bierregion Mühlviertel zeigt es vor: Er braut einen Teil seiner Biere explizit für den Weltmarkt – in seiner kleinen Heimatgemeinde St. Martin würde er weder genügend Käufer finden noch genügend hohe Preise lukrieren können. Die ortsansässige Bevölkerung ist mit Krammers Hellem und seinem unfiltrierten „Kübelbier" ohnehin gut versorgt. Seine Serie Wildbrett kommt bei den Hipsters in New York wohl besser an als bei den Bauern seiner Heimat.

Und damit kehren wir zu den Überlegungen am Anfangt dieses Kapitels zurück: Die Wildbrett-Serie umfasst Biere, bei denen Brettanomyces-Hefen eingesetzt werden. Das „Brett" in ihrem Namen deutet an, dass Brettanomyces ursprünglich der „britische" Hefepilz war, der im deutschsprachigen Raum allenfalls als für Porterbier geeignet erschienen ist. Tatsächlich kommt er auch in vielen belgischen Bieren (etwa als Nachgärungshefe im Orval Trappistenbier, aber auch in den meisten Lambics und Gueuze-Bieren) vor.

Und er ergibt spannende Effekte bei der Nachgärung: Krammer setzt „Brett" nicht nur bei Starkbieren ein, er hat auch ein extrem gehopftes Pils für acht Monate einer Nachreifung in einem Rotweinfass (vorbelegt mit Raboso) unterzogen. Das Ergebnis ist ein hellbernsteinfarbenes, fein moussierendes Bier, das an Alkohol leicht (auf 6,8 Prozent) zugelegt hat und deutlich nach feuchtem Leder riecht. Der Körper dieses Bieres ist sehr voll, deutlich voller als das Ausgangsprodukt, dafür ist der Nachtrunk sehr herb und trocken mit leicht adstringierender Säure. Und im Nachtrunk meldet sich retronasal wieder der Ledereindruck. Oder riecht so eine Pferdedecke? Im Rotwein wäre es ein Fehler, im Bier ist es ein Segen!

So sieht es auch Krammers amerikanischer Brauerkollege Bill Covaleski, als wir bei ihm in der Victory Brewery in Downingtown über einigen Bieren den amerikanischen Markt gemeinsam analysiert haben. Ihm geht es darum, dass für die Konsumenten ein volles Angebot an außergewöhnlichen Bieren erhalten bleibt – denn nur dadurch bleibt der Markt lebendig.

Bill serviert noch ein „Dry Hopped Brett Pils", also ein Pilsner, das mit Brettanomyces Hefen nachvergoren wurde, um seinen Punkt zu unterstreichen: Das Bier schäumt goldgelb im Glas, hat einen kräuterartigen Hopfenduft, in den sich Aromen von Zitrone und Leder mischen. Der Antrunk ist sehr erfrischend, der Körper extrem schlank und die Bittere entsprechend betont. Was er noch sagen wollte: „Wir haben jetzt viel über das Geschäft gesprochen. Alle schreiben derzeit über Craftbier als Geschäft, über die Auswirkungen der Übernahme erfolgreicher Craft Breweries durch etablierte Brauer und die Strategien, die es dagegen gibt. Aber das Thema sollte Bier sein, im Biergeschäft geht es um Bierqualität. Und die eigentliche Story ist, dass überall in Amerika das Bier besser und besser wird."

Man darf ergänzen: Nicht nur in Amerika. Denn inzwischen haben Brauer in der ganzen Welt die amerikanischen Erfolgsgeschichten studiert – und dort Lösungsansätze für ihre Probleme gefunden. Und Biertrinker sind auf den Geschmack gekommen.

7Stern Bräu
"Smoked Porter"
Smoked Beer
5,6% Vol.

Budweiser
"American Bud"
American-style Pale Lager
5,00 % Vol.

Apostelbräu
"Dinkelbock"
Specialty Grain
7,0 % Vol.

Schwechater
"Wiener Lager"
Amber Lager/Vienna
5,5% Vol.

Boulevard Brewing
"Tank 7"
Farmhouse Ale
8,5 % Vol.
www.beer-weekly.com

Brew Dog
"Jack Hammer"
American IPA
7,2 % Vol.

Brauerei Baumgartner
"Zwickl"
Unfiltered Pale Lager
5,2% Vol.

Brasserie Caulier
"Paix Dieu"
Belgian Strong Ale
10.00 % Vol.
www.beer-weekly.com

Collabs
"Domrep Pils"
Pilsener
5,2% Vol.
www.beer-weekly.com

Birra del Borgo
"ReAle"
India Pale Ale
6,8 % Vol.
www.beer-weekly.com

Schloss Eggenberg
"Samichlaus"
Doppelbock
14% Vol.
www.beer-weekly.com

Herzl - Crew Republic
"Collaboration Brew"
California Common/Steam Beer
5,2 % Vol.

Hopf
"Helle Weisse"
German Hefeweizen
5,5% Vol.
www.beer-weekly.com

Köstritzer
"Pale Ale"
Pale Ale
7,0 % Vol.
www.beer-weekly.com

Hoangarten
"Kramperlbock"
Dunkler Bock
7,0% Vol.
www.beer-weekly.com

Murauer
"Märzen"
Märzen
5,2% Vol.

Pöhjala
"Öö"
Imperial Baltic Porter
10,5 % Vol.
www.beer-weekly.com

Riedenburger
"Martha Krieger"
German Pilsner
4,7 %
www.beer-weekly.com

Schnait
"Stille Nacht"
Bock
6,3% Vol.
www.beer-weekly.com

Veldensteiner
"Mandarina Bavaria"
Wheat Ale
5,2 %
www.beer-weekly.com

www.beer-weekly.com

AUF DER SUCHE NACH DEM BESTEN BIER

Welches Bier ist das wohl das Allerbeste? Keine Frage wird einem Bierexperten öfter gestellt. Ich kann sie nicht beantworten. Nicht in diesem Buch. Nicht persönlich.

Auch wenn ich gewohnt bin, sie gestellt zu bekommen. Fast immer in der Erwartung, dass dann die Stammmarke des Fragestellers genannt würde, was diesen darin bestätigen würde, dass er es ohnehin schon immer gewusst hätte. Mit dieser Bestätigung kann allerdings seriöserweise nicht gedient werden. So etwas wie das beste Bier der Welt kann man angesichts der Biervielfalt nicht ermitteln. Auch nicht das beste Bier Österreichs. In vielen Fällen: nicht einmal das beste Bier einer Brauerei.

Biertrinker sind loyale Konsumenten, viele trinken jahrein, jahraus nur Biere von ein, zwei, allenfalls drei Marken. Dabei mag es sich bei einem Hamburger um ein herbes norddeutsches Pils handeln, bei einem Wiener um ein vollmundiges österreichisches Märzen, bei einem Kölner um ein mildes Kölsch, bei einem Dubliner um ein kaffeeiges Stout, bei einem Münchner um ein spritziges Weizen – also um Biere, die so verschieden sind, dass sie der jeweils andere nur mit größter Skepsis kosten und zumindest bei den ersten Schlucken kaum genießen könnte. Und jeder wäre überzeugt, dass nur „sein" Bier auch „richtiges" Bier ist. Man erlebt das etwa in Bamberg, wenn Touristen beim Schlenkerla das Rauchbier kosten – und sich wundern, dass die dort lebenden Biertrinker das Bier mit dem Rauchgeschmack als völlig normalen Genuss betrachten. Oder in England, wo sich viele Touristen nicht vorstellen können, dass die englischen Bierfreunde ihr kellerkühles Real Ale ohne Schaum und mit sehr wenig Kohlensäure lieben.

Geschmäcker und Watschen sind bekanntlich verschieden. Kann man denn ein Weizen mit einem Stout vergleichen, ein Pils mit einem Bockbier, ein Märzen mit einem sauren belgischen Ale? Nicht direkt. Aber man kann ermessen, inwieweit die einzelnen Biere dem Ideal des jeweiligen Stils entsprechen.

Eine Variante ist das vertrauliche Expertengespräch: Da wollte kürzlich ein deutscher Braumeister, der selbst ein sehr gutes Pils braut, im Vertrauen wissen, welches ich wohl für das derzeit beste Pilsbier Deutschlands hielte. Ich nannte eines aus einer kleinen Schwarzwälder Familienbrauerei, nicht wissend, dass der dortige Braumeister früher beim Fragesteller gelernt hatte. Der war über die Antwort hocherfreut, auch wenn sie letztlich meine persönliche Präferenz angezeigt hat, die möglicherweise einer breiter angelegten Blindverkostung nicht standhalten würde.

Um wirklich die guten Biere von den sehr guten, die sehr guten von den exzellenten zu unterscheiden, braucht man aber den Vergleich. Und eine Richtschnur.

Bei den verschiedenen Bierwettbewerben sind die Vergleiche und die Richtschnüre recht unterschiedlich gestaltet. Man bekommt den Eindruck, dass jede halbwegs renommierte Brauerei schon mal die eine oder andere Goldmedaille errungen hat. Begonnen hat das auf den Weltausstellungen des 19. Jahrhunderts: Die Schwechater Brauerei etwa ist noch heute stolz darauf, bereits bei der 3. Weltausstellung 1862 in London eine Goldmedaille für ihre damalige Version des Lagerbieres erhalten zu haben.

Wir wissen wenig, wie die Jury bei solchen Ausstellungen zusammengesetzt war und wie viele Medaillen in welchen Kategorien vergeben wurden. Sehr wohl aber kann man nachvollziehen, wie

schwierig schon damals die Bewertung der Biere war: Der offizielle österreichische Berichterstatter von der nächsten Weltausstellung, jener in Paris 1867, war der Prager Braumeister Gustav Noback, der über die technischen Voraussetzungen und besonders die nicht gekühlten Keller bei der Weltausstellung klagte.

„Die von den Ausstellern im vortrefflichsten Zustande abgesandten Biere kamen in diese ungenügenden Localitäten, mussten unter den nachtheiligsten Einflüssen mehrere Wochen liegen bleiben und gelangten so in einem wenig einladenden Zustande vor die Jury, welche von der Beurtheilung dieser, natürlicher Weise trübe gewordener und stark moussirenden Biere abstehen musste. Es wäre sehr erwünscht, dass bei kommenden Ausstellungen, wenn man gegohrene Getränke überhaupt bei denselben wieder zulässt, schon bei der Anlage der Ausstellungsgebäude auf Räume, seien es Eiskeller oder oberirdische Eishütten, für die Einlagerung von Bier, sowie anderen, dem Verderben leicht unterworfenen Ausstellungsgegenständen mehr Rücksicht genommen würde."

Österreichische Brauereien hätten unter besseren Bedingungen wohl besser abgeschnitten, meinte damals der österreichische Berichterstatter.

Als Juror bei internationalen Wettbewerben kann man sich das auch heute noch vorstellen: Wenn Europäer ihr Bier Wochen vor dem Wettbewerb in Philadelphia einsenden müssen, Amerikaner ihre Proben aber relativ frisch zum World Beer Cup anliefern können, dann mag die geographische Nähe von Vorteil sein – wie umgekehrt Europäer beim European Beer Star oder der Brussels Beer Challenge den Frischefaktor auf ihrer Seite haben dürften. Denn obwohl die Veranstalter für perfekte Bierpflege sorgen, sobald sie die Proben in eige-

nen Händen haben, kann die Brauerei doch wenig Einfluss darauf nehmen, wie das Bier bis dahin transportiert wurde. Die amerikanische Brewers Association sorgt immerhin dafür, dass die Biere ihrer Mitglieder in New Jersey Anfang September gesammelt und per Luftfracht zum European Beer Star nach Deutschland gebracht werden. Biere für den World Beer Cup müssen umgekehrt sogar fast zwei Monate vor der Verkostung in den USA einlangen.

Nun einmal abgesehen von diesen organisatorischen Voraussetzungen: Was sucht man eigentlich bei einem guten, bei einem „besten" Bier? Wie dem Bericht des Prager Professors Alois Schwarz von der Pariser Weltausstellung 1878 zu entnehmen ist, gab es dort Medaillen für sehr unterschiedliche Biere – den „Grand Prix" für Dreher (heute Schwechater), Jacobsen (heute Carlsberg) und Bergner & Engel (eine während der Prohibition eingestellte Brauerei in Philadelphia).

Und ähnlich erlebt man es auch bei heutigen Wettbewerben. Der älteste (1886 ins Leben gerufene) und kompetenteste (weil ausschließlich von Braumeistern jurierte) derartige Wettbewerb sind die International Brewing Awards, früher als Brewing Industry International Awards bekannt. Die Kategorien sind Cask Conditioned Ale, Keg Lager, Keg Ale, Smallpack Lager, Smallpack Ale, Non-Alcoholic and Low Alcoholic Beer, Speciality Beer, Dark Beer (Milds, Stouts, Porters, Lagers etc) und Strong Beer, jeweils mit einigen Unterkategorien, die sich allerdings vor allem auf den Alkoholgehalt und nicht auf den Stil beziehen, so dass es insgesamt 34 Klassen gibt. In seiner Jury kommen alle zwei Jahre Bierbrauer aus der ganzen Welt in der alten Brauermetropole Burton on Trent zusammen, um die kommerziell wertvollsten Biere jeder von acht Kategorien auszusuchen. Ein Bierbrauer weiß ja am besten, welches Bier zu brauen er selber stolz wäre, wenn es darum geht, Erfolg zu haben.

Zwischen den 1960er und 1980er Jahren war vor allem die Monde Selection – ein für viele Produkte durchgeführter Wettbewerb – auch für Bier relevant: Das hier angewendete Verfahren besteht aus einer Verkostung der Biere durch Prüfer, es werden Punkte vergeben und ein Durchschnitt gebildet. Wer ein technisch ordentliches Bier einreicht, darf mit einer hohen Punktezahl rechnen – und wer eine gewisse Punktezahl erreicht, bekommt dann auch eine Medaille. Jahrelang haben dann Brauereien damit geworben, dass ihr Bier eine Goldmedaille der Monde Selection hat, also ein „Weltmeisterbier" ist. Aber oft hatte gleich die benachbarte Brauerei die genau gleiche Auszeichnung aus demselben Wettbewerb bekommen.

Ähnlich ist es mit der Prämierung durch die DLG, die Deutsche Landwirtschaftsgesellschaft: Auch hier werden die Biere geprüft und verkostet – wobei die technische Prüfung im Labor strenger ist als bei jedem vergleichbaren Wettbewerb, weil Stammwürze, Alkoholgehalt, Scheinbarer Extrakt, Vergärungsgrad, Bierfarbe, pH-Wert, biologische Haltbarkeit und Bittere objektiv gemessen werden, bevor es an die Verkostung geht. Aber der Wert der Goldmedaillen ist auch hier beschränkt: 740 Medaillen gab es im Jahr 2016 von der DLG für verschiedene Biere, davon 597 Goldmedaillen und bei diesen 46 für Craftbiere. Das heißt, dass knapp jedes Zweite der rund 100 eingereichten Craftbiere eine Goldmedaille bekommen hat – das ist etwa so, wie wenn jeder Schirennläufer, der innerhalb einer gewissen Zeit sturzfrei die Streif herunterfährt, eine Goldmedaille bekäme. Und die anderen hätten eben immer noch Chancen auf Silber und Bronze, denn auf den „Stockerlplätzen" gab es noch weitere 15 Medaillen.

Von Wettbewerb kann man da kaum sprechen – und so schön es sein mag, dass so viele Biere gute oder gar exzellente Qualität haben, so wüsste man eben doch gerne, welches das Beste ist.

Da gilt es zunächst, festzulegen, woran man

misst. Beim World Beer Cup – und ähnlich beim European Beer Star oder bei der Brussels Beer Challenge – gibt es mehrere Dutzend ziemlich genau definierter Bierstile: In einem Bohemian Style Pilsner mag ein leichtes Butteraroma akzeptal, ja vielleicht sogar erwünscht sein – während dasselbe Aroma in einem German Style Pilsner absolut unakzeptabel wäre.

Und dann geht es ans Verkosten: Ist die jeweilige Probe fehlerfrei? Wenn nicht, dann weg damit (natürlich mit entsprechendem Feedback an den Brauer, damit er dem Fehler der Probe nachgehen kann)! Schmeckt sie, wie es den Style Guidelines entspricht? Und schmeckt sie innerhalb der Style Guidelines besonders gut? Besser als die anderen eingereichten Proben? Bei größeren Wettbewerben wie dem WBC (heuer waren dort 6606 Biere, welche 266 Juroren aus 32 Ländern verkosteten) gibt es dann mehrere Runden, die besten Proben aus den Vorrunden werden dann von einer neuen Gruppe von Juroren nochmals verkostet – bis es Einigkeit darüber gibt, welche der Proben mit Bronze, Silber und Gold ausgezeichnet werden soll.

Das ergibt klare Sieger – wobei selbst dem World Beer Cup die Vergleichbarkeit fehlt. Wenn ein Bier (wie etwa heuer das Junghopfenpils von Baumgartner) einmal Gold erreicht hat, dann wird es möglicherweise beim nächsten Wettbewerb gar nicht mehr eingereicht (wie das Wildshuter Sortenspiel, das 2014 eine Silbermedaille in seiner Kategorie „Specialty Beer" geholt hat, 2016 aber nicht mehr dabei war).

Eine Anregung für die Veranstalter von Wettbewerben wäre, die Medaillengewinner einzuladen, die Biere, für die sie ausgezeichnet worden sind, zum jeweils nächsten Wettbewerb kostenfrei einzureichen. Das würde nicht nur die Vergleichbarkeit der Ergebnisse verbessern – es wäre auch Ansporn für die Brauer, einmal etablierte Charakteristika weiter einzuhalten.

Medaillen seriöser Wettbewerbe geben also Orientierung, aber den persönlichen Favoriten muss man dann schon noch suchen. Was ja auch Spaß macht!

Also schauen wir zunächst auf die persönlichen Vorlieben der Menschen. Market fragte: „Wenn Sie jetzt versuchen, sich ein wirklich gutes Bier vorzustellen. Welche auf dieser Liste genannten Eigenschaften sollte denn ein Bier haben, damit Sie sagen, das ist ein gutes Bier – und welche Eigenschaft würden Sie als negativ empfinden, wo Sie sagen, das wollen Sie in keinem Bier?"

›› Erfrischender, durstlöschender Eindruck

Mit 88 Prozent hat dieser Punkt die stärksten Nennungen bekommen. Es gibt hier weitestgehende Übereinstimmung – und auch keine signifikanten Unterschiede zwischen den Befragten aus der Branche und jenen von außerhalb. Wohl aber kann man erkennen, dass die Biertrinker diesem Punkt verglichen mit einer ähnlichen Umfrage aus dem Jahr 1997 deutlich mehr Aufmerksamkeit schenken. Damals stand der Wunsch nach Erfrischung und Durstlöschung ebenfalls an erster Stelle, dies aber nur mit 57-prozentiger Zustimmung.

Wobei das Durstlöschen zwar immer wieder genannt wird (auch von Braumeistern) – allerdings dürfte dieser Wunsch nicht ganz ernst gemeint sein. Man will ja gerne ein weiteres Bier trinken.

›› Soll zum Weitertrinken anregen

Diesen Wunsch äußern denn auch 66 Prozent, Männer etwas stärker als Frauen – und erwartungsgemäß setzen vor allem Braumeister (86 Prozent) und Getränkehersteller (83 Prozent) besonders darauf, dass das Bier eben nicht den Durst löscht, sondern eben zu einem weiteren Konsum einlädt.

›› Duft nach Hopfen

Ganz hoch im Kurs steht das Hopfenaroma. Dieses war 1997 noch kaum ein Thema – gerade 20 Prozent hielten damals Hopfenduft für wün-schenswert, 18 Prozent lehnten ihn ab. Heute wünschen 86 Prozent Hopfenaroma, nur ein Prozent lehnt es ab.

Bei den Braumeistern und bei den Biersommeliers ist die Zustimmung mit 96 beziehungsweise 95 Prozent besonders hoch.

Wir haben in diesem Zusammenhang auch nach der Bittere gefragt. Hier kommt es besonders auf die Formulierung an, wir haben daher mehrere Dimensionen zur Auswahl gestellt.

›› Ein leicht bitterer Geschmack

Das wird immerhin von 69 Prozent gewünscht – und von nur sieben Prozent explizit abgelehnt. Die Ablehnung ist bei Frauen deutlich stärker ausgeprägt; dass sie es auch bei älteren Befragten ist, könnte auf einen Wandel in den Geschmackserwartungen hindeuten.

›› Ein stark bitterer Geschmack

Kräftige Bittere ist ein Minderheitenprogramm – und die Vermutung, dass die so anzusprechende Minderheit eher jünger ist, wird hier bestätigt. Im Durchschnitt sagen 27 Prozent, dass sie es stark bitter mögen, Befragte unter 50 Jahren sind da aber deutlich stärker dafür. Besonders in der Alterskohorte der 30 bis 40-Jahre alten Befragten sind mit 36 Prozent besonders viele Hopheads. Das ist ein höherer Anteil als etwa unter Braumeistern (32 Prozent).

Politiker, Journalisten und Befragte von außerhalb der Branche lehnen starke Bittere besonders stark ab – und ebenso Frauen.

›› Ein herber Geschmack

Spannend wird es, wenn man das in der deutschen Sprache negativ besetzte Wort „bitter" – da denkt man unwillkürlich an bittere Not und bittere Kälte – durch das neutrale, vielleicht sogar mit einer edlen Aura umgebene Wort „herb" ersetzt. Da wird die Bittere nämlich wieder mehrheitsfähig, 66 Prozent wollen einen herben Geschmack, wenn man den Bittergeschmack eben so nennt. Selbst unter Frauen ist der Begriff „herb" mit 59 Prozent statistisch signifikant mehrheitsfähig.

Ganz besonders positiv wird der „herbe Geschmack" von Getränkehändlern aufgenommen, hier dürfte der seit Jahrzehnten bewährte Jever-Slogan „friesisch-herb" im Mindset gut verankert sein.

›› Duft nach Malz und Getreide

Dieses Aroma wird von drei Vierteln der Befragten geschätzt – mit wenig Unterschieden zwischen Geschlechtern und Berufsgruppen.

›› Vollmundiger, „runder" Eindruck

Vollmundigkeit liegt mit 85 Prozent ebenfalls ganz oben auf der Wunschliste – wobei es dabei Überschneidungen mit jenen 36 Prozent gibt, die explizit einen schlanken, „trockenen" Eindruck von ihrem Bier bekommen möchten. 24 Prozent – weibliche Befragte stärker als männliche – geben gleichzeitig an, dass sie einen leichten, wenig vollmundigen Eindruck ebenfalls schätzen. In ein und demselben Bier wird das aber nicht zusammenkommen.

Spannend wird es, wenn man jene Geschmacksrichtungen ansieht, die gemeinhin mit Alterung von Bier assoziiert werden – weil diese teilweise ebenfalls mit Vollmundigkeit einhergehen, auch wenn nicht alles positiv gesehen werden kann:

›› Papierener Geschmack

Kein Eindruck wird so deutlich abgelehnt, wie das Cardboard-Flavour – und zwar ziemlich einhellig in allen Gruppen von Befragten – 88 Prozent Ablehnung steht gerade ein Prozent Zustimmung gegenüber. Allenfalls lässt sich aus den aktuellen Daten herauslesen, dass die Österreicherinnen und Österreicher etwas gleichgültiger gegenüber dem Papiergeschmack sind. Und was sich noch sa-

DUFT NACH HOPFEN	UNERWÜNSCHT		ERWÜNSCHT	
	1997	2016	2016	1997
Alle Befragten (n=1862)	18	1	86	20
Männer		1	88	
Frauen		3	80	
Braumeister		0	96	
(Bier)Sommelier		0	95	
Deutsche		0	91	
Österreicher		2	82	
Schweizer		2	92	

STARK BITTERER GESCHMACK	UNERWÜNSCHT		ERWÜNSCHT	
	1997	2016	2016	1997
Alle Befragten (n=1862)	21	34	27	5
Männer		31	28	
Frauen		48	21	
Braumeister		24	32	
(Bier)Sommelier		15	42	
Deutsche		34	28	
Österreicher		37	24	
Schweizer		32	42	

HERBER GESCHMACK	UNERWÜNSCHT		ERWÜNSCHT	
	1997	2016	2016	1997
Alle Befragten (n=1862)	35	9	66	4
Männer		7	68	
Frauen		14	59	
Braumeister		5	17	
(Bier)Sommelier		6	75	
Deutsche		6	66	
Österreicher		10	65	
Schweizer		7	74	

gen lässt: Im Vergleich zum Jahr 1997 ist die Sensibilität gegenüber diesem Alterungsindikator drastisch gestiegen: Damals lehnten den Papiergeschmack nur 21 Prozent eindeutig ab, fünf Prozent fanden ihn dagegen sogar attraktiv.

Braumeister wissen natürlich, dass der Papiergeschmack – zuerst beschrieben durch den deutschen Chemiker Adolph Strecker 1862 – ein Off-Flavour in alternden Bieren ist. Er entsteht, wenn Aminosäuren aus dem Malz nach einiger Zeit zum Aldehyd Trans-2-Nonenal abgebaut werden. Solches Bier schmeckt tatsächlich nicht gut. Die Brauwissenschaft ist daher bestrebt gewesen, die Sudprozesse dahingehend zu optimieren, dass der Strecker-Abbau möglichst spät stattfindet – nach dem „Best before"-Datum, das auf den Flaschen angegeben wird.

Was danach stattfindet, interessierte allerdings lange Zeit kaum jemanden. Tatsächlich ist der gefürchtete Alterungsgeschmack – speziell in starken Bieren – nur wenige Monate lang dominant. Dann treten andere Aromen in den Vordergrund, die nicht ganz so schlecht angeschrieben sind.

Zwar werden gereifte Biere immer nur ein Nischenprodukt sein, sie können aber manche Konsumenten begeistern.

›› Weiniger, wenig prickelnder Eindruck

Diese ebenfalls oft alterungsbedingte Biereigenschaft wird zwar von jedem zweiten Befragten abgelehnt, aber eine Zustimmung von acht Prozent der Befragten rechtfertigt ein weiteres Nachdenken. Auffallend ist, dass ein weiniger Biercharakter Frauen stärker anspricht als Männer – und dass die Zustimmung negativ mit dem Alter korreliert. Befragte über 60 Jahren sagen zu weniger als fünf Prozent, dass sie so ein Bier gerne hätten, während in der jüngsten Altersgruppe und 30 Jahren die Zustimmung bei 13 Prozent liegt. Auch die Schweizer sind in diesem Zusammenhang probierfreudiger als andere.

Und immerhin haben gereifte Biere in den vergangenen Jahren ziemlich viel Anerkennung gefunden. Das Samichlaus aus der Brauerei Schloss Eggenberg kann viele Jahre in der Flasche reifen, ältere Jahrgänge gewinnen an Komplexität und erhalten ihren cremig-warmen Abgang. Der Jahrgang 2004 war beim World Beer Cup 2012 in San Diego der Goldmedailliengewinner in der Kategorie „aged beers".

Beim jüngsten World Beer Cup 2016 in Philadelphia gab es gleich fünf Kategorien gealterter Biere – davon vier im Holzfass und eines in der Flasche.

Tatsächlich kann Reifung eines Starkbieres, besonders eines dunklen Starkbieres, in der Flasche einen durchaus bereichernden Effekt für die Bierkultur bringen, wie das folgende Beispiel zeigt: Als im Februar 2012 die Trappistenbrauerei im oberösterreichischen Engelhartszell in Betrieb gegangen ist, war das eine Weltsensation. Schließlich sperrt der für seine Schweigsamkeit berühmte Orden der Zisterzienser der „strengen Observanz" nicht alle Tage eine Brauerei auf – andererseits sind die Biere der belgischen Trappistenklöster weltberühmte Spezialitäten. Umso gespannter war man auf das, was da im Kloster Engelszell gebraut würde. Man konnte es kaum erwarten, das mit Honig verfeinerte obergärige Bier mit seinen eindrucksvollen 9,7 Prozent Alkohol zu verkosten.

Ehrlich gesagt: Das ist auch zu früh passiert. Im Frühjahr 2012, bei der ersten offiziellen Präsentation wirkte der erste Sud des nach dem früheren Abt Gregorius benannten Bieres zu alkoholreich, ein wenig zu schlank und, vorsichtig gesprochen: entwicklungsfähig. Statt die Flaschen frisch zu öffnen, wäre es wohl besser, sie heimzunehmen und ein wenig reifen zu lassen.

Gesagt, getan. Ein Sechsertragerl wanderte zur späteren Verkostung in den Bierkeller. Gut vier Jahre später zeigt sich der damalige erste Sud des Gregorius aus der im Keller gereiften Flasche schwarzbraun mit leichtem Rotstich, wenig

Schaum, aber dafür reichem, fruchtigem Aroma nach Dörrzwetschgen. Der Antrunk ist nun rund und satt. Der Körper hat eine zarte süße und eine schokoladeartige Bittere, der Nachtrunk ist angenehm trocken. Ja, so würde man sich das Bier des Engelszeller Klosters wünschen!

Und so – oder wenigstens so ähnlich – kann man es auch kaufen. Denn in weiser Voraussicht hat der Braumeister Peter Krammer seinerzeit einen kleinen Tank mit dem Bier aus diesem allerersten Sud abgezweigt und ebenfalls vier Jahre lang reifen lassen. Dann wurde dieses reife Spezialität in Flaschen gefüllt und vor kurzem in aufwändiger Aufmachung auf den Markt gebracht. Abt Marianus Hauseder bestätigt auf jeder Flasche mit seiner Unterschrift und der von Hand aufgetragenen Nummer die Authentizität der streng limitierten Abfüllung, an jeder Flasche hängt überdies ein Heftchen, das die Geschichte des Ordens in Engelhartszell (Abt Gregorius Eisvogel nahm 1925 das seit Kaiser Josef II. stillgelegte Kloster für den Trappistenorden in Besitz) ebenso erzählt wie die Geschichte des einzigartigen und einzigartig gereiften Sudes. Das im Tank nachgereifte Bier ist optisch etwas heller als das in der Flasche gereifte, es riecht stärker nach Röstmalz als nach Früchten, erscheint auch ein wenig schlanker, damit zugänglicher und etwas herber.

Daraus lassen sich mehrere Schlüsse ziehen. Erstens macht es wohl einen Unterschied, ob Bier in der Flasche reift oder im Tank nachreifen darf – im Tank ist weniger Sauerstoff, weshalb das Bier auch nicht so stark nachgedunkelt ist und wohl auch nicht so stark an Körper gewonnen hat. Das ist ein signifikanter Qualitätsunterschied, wobei es Geschmackssache ist, welche der Qualitäten man vorzieht.

Zweitens und in unmittelbarem Zusammenhang damit: Wer das Bier 2016 in Flaschen gekauft hat, kann es wohl noch weiter reifen lassen (es wird mit hoher Wahrscheinlichkeit ebenfalls leicht oxidie-

ren, nachdunkeln und einen noch runderen Geschmack entwickeln). Die Brauerei nennt November 2018 als Mindesthaltbarkeitsdatum.

Drittens: So ein Mindesthaltbarkeitsdatum ist gerade bei Spezialitäten allenfalls ein Richtwert, wahrscheinlich aber ohne Bedeutung (die kleine 2012 erworbene Flasche hatte auch nur zwei Jahre, also Juni 2014, als Mindesthaltbarkeitsdatum). Bieren, die um die zehn Prozent Alkohol haben, tut eine Nachreifung jedenfalls gut – und hier wird auch verständlich, warum ein aufwändig gebrautes und lange gereiftes Bier einen außergewöhnlich hohen Preis wert sein kann.

Funktionieren kann das natürlich auch mit anderen Starkbieren. Sierra Nevada führt es in den USA mit dem Starkbier Bigfoot vor, das Jahr für Jahr als Jahrgangsbier gelabelt wird. Ähnlich war das mit dem Thomas Hardy Ale in England, das derzeit wiederbelebt wird und das schon erwähnte Samichlaus gibt es inzwischen in unzähligen Versionen – wobei das Standard-Bier auf dem Label stets das Jahr der Abfüllung angibt.

Das lässt das Bier jedenfalls wertvoller und teurer wirken als die Angebote der Mitbewerber. In einer anderen Fragestellung haben uns immerhin 17 Prozent der Befragten gesagt, dass sie ein Bier bevorzugen, wenn es „wertvoller und teurer wird als andere". Auch hier ist das Antwortmuster klar: Jüngere legen mehr Wert auf die wertvolle Anmutung (in dieser Zielgruppe sind es 25 Prozent) als ältere Befragte. Auch in der Schweiz ist man in höherem Maß bereit, die Auswahl nach einer solchen wertvollen Anmutung zu treffen.

EIGENSCHAFTEN EINES WIRKLICH GUTEN BIERES

Frage 26: Wenn Sie jetzt versuchen, sich ein wirklich gutes Bier vorzustellen. Welche auf dieser Liste genannten Eigenschaften sollten denn ein Bier haben, damit Sie sagen, das ist ein **gutes Bier (1)** – und welche Eigenschaft würden Sie als negativ empfinden, wo Sie sagen, **das wollen Sie in keinem Bier (2)**?

erfrischender, durstlöschender Eindruck
ein Duft nach Hopfen
alkoholischer, kräftiger Eindruck
vollmundiger, „runder" Eindruck

ein Duft nach Malz und Getreide
aromatischer Eindruck, wie Weizenbier
leicht bitterer Geschmack
herber Geschmack

soll zum Weintrinken anregen
fruchtiger Geschmack
ein Duft nach Hefe
appetitanregende Wirkung

malziger Geschmack
ein Duft nach Gewürzen
langanhaltender Nachgeschmack
alkoholischer, kräftiger Eindruck

ein Durf nach Gras
hefiger Geschmack
leicht süßer Geschmack
schlanker, „trockener" Eindruck

kaffeeartiger, kakaoähnlicher Geschmack
stark bitterer Geschmack
prickelnder Eindurck, viel Kohlensäure
leichter, wenig vollmundiger Eindruck

brotiger Geschmack
sehr kalt
ein neutraler Geruch
sättigende Wirkung

säuerlicher Geschmack
stark süßer Geschmack
weniger, wenig prickelnder Geschmack
neutrler Eindruck, wenig Geschmack

papierener Geschmack

Trend 1997	negativ	weder noch	positiv	Trend 1997
3	1	11	88	53
18	2	12	86	20
14	2	14	85	22
7	3	21	76	29
28	5	24	71	4
45	7	23	69	3
35	9	25	66	4
43	7	27	66	3
9	13	28	59	20
5	16	26	58	35
4	11	37	52	39
17	5	45	50	13
28	11	39	50	7
13	19	33	48	8
11	21	35	44	25
*)	11	51	39	*)
31	24	39	37	8
11	20	42	37	23
24	24	39	37	12
8	16	48	36	13
6	35	30	35	28
21	34	39	27	5
47	24	51	25	2
14	35	41	24	22
12	32	45	23	13
12	43	39	18	7
12	39	48	13	40
15	32	55	13	25
30	55	32	13	4
37	57	34	9	4
36	50	42	8	2
3	67	30	3	33
21	88	11	1	5

SO SIND SIE, DIE BIERTRINKER

Wir können hier keine komplette Analyse liefern, was die Biertrinker wirklich wollen, zu vielschichtig ist die Bevölkerung, zu viele einzelne Märkte gibt es, die alle einzeln untersucht werden müssten.

Aber ein paar ganz gute Anhaltspunkte liefert unsere Umfrage.

Es hilft auch ein Blick in die Bevölkerungsstatistik. Was der Bierbrauer-Zunft zu schaffen macht, ist der demografische Wandel. Die Bevölkerung wird immer älter, und in der Zielgruppe der 18 bis 55-Jährigen werden die Menschen und so auch die Trinkenden weniger. Hier hilft gerade auch die Zuwanderung nicht: Viele der als Gastarbeiter oder später als Flüchtlinge gekommenen neuen Mitbürger kommen ja nicht aus Kulturen, in denen Alkohol eine positive Rolle spielt. Im Gegenteil.

Wenn man sich ansieht, wie stark der Bierkonsum in den ersten Jahrzehnten nach dem Zweiten Weltkrieg angestiegen ist, dann muss man auch den gesellschaftlichen Kontext betrachten, in dem dieser Anstieg möglich war: Steigender Wohlstand traf auf etablierte Strukturen. Am Sonntag ging die Familie zur Kirche, danach ging die Mutter heim, um den Sonntagsbraten fertig zu machen, während der Mann noch am Stammtisch eine Maß Bier getrunken hat. Oder auch zwei.

Dann haben sich die Strukturen langsam verändert: Die Mutter ging noch in die Kirche, der Vater aber bog gleich zum Stammtisch ab, da konnten es dann schon zwei oder drei Maß werden. Goldene Zeiten für Wirte und Brauer.

Aber diese Generation ist ausgestorben, auch der Stammtisch steht ja vielfach schon auf der Roten Liste der vom Aussterben bedrohten Arten. Und wenn erhebliche Teile der Bevölkerung gar nicht mehr in die Kirche gehen, gehen diese eben auch nicht zum Kirchenwirt. Wenn erhebliche Teile der Bevölkerung nicht in die Kirche, sondern in eine Moschee gehen, gehen sie nachher eben nicht auf ein Bier, sondern auf einen Tee. Zahlen der GfK gehen davon aus, dass in etwa fünf von 40 Millionen deutschen Haushalten niemals Bier eingekauft wird.

Der Pro-Kopf-Konsum ist in der Schweiz mit 56,3 Litern weiterhin stabil bis leicht rückläufig – verglichen mit 1991 ist der Rückgang aber signifikant. Damals trank jeder Schweizer noch 71 Liter. Nicht viel anders ist es in Deutschland: 1991 trank man dort noch 142,7 Liter pro Kopf und Jahr, inzwischen werden (etwa bei der BrauBeviale 2016) nur noch 106 Liter genannt – das Statistische Bundesamt (das alkoholfreies Bier und Malztrunk nicht in die Statistik einbezieht) kommt gar nur auf 98,4 Liter für das Jahr 2015.

Gleichzeitig scheinen viele in der Brauwirtschaft das Verkaufen verlernt zu haben – und Bier interessant zu machen. Vor rund 20 Jahren hat eine große Brauerei ein neues, schlankes „Ice"-Bier auf den Markt gebracht, das recht klar für die Zielgruppe „junge Erwachsene" (den Begriff „jugendliches Publikum" vermeiden ja viele inzwischen) positioniert war. Das Bier wurde heftig und zielgruppengerecht beworben und war sehr erfolgreich.

Nach drei Jahren aber ging der Erfolg zurück – und ein Manager hat uns gestanden: „Sobald der Werbedruck nachlässt, geht der Absatz deutlich zurück." Ja, was hat er sich denn erwartet: Auch junge Leute werden älter – und zwar sehr schnell. Jedes Jahr kommt eine neue Alterskohorte von 16-jährigen in das „trinkfähige Alter" – das sind ganz andere Individuen als jene, die man noch ein Jahr davor angesprochen hat.

Gleichzeitig werden die 16-jährigen des Vorjah-res 17 – und wachsen langsam, aber sicher aus der Zielgruppe heraus und probieren dann vielleicht andere Biere. Wer junge Menschen ansprechen will, muss also ständig damit rechnen, dass er Jahr für Jahr eine neue Gruppe von Erstverwendern ansprechen muss.

Wer an die neue Generation von Biertrinkern heranwill, muss sie anders ansprechen als mit Mhumpftata-Musik oder mit Hinweisen auf das Reinheitsgebot. Das junge Publikum erwartet klare Codes: Modernität im Sinne der Weltläufigkeit der großen Weltmarken. Oder aber Geheimwissen über Inhalte und besondere Qualitäten von „hidden brands", also von Marken, die man nicht überall findet, die aber ein besonderes Versprechen an kundige Insider haben. Und diese Insider sind dann bereit, erstaunlich viel für ein Bier zu bezahlen. So agieren auch die Brauereien: Die einen setzen auf hochwertige Biere und Vielfalt, die anderen auf Coolness.

Die Welt analysierte bereits 2013 den Wandel „Vom Kneipengesöff zum edlen Accessoire":

„Die großen Brauereien wie etwa Beck's versuchen, die jungen Leute mit kreischenden Marketingkonzepten zu locken: Bekannte Musiker wie Seeed und Coldplay designten für die grüne Flasche ungewöhnliche Etiketten, auf denen nicht mehr die Biermarke und der Inhalt steht, sondern ein von den Künstlern selbst entworfenes buntes Bild. „Wir haben unsere Marke im Bereich Lifestyle, Design, Kunst und Musik aufgebaut", sagt Oliver Bartelt von Beck's...

Und während die einen auf modern setzen, versuchen sich die anderen mit Geschmacksexperimenten und der Rückbesinnung auf Regionalität. Kleine Brauereien wie zum Beispiel Distelhäuser aus Baden-Württemberg oder Kneitinger aus Regensburg

bringen Saisonbiere und Sorten abseits des Massenmarktes heraus...

Ähnlich wie bei den Lebensmitteln besinnen sich die Menschen auch wieder mehr auf regionale Angebote und deren Qualität. Sie sind bereit, für Spezialitäten mehr Geld auszugeben und ein wertigeres Bier zu genießen."

Die Biere aus kleinen, regionalen Brauereien sind bei weiten Kreisen der jüngeren Bevölkerung im Vorteil, weil diese jungen Leute in zweiter, oft schon in dritter Generation von Menschen abstammen, die in den1960er und 1970er Jahren „small is beautiful" zu ihrem Motto gemacht haben – oft hat nicht nur das Elternhaus, sondern auch der Schulunterricht zu der Werthaltung beigetragen, dass man als „mündiger Bürger" den Großen in Politik und Wirtschaft misstrauen soll. Das trifft mitunter sogar Weltmarken.

›› Die Biere aus der Gegend, in der ich wohne, sind besser als die bekannten Markenbiere"

Das sagen 30 Prozent der Befragten – aber die Altersunterschiede sind extrem: Bei den Befragten unter 30 Jahren sind 39 Prozent dieser Meinung, bei den Befragten über 60 sind es nur noch 25 Prozent.

Es ist diese Regionalität, die heute in vielen Bereichen in den Vordergrund rückt – Regionalität schlägt als gedanklicher und emotionaler Rahmen sowohl die Ökologie als auch viele mit Weltläufigkeit verbundenen Bezugspunkte – wer regional verbunden ist, regional einkauft, der handelt nach diesem Verständnis besonders nachhaltig.

Nur vier Prozent meinen, dass sie Biere großer Marken gegenüber Bieren aus kleinen, weniger bekannten Brauereien bevorzugen.

Dazu kommt, dass das Wissen der Bierkäufer nicht unbedingt auf konkrete Produkte oder Bierstile ausgerichtet ist. Pils ist für viele junge Menschen ein Allerweltsbier, gebraut von einer misstrauisch beäugten Großbrauerei. Dann wird eine

WAS AM BIER WICHTIG IST

Frage 23: Welchen dieser Aussagen würden Sie zustimmen?

Es stimmen zu -

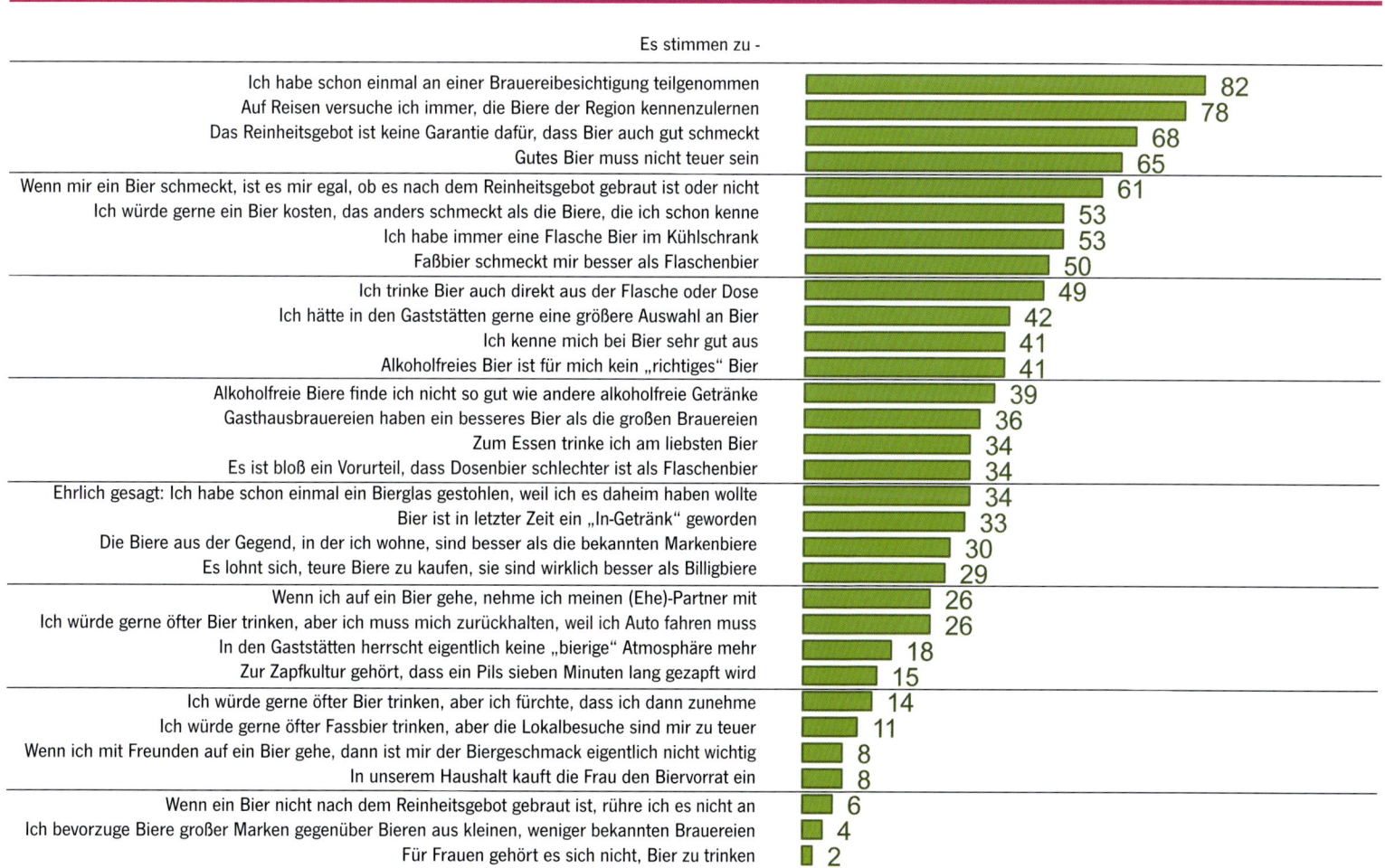

Aussage	%
Ich habe schon einmal an einer Brauereibesichtigung teilgenommen	82
Auf Reisen versuche ich immer, die Biere der Region kennenzulernen	78
Das Reinheitsgebot ist keine Garantie dafür, dass Bier auch gut schmeckt	68
Gutes Bier muss nicht teuer sein	65
Wenn mir ein Bier schmeckt, ist es mir egal, ob es nach dem Reinheitsgebot gebraut ist oder nicht	61
Ich würde gerne ein Bier kosten, das anders schmeckt als die Biere, die ich schon kenne	53
Ich habe immer eine Flasche Bier im Kühlschrank	53
Faßbier schmeckt mir besser als Flaschenbier	50
Ich trinke Bier auch direkt aus der Flasche oder Dose	49
Ich hätte in den Gaststätten gerne eine größere Auswahl an Bier	42
Ich kenne mich bei Bier sehr gut aus	41
Alkoholfreies Bier ist für mich kein „richtiges" Bier	41
Alkoholfreie Biere finde ich nicht so gut wie andere alkoholfreie Getränke	39
Gasthausbrauereien haben ein besseres Bier als die großen Brauereien	36
Zum Essen trinke ich am liebsten Bier	34
Es ist bloß ein Vorurteil, dass Dosenbier schlechter ist als Flaschenbier	34
Ehrlich gesagt: Ich habe schon einmal ein Bierglas gestohlen, weil ich es daheim haben wollte	34
Bier ist in letzter Zeit ein „In-Getränk" geworden	33
Die Biere aus der Gegend, in der ich wohne, sind besser als die bekannten Markenbiere	30
Es lohnt sich, teure Biere zu kaufen, sie sind wirklich besser als Billigbiere	29
Wenn ich auf ein Bier gehe, nehme ich meinen (Ehe)-Partner mit	26
Ich würde gerne öfter Bier trinken, aber ich muss mich zurückhalten, weil ich Auto fahren muss	26
In den Gaststätten herrscht eigentlich keine „bierige" Atmosphäre mehr	18
Zur Zapfkultur gehört, dass ein Pils sieben Minuten lang gezapft wird	15
Ich würde gerne öfter Bier trinken, aber ich fürchte, dass ich dann zunehme	14
Ich würde gerne öfter Fassbier trinken, aber die Lokalbesuche sind mir zu teuer	11
Wenn ich mit Freunden auf ein Bier gehe, dann ist mir der Biergeschmack eigentlich nicht wichtig	8
In unserem Haushalt kauft die Frau den Biervorrat ein	8
Wenn ein Bier nicht nach dem Reinheitsgebot gebraut ist, rühre ich es nicht an	6
Ich bevorzuge Biere großer Marken gegenüber Bieren aus kleinen, weniger bekannten Brauereien	4
Für Frauen gehört es sich nicht, Bier zu trinken	2

Basis: alle außer Politiker bzw. andere Berufe (Ergebnisse in Prozent) n=885

GRÜNDE FÜR BEVORZUGTES BIER

Frage 27: Es gibt ja verschiedene Gründe, die dafür sprechen können, ein bestimmtes Bier einem anderen vorzuziehen. Welche der folgenden Gründe könnten für Sie dafür sprechen, dass Sie ein Bier bevorzugt kaufen?

dass es von einer Brauerei aus meiner nächsten Umgebung ist — 72
dass ich dieses Bier schon oft getrunken habe — 67
dass ich die Brauerei schon selber besichtigt habe — 57
dass es eine gute Beschreibung gibt, was das für ein Bier ist — 52

dass ich es aus der Gastronomie kenne — 50
dass es neu auf dem Markt ist — 50
dass es ein Bier aus Österreich ist — 48
dass es ein Craftbier ist — 46

dass ich das Bier aus einem Urlaubsland kenne — 36
dass es ein Bier aus Deutschland ist — 31
dass das Bier nach dem Reinheitsgebot gebraut wurde — 28
dass es ein Bio-Bier ist — 26

dass es ein Bier aus Tschechien ist — 26
dass es ein Bier aus der Klosterbrauerei ist — 25
dass es ein Bier aus Belgien ist — 25
dass viele meiner Freunde auch dieses Bier trinken — 21

dass das Bier gerade im Sonderangebot ist — 18
dass dieses Bier wertvoller und teurer wirkt als andere — 17
dass es ein Bier aus den USA ist — 15
dass das ein Bier ist, das schon meine Eltern getrunken haben — 12

dass es ein Bier aus einer Schlossbrauerei ist — 12
dass es ein Bier aus der Schweiz ist — 12
dass es eine international bekannte Marke ist — 12
dass das Bier besonders preisgünstig ist — 9

dass ich die Marke aus dem Fernsehen kenne — 8

Basis: Biertrinker (94%=100%) (n=1.906), (Ergebnisse in Prozent)

---

regionale Brauerei wie Mahrs oder Knoblach ausprobiert; dann wird nach einer Marke wie Crew Republic oder Brewdog gegriffen. Und die Käufer stellen fest, dass diese Biere angenehmerweise auch noch intensiver schmecken als das, was alle anderen trinken.

Erst dann lernen sie über Kellerbier oder IPA und die Feinheiten dieser Stile. Sie wissen auch, dass das Reinheitsgebot, das alle großen Fernsehbiere mit den kleinen Regionalbrauereien Deutschlands verbindet, keineswegs ein „Einheitsgebot" ist. Aber sie wissen auch:

›› Das Reinheitsgebot ist keine Garantie dafür, dass Bier auch gut schmeckt"

Das sagen 68 Prozent der Befragten – mit gewissen Ausschlägen nach oben und unten in allen Altersgruppen. Und selbst Braumeister (89 Prozent) und Medienleute (90 Prozent), die ja meinungsbildend wirken, teilen diese Ansicht.

Gleichzeitig entsteht eine große Offenheit zum Thema Dose;

›› Es ist bloß ein Vorurteil, dass Dosenbier schlechter ist als Flaschenbier"

34 Prozent unserer Befragten haben das zu Protokoll gegeben, unter den Befragten zwischen 30 und 40 Jahren hat diese Ansicht sogar eine Mehrheit. Bei den Biersommeliers sowieso.

Daran werden sich die Bierverkäufer in den kommenden Jahren zu halten haben – das Beispiel Österreich, wo jeder zweite Haushalt mindestens einmal im Jahr Dosenbier kauft, wird wohl auch in Deutschland Schule machen. Bei Lidl und Aldi stehen seit einem Jahr wieder Dosen in den Regalen.

Und was sich in Österreich auf dem Gebiet der Radler und Biermischgetränke getan hat, ist inzwischen auch zum Exportartikel geworden: Radler und alkoholfreie Biere dürften gute Chancen haben, alkoholfreie Getränke zu verdrängen.

Beim Marketing muss man allerdings bedenken, dass die Positionierung von Radler und alkoholfreiem Bier als Sportgetränk nicht alle potenziellen Konsumenten einschließt: Die sind nämlich teilweise im höheren Alter. Keine Zielgruppe, die besonders gut in der Werbung wirkt. Aber eine, die über Geld verfügt. Und über einen Wert, der heute rar geworden ist: Diese Menschen sind viel treuer als die jüngeren Generationen. Auch keine schlechte Basis für Geschäfte.

Ein frisches Faß im Hofbräuhaus zu München. Originalzeichnung von Professor W. Grögler. (S. 344)

BIER – EINE IMAGEFRAGE

Ab und zu ein Gläschen Wein ist erlaubt. Auch für die Bierwirtschaft. Es lohnt, gelegentlich zu den Weinproduzenten hinüberzuschielen – auch, um zu verstehen, wie es denen gelungen ist, Images aufzubauen. Und um zu verstehen, welche Trends da herrschen.

Tatsächlich gibt es zum Wein ähnlich viele Klischees und Vorurteile wie zum Bier.

Einfache Frage: Wer trinkt am meisten Wein?

Nein, falsch geraten.

Es sind weder die Franzosen noch die Italiener. Es sind die US-Amerikaner. Laut den Statistiken der Internationalen Organisation für Wein und Weinbau (OIV) haben sie 2015 mehr als 31 Millionen Hektoliter Wein konsumiert – zusätzlich zu den 223,5 Millionen Hektolitern Bier. Damit liegen sie vor allen traditionellen Weinbauländern. Und während dort weniger Wein als früher getrunken wird, haben auch die Deutschen mit 20,5 Millionen Hektoliter Weinkonsum pro Jahr zu den Italienern aufgeschlossen und dürften sie bald überholen – während der Bierkonsum mit rund 86 Millionen Hektolitern (von den 95,2 Millionen Hektolitern ist Export ab- und Import hinzuzuschätzen) bestenfalls stagniert.

Insgesamt wurden im Jahr 2015 weltweit 240 Millionen Hektoliter Wein mit oder ohne Kohlensäure getrunken – das ist ziemlich stabil. Aber es gibt Verschiebungen: Die Chinesen kompensieren die abnehmende Trinklust in Frankreich, Italien, der Schweiz und auch Österreich (2015 noch 2,3 Millionen Hektoliter, 600.000 Hektoliter weniger als im Vorjahr): Mit 16 Millionen Hektoliter tranken die Chinesen im vergangenen Jahr mehr Wein als etwa die Spanier. Und dieser Trend dürfte sich weiter verstärken. China legt nämlich immer mehr Weinberge an: Seit der Jahrtausendwende hat die Anbaufläche um elf Prozent zugenommen, während sie in Frankreich, Spanien, Italien und der Türkei um insgesamt sechs Prozent zurückging. Mit 830 Millionen Hektar verfügt China heute schon über mehr Weinanbaufläche als Frankreich.

Wobei Frankreich aufgrund seiner Tradition natürlich besonders wertvolle Weine produziert – und exportiert. Ein Phänomen, von dem alle traditionellen Weinländer profitieren: „Von fünf Flaschen werden mehr als zwei nicht in dem Land getrunken, in dem sie abgefüllt werden", wurde Jean-Marie Aurand von der OIV im Standard zitiert. Auf massive chinesische Weinexporte wird die Welt wohl noch warten müssen – aber wer weiß, wie lange? Schließlich benutzen wir im Bereich der Elektronik auch chinesische Geräte, was wir uns vor 30 Jahren noch nicht hätten vorstellen können.

Alles eine Frage des Images.

Daher haben wir in unseren Bierstudien seit vielen Jahren immer auch die Images von Bier und Wein angesehen.

Zunächst haben wir die Konsumhäufigkeiten erhoben: In unserer Stichprobe waren natürlich immer die Biertrinker überrepräsentiert – aber mehr als jeder neunte von uns Befragte sagte auch, dass er oder sie fast täglich Wein konsumiert, weitere 22 Prozent in unserer Stichprobe trinken mehrfach in der Woche Wein und noch einmal 29 Prozent trinken Wein immerhin ein paar Mal im Monat.

Die Studie geht natürlich noch tiefer – und wir hatten uns da auf Einiges gefasst gemacht. Denn wir hatten seit den 1990er Jahren immer wieder abgefragt, welches Image, welches Flair der Konsum von Wein beziehungsweise Bier auf die jeweiligen Konsumenten überträgt – und dabei immer wieder gesehen, dass unsere eigenen Imagevorstellungen sich nicht mit denen der Bevölkerung gedeckt haben.

In einer Studie „Wein und Bier – das rat ich Dir" haben wir im Jahr 2000 geschrieben:

„Weltgewandt und trendy, gutaussehend und überdurchschnittlich verdienend, fröhlich und gemütlich. Und anerkannt für unser Savoir Vivre, für unsere Kennerschaft von gutem Essen und Trinken, das wir uns auch etwas kosten lassen, weil wir gute Qualität kennen und schätzen. So wären wir alle gerne. Und wie baut man dieses Image, diese Marke ICH® auf? Die Daten, die das Market-Institut im September 2000 dazu erhoben haben, legen einen Schluss nahe: Weinkenner müsste man sein! Dem werden so ziemlich alle guten Eigenschaften zugeordnet, die sich ein Mensch mit Lebensart wünschen kann.

Vergleicht man das Bild, das die Bevölkerung von Biertrinkern hat, dann fällt erst so richtig auf, um wie viel geiler es wirkt, wenn jemand Wein trinkt: Biertrinker gelten als übergewichtig, als stille Säufer, als unmäßig, aber nicht qualitätsbewusst beim Essen und Trinken.

Erfolg beim anderen Geschlecht? Das trauen den Biertrinkern nur neun Prozent der Männer und gar nur vier Prozent der Frauen zu. Selbst unter den erklärten Biertrinkern hat nur jeder zehnte Befragte ein ausgeprägtes erotisches Selbstvertrauen.

Da wird verständlich, warum Biertrinker nicht wirklich Rollen-Modelle abgeben, nach denen sich junge und trendige Menschen orientieren wollen – auch wenn wir Biertrinker durchaus meinen, vorbildliche Menschen zu sein: Bekennende Biertrinker sagen beispielsweise überdurchschnittlich häufig, dass „der typische Biertrinker im Zweifel das Auto stehen lässt, wenn er viel getrunken hat";

Weintrinker sind da von ihresgleichen nicht ganz so überzeugt.

Unter dem Strich bleibt allerdings die Notwendigkeit einer Imagekorrektur – und zwar nicht nur aus der Sicht der Bierbrauer, sondern auch im Interesse jener, die ihnen die Treue halten."

Wir haben damals gemeint, dass die Branche einen Aufbruch braucht. Neue Biere! Neue Gelegenheiten, sie zu genießen! Neue Menschen, die sie präsentieren!

Und wir haben auch dazu ein paar Vorschläge gemacht – wiederum aus unserer 16 Jahre alten Studie zitiert:

„Alle diese Befunde sind nicht wirklich ermunternd. Aber nur der, der den unerfreulichen Tatsachen ins Auge schaut, kann die richtigen Konsequenzen für ein erfolgreiches Biermarketing ziehen. Was kann man aus den Erkenntnissen über die Bier- und Weintrinker lernen? Zunächst einmal: Wir müssen uns von der Sichtweise verabschieden, dass Bier ein „Volksgetränk" oder „Grundnahrungsmittel" sei, das quasi von selber akzeptiert und getrunken wird. Das stimmt für andere Volksgetränke auch nicht (Leitungswasser wird durch Tafel- und Mineralwässer substituiert), auch Grundnahrungsmittel verkaufen sich nicht von selber: Jenes Mischbrot, das für Statistiker (und regelungswütige Politiker) lange Zeit als Maßstab für Brotkonsum, Kaufkraft und sogar Preisregelung gegolten hat, findet am Point of Sale kaum noch Abnehmer. An der Brottheke im Supermarkt oder in der Bäckerei findet man heute ein vor 25 Jahren noch undenkbares Angebot an französischen Baguettes, türkischen Fladenbroten oder italienischen Olivenbroten, dazu Dutzendweise Leinsamen-, Mohn-, Sesam- und Nussbrote, Brote mit Kürbiskernen, Dinkel, getrockneten Tomaten oder sogar Erbsen.

Zu jedem dieser Brote gibt es eine Story und eine eigene Erlebniswelt: Wer ein Baguette isst und Rotwein trinkt, fühlt sich ganz in Frankreich; wer ein Erbsenbrot verzehrt, kann etwas über die Essgewohnheiten der australischen Aborigines erzählen.

Und in der Bierabteilung? Immer die gleichen Biere, die schon vor einem Vierteljahrhundert so oder so ähnlich da gestanden sind als nebenan, beim Wein, die Vielfalt auch nur auf „rot" oder „weiß", „lieblich" oder „trocken" eingeschränkt war.

Heute finden wir im Weinregal australische und kalifornische, südafrikanische und chilenische Weine. Italienische und französische, fränkische und burgenländische sowieso. Jeden davon zu einem Preis, der sich erst rechtfertigen muss – aber das tut er dann auch: Mit Stories, die gerne weitererzählt werden; Stories von Weingütern in der Toskana oder im Napa Valley, von diesem tollen Restaurant in Kapstadt oder jenem Bistro in Bordeaux, wo man diesen Wein zum ersten Mal gekostet hat. Von der Bocksbeutelflasche oder der Korbflasche; vom Wachauer Heurigenwirt, dessen Familie heute eines der feinsten Restaurants des Landes betreibt. Oder den neuen Rebsorten, die uns der Winzer selber vorgestellt hat.

Das ist Gratis-Marketing für den jeweiligen Wein. Seine Konsumenten tragen die Botschaft bereitwillig weiter und zahlen eine Menge Geld dafür, sich noch mehr Information direkt am Produktionsort abzuholen.

Besondere Biere, die anders als die anständigen, aber eben wenig Prestige verleihenden Allerwelts-Pilsner positioniert sind, leisten nämlich für den gesamten Biermarkt einen wesentlichen Dienst: Sie verleihen dem Biertrinken und den Biertrinkern (allen Biertrinkern!) einen neuen Charme."

Vieles vom dem, was wir damals geschrieben haben, würden wir heute noch genauso schreiben. Viele unserer damaligen Empfehlungen sind aber auch umgesetzt worden: Es gibt inzwischen anerkannte Ausbildungen zum Biersommelier, Brauer und Gastronomen sind kreativer geworden.

Und das wird innerhalb und außerhalb der Branche durchaus wahrgenommen: 68 Prozent der von uns für dieses Buch im Frühjahr 2016 befragten Personen sehen ein verbessertes Ansehen von Wein in den vergangenen zehn Jahren – nur drei Prozent ein verschlechtertes. Dabei muss man sehen, dass dies von einem sehr hohen Niveau ausgeht: Schon 2009 hatten 71 Prozent ein verbessertes Image für Wein gesehen.

Beim Bier sieht der Erfolg noch deutlich größer aus. Zu Ende des vorigen Jahrzehnts sagten uns nur 30 Prozent der Befragten, dass sich das Image von Bier verbessert hätte, jetzt sind es 78 Prozent. Dies erscheint ein erstaunlich hoher Wert, der auf die hohe Teilnahme von Befragten aus der Branche zurückzuführen sein könnte. Ist er aber nicht. Eine genauere Analyse der Daten zeigt nämlich, dass auch die Befragten von außerhalb der Branche zu 75 Prozent ein verbessertes Ansehen des Bieres wahrnehmen. Und selbst jene 559 Befragten, die uns gesagt haben, dass sie selten oder gar nie Bier trinken, gestehen dem Produkt zu 69 Prozent ein besseres Image zu als vor zehn Jahren.

Ein auffallend zurückhaltendes Urteil geben übrigens die von uns befragten Politiker ab: Von denen sehen nur 61 Prozent ein verbessertes Bier-Image. Überdurchschnittliche 36 Prozent der Politiker neigen zur Aussage, dass das Ansehen des Bieres unverändert geblieben wäre. Wir werden in einem späteren Kapitel noch darauf zurückkommen.

Wir haben uns nun nicht nur die Images von Bier und Wein, sondern die der Konsumenten von Bier und Wein angesehen. Market stellte dazu zwei Fragen:

„Auf dieser Liste stehen verschiedene Aussagen. Wenn Sie nun an einen typischen Biertrinker denken – welche dieser Aussagen glauben Sie, dass auf einen typischen Biertrinker zutreffen? Bitte klicken Sie alles an, was zutrifft!"

Und: „Auf dieser Liste stehen verschiedene Aussagen. Wenn Sie nun an einen typischen Weintrin-

KONSUMHÄUFIGKEIT VON WEIN UND BIER

Wie oft trinken Sie normalerweise Bier oder Wein?

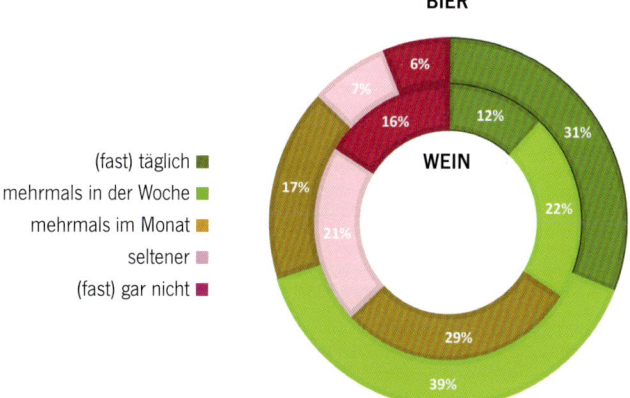

IMAGE-ENTWICKLUNG VON WEIN UND BIER

Hat sich das Image von Wein und Bier in den letzten 10 Jahren verbessert, verschlechtert oder ist es gleich geblieben?

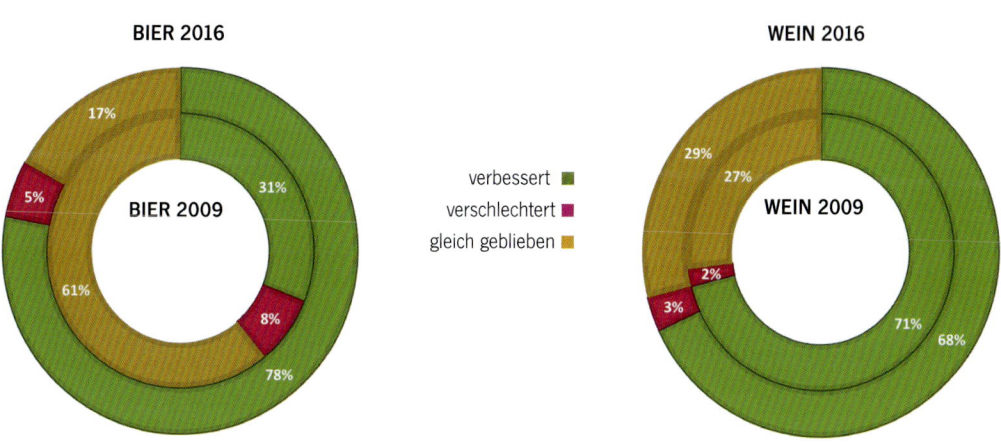

43

ker denken – welche dieser Aussagen glauben Sie, dass auf einen typischen Weintrinker zutreffen? Bitte klicken Sie alles an, was zutrifft!" Erstes auffallendes Ergebnis:

>> Ist ein fröhlicher Mensch

Das ist die häufigste Aussage zum Biertrinker, 61 Prozent der Befragten denken so. Das ist eine signifikante Veränderung zu einer zehn Jahre alten Befragung, in der nur 34 Prozent den Biertrinkern Fröhlichkeit als Eigenschaft zugeordnet hatten. Damals und in den Umfragen davor hatten stets die Weintrinker als die fröhlicheren Menschen gegolten. Heute halten nur 37 Prozent Weintrinker für fröhliche Menschen, gegenüber dem Jahr 2000 sogar ein leichter Rückgang um acht Prozentpunkte.

Bemerkenswert ist allerdings: Männer sind sehr viel überzeugter davon, dass der Biertrinker ein fröhlicher Mensch ist als das Frauen sind. Das deutet darauf hin, dass Frauen jene Art von Fröhlichkeit, die bei gemeinsam Bier trinkenden Männern gelegentlich aufkommt, für nicht so attraktiv halten. Auch Journalisten und Politiker sind in ihrem Urteil weitaus zurückhaltender als der Rest der Befragten. Und wer selber selten bis gar nicht Bier trinkt, kann auch der Fröhlichkeit der Biertrinker wenig abgewinnen.

>> Unterscheidet beim Trinken zwischen guter und schlechter Qualität

Das ist mit 76 Prozent die häufigste Aussage zum Weintrinker – und seit der Vergleichsumfrage im Jahr 2000, wo das ebenfalls das meistgenannte Charakteristikum für Weintrinker war, hat dieser Wert sogar noch um 15 Prozentpunkte zugelegt. Aber viel stärker ist die Zunahme beim Biertrinker-Image. Glaubten zu Beginn des Jahrhunderts nur 18 Prozent, dass Biertrinker zwischen Qualitäten ihres Getränks unterscheiden könnten, so ist der Wert nun auf 54 Prozent gestiegen. Die Aussage erreicht bei Braumeistern und Getränkeherstellern

Spitzenwerte – nur Journalisten und Politiker wollen das nicht so recht glauben; was immer diese Personengruppen da für Erfahrungen gemacht haben mögen.

>> Lässt sich gutes Essen etwas kosten

Auch bei diesem Punkt – der zweithäufigsten Nennung für typische Weinkonsumenten – haben die Bierfreunde imagemäßig zugelegt. Heute trauen 34 Prozent der Befragten den Biertrinkern zu, für gutes Essen mehr auszugeben, im Jahr 2000 waren es erst 18 Prozent. Auffallend ist, dass Braumeister und Biersommeliers hier ein deutlich besseres Bild ihrer Kunden haben als die Gastwirte, deren Bewertung nur im Durchschnitt liegt. Erfreulich allerdings: Die regelmäßigen Biertrinker bekennen sich in besonderem Maß dazu, für gutes Essen etwas springen zu lassen.

>> Ist ein eher einfacher Mensch

Das sagt weiterhin ein gutes Viertel der Befragten über die typischen Biertrinker – hier hat das Bierimage ganz klar noch aufzuholen, denn über Weintrinker sagen das nur vier Prozent. Immerhin: Im Jahr 2000 meinten noch 35 Prozent, dass Biertrinker eher einfache Menschen seien, ein bisschen hat sich das Image also gebessert. Allerdings: Frauen und jüngere Befragte sehen Biertrinker überdurchschnittlich stark als einfache Menschen.

>> Hat Erfolg beim anderen Geschlecht

Auch in diesem Punkt sieht es bitter aus, vor allem für Männer: Es sagen nämlich nur fünf Prozent der Frauen, dass Biertrinker attraktiv wären, von Weintrinkern sagen das immerhin zwölf Prozent der Frauen. Da hat sich auch nicht viel zur Vergleichsumfrage vor eineinhalb Jahrzehnten getan.

>> Ist beruflich erfolgreich

Das trauten im Jahr 2000 nur fünf Prozent der

WIE BIERTRINKER UND WEINTRINKER EINGESCHÄTZT WERDEN – EIN VERGLEICH ZUM NACHDENKEN

Frage 21: Auf dieser Liste stehen verschiedene Aussagen. Wenn Sie nun an einen typischen Biertrinker denken – welche dieser Aussagen glauben Sie, dass auf einen typischen Biertrinker zutreffen?

Frage 22: Auf dieser Liste stehen verschiedene Aussagen. Wenn Sie nun an einen typischen Weintrinker denken – welche dieser Aussagen glauben Sie, dass auf einen typischen Weintrinker zutreffen?

Die Aussagen treffen zu auf einen typischen -   BIERTRINKER (n=2.076)   WEINTRINKER (n=2.015)

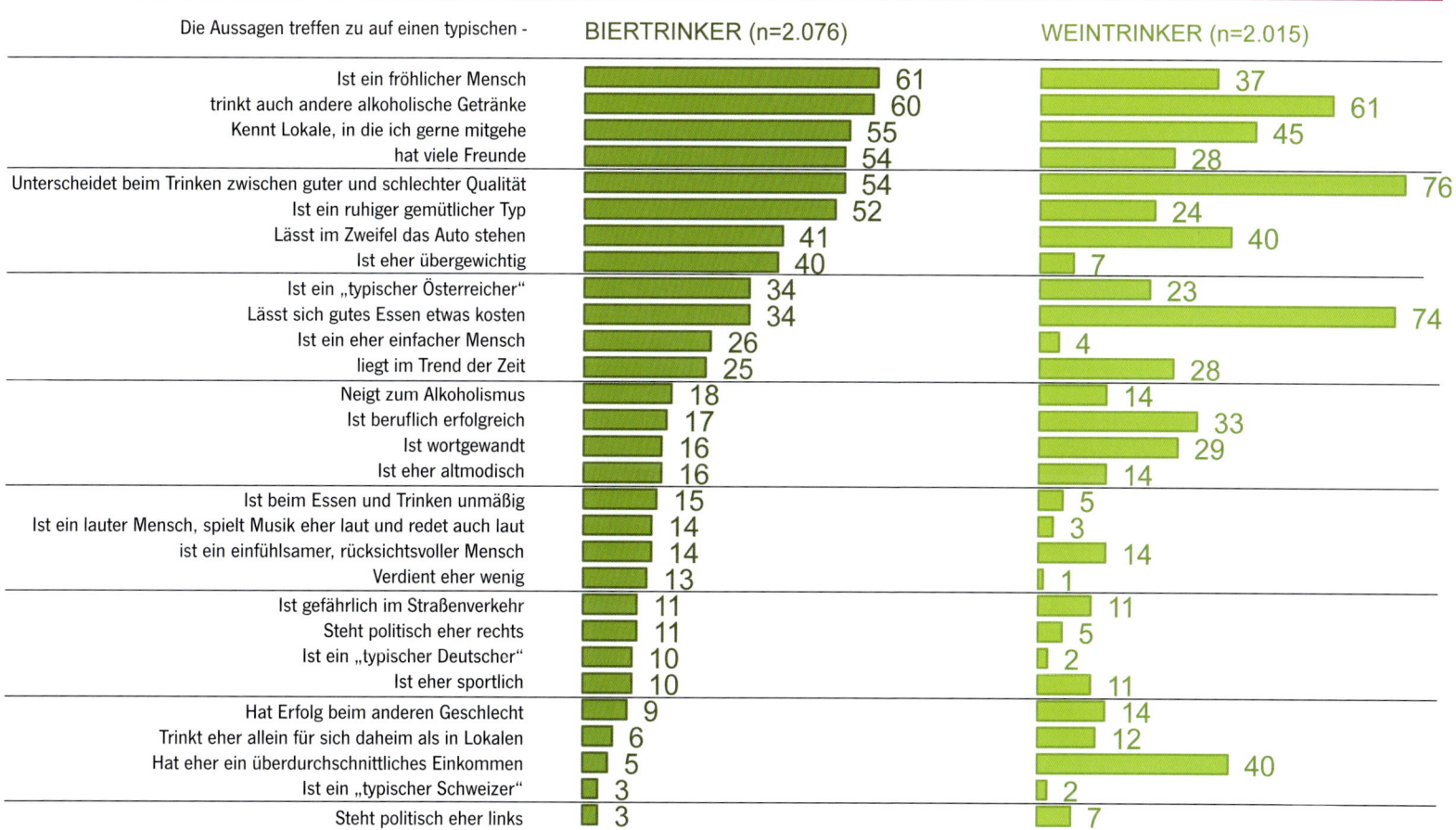

Die Aussagen treffen zu auf einen typischen -	BIERTRINKER	WEINTRINKER
Ist ein fröhlicher Mensch	61	37
trinkt auch andere alkoholische Getränke	60	61
Kennt Lokale, in die ich gerne mitgehe	55	45
hat viele Freunde	54	28
Unterscheidet beim Trinken zwischen guter und schlechter Qualität	54	76
Ist ein ruhiger gemütlicher Typ	52	24
Lässt im Zweifel das Auto stehen	41	40
Ist eher übergewichtig	40	7
Ist ein „typischer Österreicher"	34	23
Lässt sich gutes Essen etwas kosten	34	74
Ist ein eher einfacher Mensch	26	4
liegt im Trend der Zeit	25	28
Neigt zum Alkoholismus	18	14
Ist beruflich erfolgreich	17	33
Ist wortgewandt	16	29
Ist eher altmodisch	16	14
Ist beim Essen und Trinken unmäßig	15	5
Ist ein lauter Mensch, spielt Musik eher laut und redet auch laut	14	3
ist ein einfühlsamer, rücksichtsvoller Mensch	14	14
Verdient eher wenig	13	1
Ist gefährlich im Straßenverkehr	11	11
Steht politisch eher rechts	11	5
Ist ein „typischer Deutscher"	10	2
Ist eher sportlich	10	11
Hat Erfolg beim anderen Geschlecht	9	14
Trinkt eher allein für sich daheim als in Lokalen	6	12
Hat eher ein überdurchschnittliches Einkommen	5	40
Ist ein „typischer Schweizer"	3	2
Steht politisch eher links	3	7

Basis: Befragung in Bierzielgruppen (Ergebnisse in Prozent)

Befragten den Biertrinkern, aber immerhin 21 Prozent den Weintrinkern zu. Das hat sich für beide Gruppen verbessert, bei den Biertrinkern auf 17, bei den Weintrinkern auf 33 Prozent. Aber es zeigt, dass Wein immer noch eher als Aufputz der Erfolgreichen gesehen wird.

>> Verdient eher wenig

Ist ein damit zusammenhängender Eindruck. Ihn teilen 13 Prozent der Befragten, Frauen etwas stärker als Männer – und auch unter den Schweizern hält sich überdurchschnittlich stark das Bild vom Geringverdiener, der an seinem Bier nuckelt.

>> Neigt zum Alkoholismus

23 Prozent der Frauen und 16 Prozent der Männer meinen, dass das auf Biertrinker zuträfe – Weintrinkern wird das nur von 14 Prozent (Männer und Frauen gleich) zugetraut. Dass Bier zum Alkoholismus führe, ist übrigens eine unter Journalisten weit verbreitete Meinung; dies schlägt sich dann leider in den Medien oft auch in der Bebilderung von Stories zum Thema Alkoholmissbrauch nieder.

>> Ist ein typischer Bewohner meines Landes

Wir haben den Deutschen bei diesem Item die Aussage „ist ein typischer Deutscher", den Österreichern „ist ein typischer Österreicher" und den Schweizern „ist ein typischer Schweizer" vorgelegt – mit dem bemerkenswerten Ergebnis, dass die Österreicher selbst zu 57 Prozent der Meinung sind, dass Biertrinken typisch österreichisch sei, die Deutschen und Schweizer sehen das für ihr jeweiliges Land und seine Bewohner nur zu 32 beziehungsweise 33 Prozent so. Auffallend auch: Jene Befragten, die selber wenig oder gar kein Bier trinken, sehen das Biertrinken als besonders österreichisch (aber nicht als besonders deutsch oder besonders schweizerisch) an.

Es macht überhaupt Sinn, das Bild anzusehen, das die Nicht- oder, hier mit diesen zusammengefasst: Fast-Nicht-Biertrinker von einem Biertrinker haben – hier könnten nämlich Gründe liegen, warum diese Menschen Bier eher nicht mögen. Besonders auffallend ist die Abweichung von der allgemeinen Einschätzung, wenn es um die Aussage geht, dass Biertrinker eher übergewichtig seien. 54 Prozent der Nichtbiertrinker glauben an das mit dem Bierkonsum einhergehende Übergewicht – bei den mehr oder weniger regelmäßigen Konsumenten tut das nur jeder Dritte. Nicht-Biertrinker vermeinen an den Biertrinkern in überdurchschnittlichem Maß eine Neigung zum Alkoholismus, einen eher einfachen Charakter, geringes Einkommen und Gefährlichkeit im Straßenverkehr zu erkennen – Letzeres übrigens stärker bei Biertrinkern als bei Weintrinkern. Welches Image Bier hat, das wird in Zukunft darüber entscheiden, wie

VERBESSERTES IMAGE DER BIERTRINKER	Weintrinker 2016	Biertrinker 2016	Biertrinker 2006
Ist eher ein fröhlicher Mensch	37	61	34
hat viele Freunde	54	28	37
Unterscheidet beim Trinken zwischen guter und schlechter Qualität	76	54	18
Lässt im Zweifel das Auto stehen	40	41	18
Ist eher übergewichtig	7	40	(Top) 58
Ist ein eher einfacher Mensch	4	26	35
Neigt zum Alkoholismus	14	18	36
Ist ein lauter Mensch, spielt Musik eher laut und redet auch laut	3	14	26
Hat Erfolg beim anderen Geschlecht	14	9	7

Käufer entscheiden – ob sie zum Bier greifen oder lieber zum Wein.

Man muss sich nur die Präsentation von Bier und Wein in Getränkemärkten oder Lebensmittelmärkten ansehen – im deutschen Sprachraum stehen da zumeist ein paar Bierkisten gestapelt, oft mit dem Hinweis, welche dieser Kisten jetzt gerade zum Promotion-Preis mitgenommen werden kann. Massen-Abverkauf.

Dagegen, im selben Markt meist deutlich vom Bier abgesetzt, ist die Weinabteilung stets mit viel Stil gestaltet. Die Flaschen einzeln aufgestellt, immer auch hübsch geordnet. Meist auch noch mit Hinweisen versehen, wo der jeweilige Wein herkommt. Ganze Abteilungen für spanische Rotweine; und für französische; die italienischen nicht zu vergessen; Kalifornien und Südafrika dürfen natürlich auch nicht fehlen.

Auch wenn man dann doch zum inländischen Wein greift: Man weiß ihn besser einzuordnen. Und wenn das Shop gut gemacht ist, vermittelt es uns auch den Eindruck, dass wir beim nächsten Mal wirklich an den Kalifornier oder den Spanier denken sollten.Könnte ja eine Anregung sein, eine bestimmte Speise dazu zuzubereiten. Freunde einzuladen. Anzugeben.

Ja, klar, das kann man inzwischen auch mit ein paar Importbieren – in der Schweiz und in Österreich etwas leichter als in Deutschland, wo belgische, britische oder gar amerikanische Biere nicht so einfach im Regal stehen. Und sollte man der Hipster-Generation angehören, dann weiß man auch über Craftbiere und deren Quellen Bescheid.

Das mag in der einen oder anderen Community auch tatsächlich Prestige bringen.

Worum es aber geht – oder gehen sollte – ist eine weitere Anhebung des Ansehens des Bieres. Da darf sich kein Konsument zurückgelassen fühlen.

Und das ist eine Aufgabe für alle Stakeholder der Branche.

WAS GUTES BIER KOSTEN DARF

Jahrelang wurde beklagt, dass Bier viel zu billig wäre. Stimmt ja auch: Da gab es bei vielen Handelsketten Dosenbier um 39 Cent und Bierkisten mit 20 Halbliterflaschen um unter fünf Euro – auch von großen Marken. In unserer Umfrage haben wir daher die Aussage getestet:

>> Alkoholische Getränke sind im Handel vergleichsweise zu billig

Dieser Meinung stimmten 13 Prozent der Befragten vollständig zu, weitere 23 Prozent sagten „eher schon". Auf die Mittelposition „teils-teils" ziehen sich 29 Prozent zurück. 26 Prozent sagten „eher nicht" und die verbleibenden zehn Prozent denken, die Aussage stimme „auf keinen Fall". Die Befragten insgesamt sind also (wenn man die mittlere Position aufteilt) in zwei ziemlich genau gleich große Lager gespalten.

Ganz deutlich werden aber die Unterschiede zwischen den einzelnen Gruppen der Stakeholder in der Getränkewirtschaft: Von den Gastwirten bekennen sich 26 plus 29 Prozent zu den ersten beiden Kategorien („stimmt auf jeden Fall" plus „eher schon"), Getränkehändler sehen es mit 19 plus 34 Prozent nicht wesentlich anders.

Völlig anders ist allerdings die Einschätzung von Konsumenten und Journalisten: In diesen beiden Gruppen von Befragten sind jeweils rund 45 Prozent der Befragten der Meinung, dass die vorgegebene Aussage über zu billige alkoholische Getränke im Handel eher nicht oder gar nicht stimme. Befragte, die Brancheninsider sind, sehen das mit 25 Prozent signifikant anders.

Das Problem aber besteht – es wurde im Herbst 2016 bei der Tagung des Bundes österreichischer Braumeister und Brauereitechniker heftig diskutiert: Es gibt zwar eine hohe Bereitschaft, Bier zu kaufen, aber die Konsumenten sind darauf trainiert, Promotion-Preise angeboten zu bekommen. In Deutschland werden 71 Prozent der so genannten Fernseh-Biere zu Promotion-Preisen verkauft, in Österreich sind es auch 60 Prozent – beide Werte stammen aus dem Consumer-Panel der GfK.

Das Phänomen besteht nicht nur im deutschsprachigen Raum: Die britische Konsumentenorganisation CAMRA (Campaign for Real Ale) hat im September 2016 eine YouGov-Untersuchung veröffentlicht, in der der niedrige Bierpreis im Handel für das Verschwinden vieler traditioneller Pubs verantwortlich gemacht wird – 80 Prozent der 2000 Befragten in Großbritannien sahen diesen Zusammenhang mehr oder weniger stark, wie *What's Brewing* (September 2016) berichtet.

Was aber darf ein gutes Bier kosten? Die Frage betrifft nicht nur die Pubs, sie betrifft den Handel und die Brauer ebenso. Dabei lohnt eine Erweiterung nicht nur über nationale Grenzen, sondern auch über die Grenzen der Branche hinaus.

Vom Weinhandel kann man lernen: Konsumenten orientieren sich daran, was das billigste Angebot ist und was das teuerste. Es macht Sinn, ein paar besonders teure Weine auf der Karte oder im Regal zu haben – Konsumenten nehmen daran Maß. Und es schadet auch nicht, wenn in den Medien gestreut wird, dass bei einer Auktion von Weinen aus dem Napa Valley im Frühjahr 2016 ein privates Konsortium aus der Schweiz unter Führung von Gregor Greber 115.000 US-Dollar für Brand Napa Valleys 2013 Cabernet Sauvignon Double Barrel Elevation 1588 gezahlt hat. Das Los umfasste 60 Flaschen, ergibt einen Flaschenpreis von stolzen 1917 Dollar (1700 Euro) im Einkauf. Im Internet wird die Flasche nun für 2138 Pfund (also rund 2525 Euro) angeboten, in der Gastrono-

BEER FLIGHT:	Beer paddle with 4 x 0.1l tap beers of your choice	€8
BEER FLIGHT SPECIAL:	Beer paddle chosen weekly by our team	€6.50

ME & UWE / BRAUWERK - HOP MAKING SENSE (AUT)

Charlie P's first collaboration brew! Brewed with fresh Aurora hops on the same day they were harvested by our Brian and Brauwerk's Martin Simion! ABV 6.3%

.4L €6.30   .3L €4.90

TOCCALMATTO - ZONA CESARINI (ITA)

Described as an 'Oceanic Hop Storm', this is a top drawer IPA. Complex hop notes and surprisingly smooth. Tropical fruits with a caramel backbone. Words alone cannot do this one justice! ABV 6.6%

.4L €7.40   .3L €5.90

TRIPLE KARMELIET (BEL)

mie für entsprechend mehr. Da hilft es natürlich, wenn dazu eine gute Geschichte erzählt wird, etwa: „Dieser Wein wurde vom gefeierten Winemaker-Talent Philippe Melka aus Trauben der Herkunft Pritchard Hill gekeltert.“

Geht das auch bei Bier? Ja, zumindest in gewissem Ausmaß. Sieht man einmal davon ab, dass eine Flasche Löwenbräu, die aus dem Wrack der 1937 in Lakehurst verbrannten Hindenburg geborgen wurde, im Jahr 2011 für 11.000 Euro versteigert wurde, so kommt man doch auf einige Biere, die wegen ihrer extrem geringen Menge, besonderen Stärke und nicht zuletzt ihrer Aufmachung (Brewdog's End of History wurde etwa in Flaschen gefüllt, die ihrerseits in ausgestopften Eichkatzerln gesteckt sind) mehrere hundert Dollar oder Euro oder Pfund kosten. Oder: gekostet haben – denn solche Raritäten sind rasch ausverkauft.

Für das Utopias von Samuel Adams, das nur alle paar Jahre gebraut wird, hat sich inzwischen ein Sekundärmarkt gebildet – auf der Website http:// www.wine-searcher.com/find/sam+adams+utopia kann man die Preise verfolgen. Hier handelt es sich um ein holzfassgereiftes Bier, daher macht es Sinn, an dieser Stelle einen kleinen Exkurs zum Thema Holzfassreifung zu machen.

Ich kann mich noch an Zeiten erinnern, da waren die Weinkeller voll mit alten Fässern in denen mehr oder (in meiner Jugend leider oft) weniger gute Weine vergoren und gereift wurden. Die Fortschritte der Kellertechnik haben dazu geführt, dass in den meisten Weinkellern heute keine Holzfässer mehr zu finden sind. Nur wenn ein Winzer eine geschmackliche Besonderheit in seinen Weinen haben will, greift er auf Holzfässer zurück – und die haben auch eine bessere Qualität als diejenigen, die ich vor 40 Jahren gesehen habe. Aus den Bierkellern, aus fast allen Bierkellern, sind damals die hölzernen Gefäße verschwunden, bei Pilsner Urquell werden sie allerdings in einer kleinen Abteilung der ehemals riesigen Bierkeller gepflegt, um Besucher mit einem traditionell gereiften Bier zu beeindrucken. Auch als Transportgebinde haben die Holzfässer ja weitgehend ausgedient. Und außerdem waren die Bierfässer bekanntlich innen gepicht – das Bier ist also nicht mit dem Holz in Berührung gekommen.

Jetzt aber ist es modern geworden, Biere in Holzfässern auszubauen. In den USA gibt es inzwischen riesige Holzfasskeller, der meines Wissens größte steht bei der Deschutes Brewery in Bend, Oregon. Dort reifen Biere im Wert von mehreren Millionen Dollar in gebrauchten Rotwein-, Rum- und Whiskyfässern. So kommen sehr ungewöhnliche Aromen in die Biere – Whiskies bringen einen Vanilleton ins Bier, Rotweine meistens einen Hauch von Yoghurt. Und das hat seinen Preis. Bei Deschutes verkauft man die Biere – oft einen Blend aus „zehn verschiedenen Fass-Ökosystemen“, wie stolz auf dem Label erklärt wird – um Preise von 18 Dollar aufwärts. Pro Flasche, versteht sich.

Noch exklusiver ist das Cognac-Bier, das mir unlängst untergekommen ist. Wobei: Gekannt habe ich es ja schon länger: Vor bald fünf Jahren brachte ein belgischer Brauer eine unetikettierte Flasche als Kostprobe nach Wien: Ob es wohl für so ein Bier einen Markt gäbe? Zu dem Preis? Das Bier schmeckte gut, nein: Es schmeckte hervorragend. Und es ist seit zwei Jahren kommerziell erhältlich – wenn auch zum beachtlichen Gastro-Preis von 39 Euro.

Basisbier ist das Kasteel Triple, ein an sich mit neun Prozent Alkohol schon recht schweres Bier. Die Brouwerij van Honsebrouck füllt einen Teil ihrer Produktion in Fässer, die vorher mit französischem Cognac belegt waren – der Name Trignac XII verweist auf die Kombination Tripel und Cognac, auf die erreichten zwölf Prozent Alkohol (das Bier holt während der Reifung noch etliche Liter Cognac aus den Fässern, wodurch es quasi aufgesprittet wird) und auf die französische Stadt Trignac.

Nach zweieinhalb Jahren Reifung in Cognacfässern verströmt dieses leicht trübe, orangefarbige Bier einen intensiven Duft von Vanille, Pfirsich und Birnen. Der Trunk lässt den Cognac gut erahnen – und die schwere Vollmundigkeit lässt auch keinen Zweifel daran, dass hier sehr viel Alkohol im Spiel ist. Dennoch bleibt das Bier trinkbar, denn es enthält gerade die richtige Menge an CO_2, um den bierig-frischen Gesamtcharakter zu erhalten. Weltweit gibt es nur 30.000 Flaschen, unsere war Nummer 25.228.

Aber bei van Honsebrouck wird sicher wieder eine neue Charge produziert werden. Man ist sich ja der Nachfrage nach solchen exklusiven Bieren bewusst. Und für Kenner ist es ja auch nicht ganz ungewöhnlich, dass man für eine Rarität viele, viele Euro-Scheine hinblättert. Täte man ja für einen teuren Wein auch.

Vorausgesetzt, er ist sein Geld wert – sprich: Vorausgesetzt, dass man auch schmecken kann, dass das eben ein besonderer, besonders guter Wein ist. Beim Wein sind das die Konsumenten – jedenfalls die verständigeren Konsumenten – längst gewohnt; jeder weiß, dass ein einfacher Tischwein billiger ist als ein seltenes Gewächs aus einer bestimmten Lage. Man weiß, dass höhere Qualität, subtile Geschmacks- und Aromanoten – letztlich die Arbeit des Winzers – eben etwas wert sind. Und dass Angebot und Nachfrage den Preis bestimmen.

Bierbrauer tun sich da offenbar viel schwerer, Gastronomen, die an der Craft-Bier-Welle mitverdienen wollen, erst recht. Marc Rauschmann von Braufactum wird nicht müde, interessierten Barbesitzern zu raten, jeweils eine Flasche mit mehreren Gläsern zu verkaufen – es macht ja bekanntlich Spaß, gemeinsam einen guten Tropfen zu genießen; und der muss ja nicht von der Traube sein.

In unserer Umfrage haben wir versucht, eine Einschätzung des Preises solcher Craftbiere zu bekommen, das mit Ja oder Nein zu beantwortende Statement lautete:

›› Die meisten Craftbiere sind zu teuer

Wir erhielten dazu Antworten von 1892 Personen, die sich als Craftbier Kenner bekannt hatten. Auffallend und für die Branche ermutigend ist zunächst, dass die Aussage von 53 Prozent der Befragten abgelehnt wird – ein Drittel aber stimmt ihr zu, wobei Befragte über 60 Jahren tendenziell stärker das Kostenargument ins Treffen führen.

Auffallend bei der Detailauswertung ist zunächst, dass die Befragten aus der Branche erwartungsgemäß mit 64 Prozent stärker zur Aussage neigen, dass Craftbier wohl sein Geld wert wäre, während die Befragten außerhalb gespalten sind: 36 Prozent meinen, dass es zu teuer wäre, 43 Prozent sagen, dass die Aussage nicht stimmt. Unter den (Bier-)Sommeliers schätzen 80 Prozent den höheren Preis für Craftbier als gerechtfertigt ein – da müssen sie allerdings noch etwas an Überzeugungsarbeit leisten. Und zwar in verschiedenen Ländern unterschiedlich: Die befragten deutschen und Schweizer Craftbier Kenner finden die höheren Preise eher gerechtfertigt als die Befragten aus Österreich.

Dazu ein paar Statements auf einer Frage, die wir nur an Politiker und Konsumenten, also an Menschen außerhalb der Getränkebranche, gestellt haben (sie lautete: Welchen dieser Aussagen würden Sie zustimmen?)

›› Gutes Bier muss nicht teuer sein

Das sagen 65 Prozent der 885 Befragten außerhalb der Branche – Männer sind mit 71 Prozent signifikant stärker auf preiswertes Bier orientiert als Frauen (49 Prozent). Auch Befragte aus Österreich erweisen sich als preisbewußter als Bierkäufer aus anderen Ländern. Und: Je häufiger die Befragten Bier trinken, desto mehr tendieren sie zum Bekenntnis zu „gutem Bier, das nicht teuer sein muss". Die befragten Politiker sind in dieser Frage übrigens etwas zurückhaltender als der Rest der Bevölkerung.

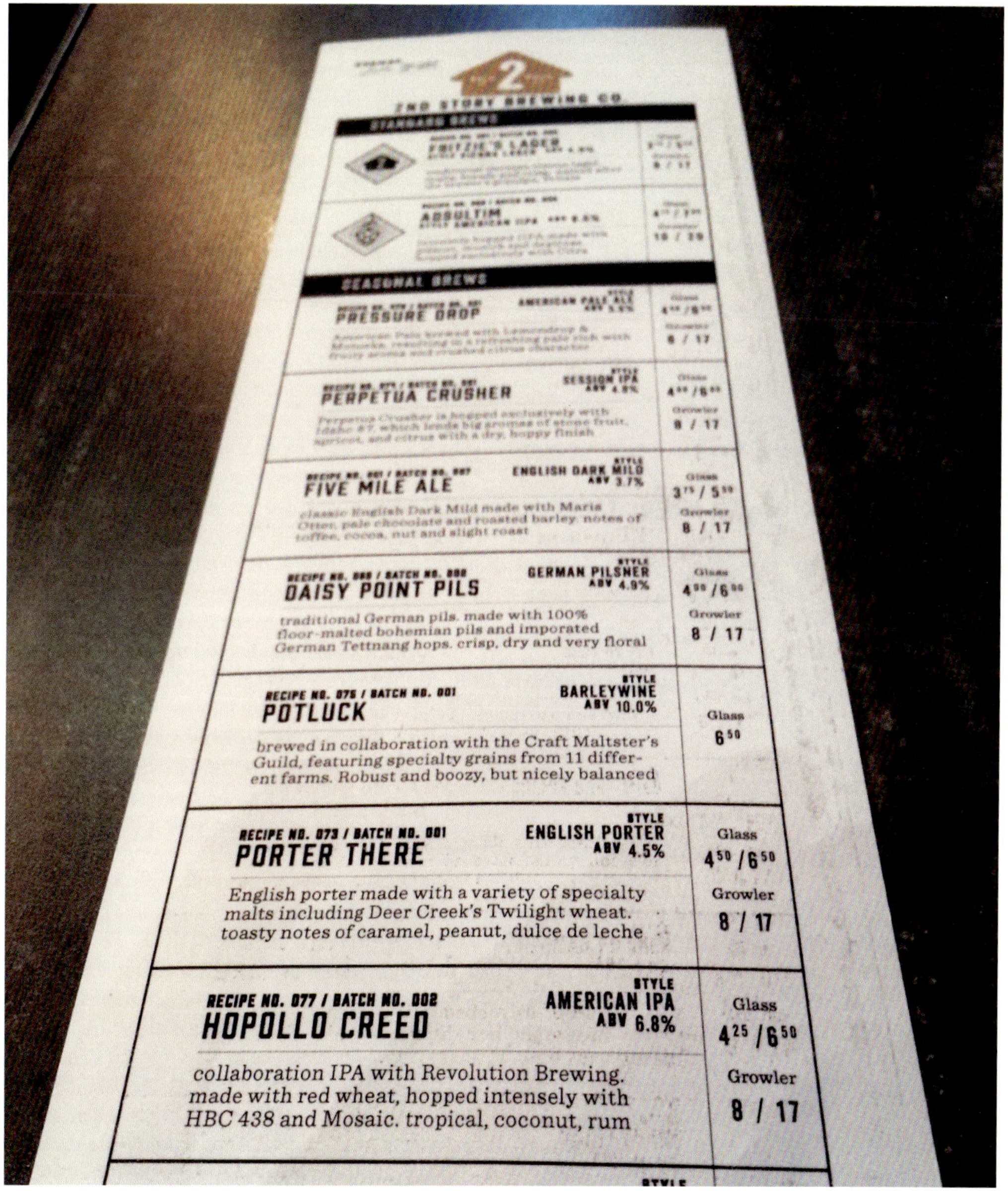

›› Es lohnt sich, teure Biere zu kaufen, sie sind wirklich besser als Billigbiere

29 Prozent der Befragten außerhalb der Branche sind dieser Meinung, Männer (32 Prozent) stärker als Frauen (21 Prozent) und Befragte unter 50 stärker als ältere Befragte.

›› Ich würde gerne öfter Faßbier trinken, aber Lokalbesuche sind mir zu teuer

Das sagen elf Prozent der Befragten außerhalb der Branche – wobei sich Männer stärker als Frauen, Deutsche stärker als Schweizer und Österreicher, Konsumenten mit mittlerer Konsumhäufigkeit (ein paarmal in der Woche) als über-durchschnittlich preissensibel erklärt haben.

In Wien versucht ein engagierter irischer Gastronom im Brickmakers, einer eindrucksvollen Multi-Tap Bar im von mehrheitlich grün wählenden Bobos bewohnten siebenten Gemeindebezirk, höhere Preise für Craftbiere durchzusetzen. In seinem Blog – **http://www.tclb.at/meine-preise-senken-das-ist-doch-total-verruckt/** – erklärt Brian Patton seine Preisphilosophie:

„Was ich immer wieder höre: Dass eine Menge Menschen den Eindruck haben, unser Craftbier sei zu teuer. Und sie haben Recht, es ist teuer, es kostet mehr als reguläres Bier! Ich möchte diesen Blog nicht dazu benutzen kommerzielle Entscheidungen zu rechtfertigen aber ich will versuchen relevante Informationen zu vermitteln die einigen Bierliebhabern vielleicht nicht bewußt sind. Was macht Craftbier kostspieliger als industrielles Bier? Craftbier Brauereien verlangen mehr für ihr Bier, weil sie konstant variieren, neue Stile entwickeln und hervorragende Qualitätsbiere ... Sie kommen bei weitem nicht an die Kostenvorteile durch die Massenproduktion einer industriellen Brauerei heran und müssen einfach ihre Rechnungen zahlen. Nun zu meiner Seite: Ein neues Konzept ausschliesslich basierend auf Craftbier ist wirklich neu für mich. Ich habe viele Fehler gemacht aber ich denke ich lerne

dazu. Mein Controlling zeigt mir, dass eine Selektion von 30 Qualitäts Craftbieren vom Fass anzubieten, Mitarbeiter auszubilden und höchste Hygienestandards einzuhalten, eine Menge Geld kostet. ... So frage ich mich, wie ich diese Anforderungen unter einen Hut bringen kann? Wie kann ich einen Kunden mehr Wert mit einem Qualitätsbier zu einem angemessenen Preis bieten?

Die Preise reduzieren? Mein erster Instinkt war ,Du musst verrückt sein'... Um eine ausgewogene Kalkulation zu ermöglichen prüfen wir den absoluten Ertrag von höherpreisigen Craftbieren anstatt auf eine durchgängige Prozentspanne zu erhalten. In anderen Worten und ich sage das mit etwas Sorge da dies jeder Lehre von Wirtschaftsschulen widerspricht, wir werden einige unserer Preise reduzieren. Schlussendlich zu meiner Sicht. Ich liebe Bier und ich schätze die fantastischen Menschen die ich kennen lernen konnte und Dinge die ich in Zusammenhang mit Bier kennen lernen konnte, im speziellen seit das Bickmakers eröffnet wurde. Wenn ich versuche einen Favoriten der Biere, die wir im Brickmakers bisher vom Fass anbieten, herauszupicken, dann denke ich ohne Frage an ein IPA genannt Jaipur von Thornbirdge.

Ich hatte die Ehre, die Brauerei letztes Jahr zu besuchen und der bleibende Eindruck, den ich von dieser eindrucksvollen und inspirierenden Reise behielt, waren die Worte von einem der Eigentümer, Simon Webster: ,Wir hätten Thornbridge Brewery sehr einfach zu einer Jaipur-Fabrik machen können, so beliebt war es. Aber wir haben uns entschieden, auch weiterhin eine unterschiedliche Vielfalt zu brauen, um uns kontinuierlich zu verbessern.' Das fasst zusammen, was ich am Craftbier liebe...

Ab sofort möchte ich eines meine Lieblingsbiere konstant zum Preis von 4,90 Euro für 0,4l anbieten. Ich werde das Angebot Brians Beer Special nennen, nicht weil ich ein egoistischer Bastard bin, sondern weil ich mit meinem Namen dahinter stehen möchte und ich stets Qualität versprechen möchte. Ich

werde Jaipur als mein Special bis Ende August behalten. Komm vorbei auf ein Pint. "

In einer der Fragestellungen zum Thema Bier und Alkohol haben wir die Aussage abgetestet:

›› Bier ist ein Volksgetränk, es sollte unbedingt billig angeboten werden

Darauf haben 2343 Personen geantwortet – 46 Prozent haben diese Meinung völlig (12 Prozent) oder eher (34 Prozent) abgelehnt. Zugestimmt haben acht Prozent völlig und 17 Prozent eher. 30 Prozent zogen sich auf die unentschiedene Position „teils/teils" zurück. Auffallend ist, dass ältere Befragte sehr viel stärker zustimmen als jüngere. Biersommeliers und Braumeister sind besonders stark gegen „volkstümliche" Billigpreise für Bier.

Günter Birnbaum von GfK gab bei der Braumeistertagung 2016 in Wieselburg zu Protokoll: „Der Konsument wäre bereit, höhere Preise zu zahlen, er bekommt aber gar nicht die Chance dazu, weil es überall zu Promotion-Preisen angeboten wird."

Das gilt zumindest für die Biere großer Marken, die eben das Bild im Handel prägen. In den Spezialitäten- und Craft-Bier-Ecken sieht das inzwischen aber etwas besser aus. Da stehen inzwischen 0,3-Liter Flaschen von 2,30 Euro aufwärts.

Braufactum verkauft die kleine Flasche seines Barrel 1 oder auch des ebenfalls holzfassgereiften Arrique für 9,99 Euro (was einen Literpreis von 30,27 Euro ergibt) ab Webshop. Die österreichische Brauerei Schloss Eggenberg verlangt für ihr Samichlaus Barrique in der 0,750 Liter Flasche 18,90 Euro, was auch noch einen Literpreis von über 25 Euro ergibt. Im Handel kann das erheblich mehr kosten – und die *Bild* Zeitung hat sich am 13. September 2012 über den Preis des Arrique auch ziemlich lustig gemacht:

„Da kann ein fröhlicher Herren-Abend finanziell mal ganz schnell aus dem Ruder laufen ... Im ,Frischeparadies' am Hafen bekommt man für 17,99 Euro: Eine Flasche Bier! ... Bauarbeiter Ben Gill

(21): ,Was für 'ne Edelbrause, das ist nix fürn Bau. Viel zu süß. Und zu dem Preis? Nee, ich bleib bei meinem Astra!' Susanne Kowalke (,Fischereihafen Restaurant') findet: ,Süßlich, malzig, wenig herb – das ist ein Mädchenbier für ganz spezielle Abende... Aber bei dem Preis ziehe ich ein Glas Champagner oder einen guten Wein vor.' ... Knülle macht der Luxus-Bölkstoff, wenn man sich einen Sixpack leistet – der Alkoholgehalt liegt bei gewaltigen 13,5 Prozent. Wie Rotwein."

Das Konzept Craftbier war – nimmt man diesen *Bild*-Artikel als Beleg – zumindest im Jahr 2012 noch nicht bei Journalisten und damit auch nicht bei der Masse der Leser angekommen. Wobei teurere Biere ohnehin kaum als Massenphänomen taugen, wie sich aus einigen Antworten auf die Frage ergibt: "Es gibt ja verschiedene Gründe, die dafür sprechen können, ein bestimmtes Bier einem anderen vorzuziehen. Welche der folgenden Gründe könnten für Sie dafür sprechen, dass Sie ein Bier bevorzugt kaufen?"

›› Dass dieses Bier wertvoller und teurer wirkt als andere

Dies ist klar ein Minderheitenprogramm – allerdings ein zukunftsträchtiges: Bei Befragten unter 29 Jahren stimmen 25 Prozent zu, ab dem Alter von 50 Jahren fällt die Zustimmung auf zwölf bis 13 Prozent. Und 13 Prozent ist auch der durchschnittliche Wert bei allen, die nichts mit der Branche zu tun haben. Auffallend: Die Befragten aus der Schweiz sagten mit 30 Prozent am stärksten, dass sie nach teuer wirkenden Bieren greifen würden.

›› Dass es ein Craftbier ist

Craft ist – abgesehen vom Preis – natürlich ein modisches Kaufangebot: Sieben von zehn Sommeliers würden da gleich zulangen, Braumeister (54 Prozent) und Getränkehändler (56 Prozent) liegen nicht weit dahinter. Aber auch bei 40 Prozent der Menschen außerhalb der Branche ist Craft ein Kaufargument, wiederum zieht es bei Schweizern stärker als bei Deutschen und Österreichern. In der Gruppe der über 50 jährigen nimmt das Argument Craft mit zunehmendem Alter an Wirksamkeit ab. Besonders auffallend: In der Politik ist Craft kaum ein Thema – nur 21 Prozent der Politiker würden bevorzugt Craftbier kaufen, das ist nur halb so stark ausgeprägt wie bei den Menschen, die diese Politiker vertreten.

›› Dass das Bier gerade im Sonderangebot ist

Für Profis ist das natürlich kein Argument, gerade einmal jeder elfte Braumeister oder Gastronom lässt sich von niedrigen Preisen beim Kauf von Bier beeindrucken, auch bei den befragten Sommeliers liegt der Wert nur bei neun Prozent. Bei Menschen, die andere Berufe als die der Getränkewirtschaft ausüben, ist die Motivation Sonderangebot allerdings dreimal so hoch, nämlich bei 27 Prozent.

VOM HORRORTRIP ZUR IDEALEN KNEIPE

Wozu gibt es eigentlich Gastronomiebetriebe, wenn man doch bequem sein Bier daheim trinken kann? Wenn selbst in mit Pubs verwöhnten England die Bierverkäufe im Handel jene in der Gastronomie überflügeln? Darüber hat man sich schon im 18. Jahrhundert Gedanken gemacht – und es so formuliert:

„Der Endzweck des Gast-Rechts bestehet darinnen: dass die Einzunehmenden Gäste und Wandersleute ihre Bequemlichkeit haben und nach Nothdurft mit Speiß und Tranck, Feuer, Kammern, Betten und andern zu ihrem Gebrauch benöthigten Sachen mögen versorget werden. Gleichwie zweierlei Gattungen derjenigen sind, welche beherbergt werden, nämlich fremde und reisende Personen oder Bürger und Einwohner desselben Orts: also kann der Entzweck der Beherbergung in Ansehung solcher Personen auch ehrbar oder unehrbar sein. Die Einnehmung der Bürger oder Einwohner In die Wein- oder Bierschenken, da man sitzende Gäste haben darf, fällt gemeiniglich auf etwas Unehrbares hinaus und pflegt viel Böses nach sich zu ziehen. in etlichen Orten ist die Frequentierung der Schenken verboten, damit dergestalten denen Leuten die dem Schwelgen, Fressen und Sauffen allzusehr nachzuhägen, ihre ordentlichen Geschäfte darob versäumen und das ihrige in liederlicher Weise durchzubringen die Gelegenheit benommen würde."

Also ist's zu lesen in „De Jure Hospitiorum", der Schrift vom Gastrecht, die Johann Beck 1727 in Nürnberg verfasst hat. Für die Obrigkeit waren die Wirtshäuser immer von Interesse. Einerseits weil auf Alkohol schon seit jeher Steuern eingehoben wurden. Andererseits, weil der Genuss von Bier, Wein und Schnaps auch immer dem Verfall der Sitten Vorschub leistete. Wirtshäuser waren immer beides: Goldgrube und Lasterhöhle. Und die Gesetzgeber hatten deshalb zu allen Zeiten ihre liebe Not mit ihnen.

Die Konsumenten auch. Man stelle sich vor: Da kommt man in eine schöne alte Gaststube – und dorthin ziehen leider die Gerüche der Toilette. Da würde man doch nie wieder hingehen! Sagen jedenfalls 54 Prozent unserer Befragten.

Glücklicherweise haben das nur 15 Prozent in den vergangenen zwölf Monaten erlebt. Und das liegt etwa im Schnitt dessen, was wir bei ähnlichen Befragungen im vorigen Jahrzehnt zu hören bekommen haben.

Aber die Grafik zeigt: Es geben beachtlich viele Befragte an, dass für sie in den vergangenen Monaten ein Lokalbesuch zum Horrortrip geworden ist. Weil das Angebot mehr versprochen hat, als gehalten werden konnte. Weil das Bier nicht in Ordnung war. Weil – immerhin jedem hundertsten Befragten selbst passiert! – man in eine Rauferei verwickelt worden ist. Klar, dass man da nicht mehr hinwill. Noch dazu, wenn einem schließlich zu viel verrechnet wird. Ist ja auch immerhin zwölf Prozent aufgefallen.

Da kann man sich ja noch beschweren und auf seinem Recht bestehen. Aber was tut man, wenn die Aborte nicht in Ordnung sind?

›› Die Toiletten sind nicht sauber

Ein Thema, das eng mit den schon erwähnten üblen Gerüchen zusammenhängt – und immerhin 39 Prozent der Befragten „in den letzten zwölf Monaten in einem Lokal in Ihrem Heimatland vorgekommen" ist. Der Vergleich mit früheren Befragungen zeigt: Das Problem ist seit vielen Jahren gleichgeblieben, in Österreich wird es etwas häufiger genannt, in der Schweiz besonders selten. Für jeden, der in der Gastronomie tätig ist, sollte das eine Lehre sein. Denn ein gutes Drittel der Befragten hält sich an die Faustregel, dass die Toiletten quasi das Spiegelbild der Küche darstellen: Ungepflegte Klos lassen darauf schließen, dass die Hygiene im Rest des Betriebs auch nicht stimmt. Da will man nicht wiederkommen. Noch weitere Hygiene-Checks, die jeder Gast mehr oder weniger bewusst macht:

›› Unsaubere Gläser

24 Prozent der Gäste geben an, dass sie Lippenstiftränder oder Fettreste auf ihrem frisch servierten Glas entdeckt hätten. Klarerweise achten die Befragten aus der Branche besonders darauf – das betrifft also Braumeister und Getränkehersteller (Gastronomen und ihr Personal wurden aus erhebungstechnischen Gründen nicht dazu befragt). Unsaubere Gläser sind aber ein ähnlich starkes Hemmnis, ein Lokal wieder aufzusuchen, wie es unsaubere Toiletten sind. Die häufigste Beschwerde:

›› Tischtücher sind nicht sauber

Das ist 22 Prozent aufgefallen, für jeden Fünften wäre es ein Grund, nicht wiederzukommen. Frauen achten darauf mehr als Männer, Österreichern fällt es öfter auf als Deutschen oder gar Schweizern. Die häufigste Beschwerde:

›› Aschenbecher sind nicht ausgeleert

Mit der weitgehenden Durchsetzung des Rauchverbots in den meisten Gastronomiebetrieben ein schwindendes Problem, das nur noch 13 Prozent unterkommt – in Österreich, wo es mehr Ausnahmen vom Rauchverbot gibt mehr als in anderen Ländern. Die häufigste Beschwerde:

>> die Bedienung hat ungepflegte Hände oder ungepflegte Kleidung

Immerhin zwölf Prozent ist das aufgefallen – und für jeden dritten Gast wäre das ein Grund, nicht wieder ins selbe Lokal zu kommen.

Überhaupt die Bedienung! Die häufigste Beschwerde in dieser Umfrage:

>> Man muss zu lange auf die Bedienung warten

41 Prozent ist das untergekommen – und die Detailauswertung ergibt: Junge Befragte, regelmäßige Biertrinker und Befragte aus der Branche sind da besonders kritisch. Und: Langsames Service ist ein wesentlicher Grund, ein Lokal nicht wieder aufzusuchen – 35 Prozent geben das zu Protokoll.

Springen wir kurz zu einer anderen Frage im selben Fragebogen, für diese wurden sehr wohl auch die Gastronomen mit befragt: „Hier stehen verschiedene Aussagen über die Gastronomie und über Alkohol. Bei welchen würden Sie sagen: Ja, so denke ich auch? Bitte stufen Sie immer ab, ob diese Aussagen auf jeden Fall, eher schon, teils-teils, eher nicht oder auf keinen Fall zutreffen!"

>> Es ist schwer, gutes Personal in der Gastronomie zu finden

Dieser Aussage stimmen 76 Prozent völlig (34 Prozent) oder eher schon (42 Prozent) zu – bei den Wirten steigt die völlige Zustimmung auf beachtliche 67 Prozent, auch andere Befragte aus der Getränkebranche stimmen mit weit über 40 Prozent deutlich überdurchschnittlich stark zu.

Andererseits gibt es hohe Zustimmung zum Geschäftsfeld Gastronomie:

>> Wer sich anstrengt, kann in der Gastronomie Karriere machen

Diese Aussage unterstützen 32 Prozent vollständig, 39 Prozent immerhin überwiegend. Gastwirte, ihr Personal und Sommeliers sind in besonderem Maß überzeugt, dass das klappen kann. Eher zurückhaltend beurteilen die Karriereaussichten Politiker, Journalisten und Menschen, die die Branche überhaupt nur als Konsumenten kennen.

>> Gastwirte sind im großen und ganzen ehrliche Leute, keine Steuerhinterzieher

Völlig zustimmen wollen hier zwar nur zwölf Prozent – komplett abgelehnt wird die Aussage aber auch nur von zwei Prozent. Ein Drittel der Befragten ist immerhin überwiegend der Meinung, dass Wirte ehrlich sind. Und die Wirte selbst? 35 Prozent halten ihresgleichen für völlig ehrlich, weitere 33 Prozent stimmen überwiegend zu. Auffallend ist, dass die Politiker völlig in Übereinstimmung mit anderen Stakeholdern der Branche antworten, während Journalisten relativ große Zweifel an der (Steuer-)Ehrlichkeit der Wirte hegen.

>> In der Gastronomie werden oft Abgaben und Steuern hinterzogen

Die Gegenthese, dass viel hinterzogen würde, stützt ein knappes Viertel der Befragten mehr (sechs Prozent) oder weniger deutlich (18 Prozent). Auch hier sind es besonders die Medienmitarbeiter, die davon ausgehen, dass es da einen Unterschleif gibt, die befragten Wirte sind mit deutlicher Mehrheit anderer Meinung.

Lob gibt es dafür, dass Rauchverbote die Arbeit in der Gastronomie angenehmer gemacht hätten, Tadel allerdings für die Behörden:

>> Die Gastronomie unterliegt viel zu vielen behördlichen Einschränkungen

Zwei Drittel der Befragen – außerhalb wie innerhalb der Getränkebranche – teilen diese Ansicht. Gastwirte sowieso, die stimmen mit 75 Prozent vollständig zu. Befragte im mittleren und höheren Alter klagen deutlich mehr als ganz junge Menschen, auch Österreicher klagen viel mehr als Bewohner anderer Länder. Andererseits sind es auch hier wieder die Politiker, die kein Übermaß an Bürokratie wahrnehmen können.

>> Mit einem Gastronomiebetrieb kann man heute nicht mehr viel verdienen

Zu dieser Aussage gibt es etwa gleich viel Zustimmung wie Ablehnung. Wirte klagen ziemlich deutlich, Braumeister und Mitarbeiter von Getränkeherstellern (also die Zulieferer der Wirte) melden am ehesten Zweifel an. Und: Deutsche sehen tendenziell eher Einkommenschancen in der Gastronomie als die Befragten aus Österreich und der Schweiz.

Noch ein paar Worte zu den Gästen: Diese wüssten genau, was sie wollen, sagen 45 Prozent der Befragten und sogar 52 Prozent der Gastronomen. Dass das Angebot an alkoholischen Getränken in der Gastronomie verwirrend wäre, glaubt nur jeder hundertste Befragte wirklich, 13 Prozent ein bisschen. Und 24 Prozent glauben, dass die Gäste heute unfreundlicher wären als früher. Einige Wirte bestätigen das deutlich, insgesamt sind aber die Gastronomen in ihrer Beurteilung der Gäste ähnlich wie der Rest der Befragten. Die Aussage, dass der Geldbeutel der Gäste lockerer als früher säße, wird von den Wirten nicht bestätigt, sondern überdurchschnittlich stark abgelehnt.

Und nun zum Bier: 18 Prozent der Befragten in unserer Umfrage sind uneingeschränkt der Meinung, dass ein Gastro-Betrieb, der auf sich hält, Craftbiere anbieten müsse, weitere 26 Prozent teilweise. Dass die Gastronomie heute viel mehr Biervielfalt anbieten müsse als früher, bestätigen 31 Prozent völlig, 42 Prozent teilweise. Die Gastronomen selbst sind da nicht so scharf darauf, die Getränkehändler und die Biersommeliers drängen aber besonders darauf. Auf das Weinangebot wird nicht so großer Wert gelegt, allerdings ist weiblichen Befragten, Befragten aus Österreich und besonders Medienleuten (unabhängig vom Bierangebot) auch ein großes Angebot an Weinen wichtig.

Es gibt einige Bier-spezifische Ärgernisse, von denen wir gefragt haben, ob sie in den letzten zwölf Monaten vorgekommen sind.

>> schlecht gezapftes Bier – Schaumkrone fällt zusammen

Ein Ärgernis, das 32 Prozent untergekommen ist. Einen vergleichbar hohen Wert haben wir bei früheren Befragungen mit derselben Fragestellung nicht erhalten, was darauf schließen lässt, dass die Befragten heute aufmerksamer sind als noch vor wenigen Jahren. Es sind vor allem Befragte jenseits der 40, denen es unangenehm auffällt – und Befragte aus der Branche. Journalisten und Politiker (die ja nicht in anderen Lokalen verkehren als der Rest der Bevölkerung) achten offenbar viel weniger darauf, denn hier sind die negativen Meldungen deutlich geringer.

>> Beim Bierzapfen wird aus mehreren Gläsern zusammengepantscht

Das ist jedem vierten Befragten untergekommen – und 37 Prozent sagen, dass sie in ein solches Lokal kein weiteres Mal gehen würden. Wieder ist das den Journalisten und Politikern (allerdings auch den anderen branchenfremden Befragten) weniger aufgefallen, obwohl dieses Fehlverhalten ja nicht gehäuft ausgerechnet in von Braumeistern und anderen Getränkeprofis frequentierten Lokalen auftritt.

>> Zu warmes Bier

Hat jeder Fünfte kürzlich erlebt – aber für jeden Dritten wäre das ein Grund, nicht wiederzukommen. Beruhigend: Im Zeitvergleich zu früheren Umfragen ist das im letzten Jahr offenbar seltener geworden.

>> Bier ist nicht frisch, weil es über Nacht in der Leitung gestanden ist

Das „Nachtwächter-Phänomen" ist 17 Prozent der Befragten untergekommen – und es ist für 39 Prozent ein absolutes No-Go. Es liegt wohl an der professionellen Beobachtungsschärfe, dass Braumeister und Mitarbeiter von Getränkebetrieben hier besonders genau hinschauen und ihnen entsprechend auch mehr auffällt.

Aber vom Auffallen allein wird es nicht besser.

Tatsächlich müsste man das Personal aufmerksam machen, den Wirt verständigen, am besten auch die zuständigen Mitarbeiter in der Brauerei, damit das Schankservice die Probleme zu beheben hilft.

Aber oft stößt man da auf taube Ohren, bekommt zu hören, dass die Leitung ohnehin regelmäßig („erst letzte Woche war die Brauerei da") gereinigt würde und dass sich ja sonst auch niemand beschwert hätte.

>> Saurer Beigeschmack im Bier, „Trübes Bier"

Sauerbiere sind im Trend – aber die meisten Biere schmecken eben nicht gut, wenn sich säurebildende Bakterien irgendwo in der Abfüllung oder in der Schankanlage breitgemacht haben. Dasselbe gilt für Keller- oder Zwicklbiere. Fein, wenn das Bier so konzipiert wird – gar nicht fein, wenn es aufgrund technischer Fehler so beim Gast ankommt. Zwölf beziehungsweise sieben Prozent haben das eine oder andere Phänomen im letzten Jahr erlebt. Wenn sie sich darüber beschweren, wäre das eine Chance für den Wirt und die Brauerei.

Tun sie das nicht – oder tun sie es erfolglos: Dann entsteht ein Image-Problem für Lokal und Brauerei, ohne dass der Wirt oder die Brauerei überhaupt dessen gewahr werden. Da hilft keine pfiffige Dekoration, da hilft keine Werbekampagne. Der Gast ist verloren. Und, schlimmer noch: Der erzählt sein schlimmes Erlebnis womöglich weiter.

Genug geschimpft, genug gejammert. Die Erlebnisse auf den Horrortrips in Lokale – und wie die Gäste darauf reagieren, kann man an der Grafik ablesen.

HORRORTRIP IN DIE GASTRONOMIE

Frage 24: Es gibt ja verschiedene Enttäuschungen, die man als Gast in einem Lokal erleben kann. Wenn Sie sich diese Liste ansehen, welche dieser Unannehmlichkeiten sind Ihnen in den letzten zwölf Monaten in einem Lokal in Ihrem Heimatland vorgekommen?

Frage 25: Wenn Sie sich jetzt diese Liste noch einmal ansehen. Welche von diesen Unannehmlichkeiten würde Sie davon abhalten, ein Bierlokal ein weiteres mal aufzusuchen?

man muss zu lange auf die Bedienung warten
die Toiletten sind nicht sauber
die Bedienung ist unfreundlich
schlecht gezapftes Bier – Schaumkrone fällt zusammen

die Musik ist zu laut
Küchengerüche ziehen sich durch das Lokal
beim Zapfen wird aus mehreren Gläsern zusammengepantscht
unsauberes Glas (Fettreste, Lippenstiftränder)

das Lokal ist zu verraucht
die Tischtücher sind nicht sauber
nicht kalt ausgespültes Bierglas
auf der Karte angekündigte Speisen sind nicht vorrätig

zu warmes Bier
schales Bier – schöne Schaumkrone, aber wenig Kohlensäure
nicht voll eingeschenktes Glas
auf der Karte angekündigte Biere sind nicht vorrätig

Bier nicht frisch, weil über Nacht in der Leitung gestanden
das Essen ist zu kalt
betrunkene Gäste sind zu laut
die Aschenbecher sind nicht ausgeleert

im Lokal stinkt es nach der Toilette
die Bedienung hat ungepflegte Hände oder Kleidung
die Bedienung verrechnet zu viel
ein saurer Beigeschmack im Bier

zu kaltes Bier
auf der Karte angekündigte Weine sind nicht vorrätig
die Speisen sind versalzen
zu scharfes, zu kohlensäurereiches Bier

das Bier ist trüb
einige Gäste pöbeln andere an
werde selber angepöbelt
in eine Rauferei verwickelt werden

Unangenehme Erlebniss in einem Lokal im letzten Jahr (n=2.748)	Trend 2007	Trend 2006	Trend 2005	Trend 2003	Wiederbesuchs-Hemmnisse (n=2.748)
41	42	19	36	33	35
39	41	35	40	39	45
38	36	38	36	34	50
32	28	14	26	21	26
29	36	*)	36	26	33
28	21	19	16	19	24
25	24	15	23	27	37
24	31	24	47	17	44
22	48	36	51	48	37
22	27	22	21	21	26
22	15	12	18	17	14
21	*)	*)	*)	*)	8
21	38	24	50	32	34
20	21	12	18	13	28
19	24	17	*)	22	24
17	15	11	13	18	10
17	14	8	15	17	39
17	*)	*)	*)	*)	29
13	24	19	*)	35	31
13	45	16	43	30	22
13	15	18	16	12	54
12	*)	10	*)	13	33
12	19	12	19	21	36
12	11	6	13	11	38
12	*)	8	*)	14	8
10	*)	*)	*)	*)	5
10	*)	*)	*)	*)	27
9	*)	2	*)	8	17
7	15	4	13	12	22
7	22	14	23	24	38
3	*)	*)	*)	*)	41
1	*)	6	*)	10	41

Basis: alle außer Kellnerin bzw. Gastwirt (Ergebnisse in Prozent)

market

Wenden wir uns nun angenehmeren Fragen zu. Träumen wir ein bisschen, von richtigen Wirtshäusern: Ein richtiges Wirtshaus erkennt man ja blind. Denn im Wirtshaus riecht es nicht nur nach Hopfen, Malz und Haussulz, da liegt die Gegenwart all jener in der Luft, deren Schritte die Fußbodenbretter geschwärzt haben, auf ihrem Weg zum Stammtisch, zur Sparvereinssitzung oder aufs Pissoir.

Deshalb erkennen wir die Wirtshäuser auf der ganzen Welt wieder, wenn wir daheim eines haben, dessen Wesen wir wirklich begriffen haben. Denn über alle Grenzen hinweg haben die Wirtshäuser etwas gemeinsam – mögen sie nun Wirtshaus oder Gasthaus, Kneipe oder Beiz heißen. Im „Gasthaus zur Krone" in Milwaukee, einer früher von deutschen Einwanderern geprägten Stadt am Lake Michigan, fühlt man sich auch wohl, wenn dort kein Mensch mehr deutsch spricht. Dafür gibt es dort eine Bierauswahl, die man sich in Wirtshäusern gleichen Namens irgendwo in Deutschland wünschen würde. Und es ist nicht bloß der vertraut klingende deutsche Gasthausname, es ist vor allem die Gewissheit, dort daheim zu sein, wo einfache Tische, einfaches Essen und frisches Bier locken. Dasselbe heimelige Gefühl kommt in den einfachsten Trattorias Italiens oder in den noch nicht für Touristen herausgeputzen Pivnices in Tschechien auf.

Umso mehr fühlt sich der Grazer in einer schwäbischen Wirtschaft daheim, der Kölner in einem bayrischen Brauereiausschank (dass er dort sein Bier aus größeren Gläsern bekommt, daran kann er sich bald gewöhnen). Und der Berliner kann die Gemeinsamkeit seiner Eckkneipe mit dem Wiener Beisel nicht nur riechen – sie ist offensichtlich. Beide haben schließlich dieselbe Wurzel: Sie waren die Zuflucht für die Bewohner der Hinterhofwohnungen und Zinskasernen des 19. Jahrhunderts.

Der Maler Hanns Fechner hat die Lokale seiner Jugend um 1900 beschrieben – und obwohl er sich „Spreehanns" genannt hat, spüren wir doch die Universalität dieser Einrichtungen, die von ihm beschriebene Kneipe hätte in jeder deutschsprachigen Großstadt stehen können:

„Die meist guten, aber billigen Wirtschaften, die über das ganze alte Berlin verstreut waren. Sie langen zum Teil unter dem Straßenniveau, so dass man nur über ein paar abwärts führende Stufen hineingelangen konnte. Hier versammelten sich gewöhnlich die Droschkenkutscher, überhaupt Wagenführer aller Art, Dienstmänner, Marktweiber. In den Sommermonaten trank man in den kühlen Räumen Werdersches Bier, Märzenweiße oder Potsdamer Stangen. Geradezu eine Spezialität waren ausgezeichnete kalte Bouletten, Schweinskarbonaden und nicht zu vergessen offene Tönnchen Rollmöpse und marinierte Heringe. Große Mengen köstliche 'Goldleisten' (Kuhkäse) und ausgezeichneter Limburger wurden sorgfältig durch luftabschließende Glasglocken geschützt. Schinken, Würste, Soleier, gute Butter und Landbrot, nebst den berühmten Schrippen, machten den eisernen Bestand des Schenk- und Frühstückstisches aus, hinter dem gewöhnlich der Budiker in Weste und Hemdsärmeln eigenhändigst und mit Geschick die Bierflaschen entstöpselte. Immerhin eine Kunst bei obergärigen Bieren, denn Patentverschlüsse gab es damals noch nicht. Die Wirtin in sauber glänzend weißer Schürze und übergestülpten Armschutzmanschetten aus Leinwand verfolgte die verlangten Speisen und machte die Schrippen und Butterstullen vor den Augen ihrer Gäste auf's appetitlichste zurecht. Die essbaren schönen Dinge zuerst einmal mit verlangenden Blicken zu überschauen, zählte zu den Lieblingsbeschäftigungen der hier auch verkehrenden immer hungrigen Kunstjünger. Ein dick mit westfälischem Landschinken belegtes Butterbrot konnte man um zwölf Pfennige erstehen. Eine Schweinskotelette für 15 Pfennige war geradezu ein Monstrum an Größe, ebenso die Bouletten – zehn Pfennige das Stück –,

---

Diese Eigenschaften muss ein Gastronomiebetrieb haben

Freundliche Bedienung
Saubere Toiletten
Dass das Essen gut schmeckt
Gut gekühltes Bier

Gut gezapftes Bier
Dass beim Bierausschank nicht gepanscht wird
Man weiß, dass Bierleitungen regelm. gereinigt werden
Einen Gastgarten

Passende Gläser für die Biere
Biere aus kleinen Brauereien
Mehrere, unterschiedliche Biere vom Fass
Wechselndes Speisenangebot

Gute Erreichbarkeit auch ohne Auto
Passende Gläser für die Weine
Weinangebot auch glasweise
Gute Musik

Preiswertes Tagesgericht
Absolut rauchfrei
Große Auswahl an Flaschenbieren
Gäste, die ich als „meinesgleichen" empfinde

Eine Bar oder Theke, an der man stehen kann
Lange Öffnungszeiten / späte Sperrstunde
Dass man neue Leute kennen lernen kann
Dass man den Wirt persönlich kennt

Große Auswahl an Speisen
Große Auswahl an Weinen
Hochwertige Einrichtung, Dekoration
Attraktive Kellnerin / Kellner

Kinderfreundliche Einrichtung
Dass das Lokal an einer „guten Adresse" liegt
Keine Musik
Sportübertragungen im Fernsehen

Dass es ein „In"-Lokal ist

DAS IDEALE BIERLOKAL

Frage 6: Welche Eigenschaften muss ein Gastronomiebetrieb haben, in den Sie selber gerne gehen? Klicken Sie bitte jeweils, ob dies unbedingt sein muss (1), es gut ist, wenn es das gibt (2), es eher nicht sein sollte (3) bzw. es auf keinen Fall sein sollte (4).

Σ	sollte auf keinen Fall sein	sollte eher nicht sein	ist mir gleichgültig	ist gut, wenn es das gibt	unbedingt	Σ
0			1	24	75	99
0			2	22	76	98
0			1	22	76	98
1		1	6	24	69	93
0			6	26	67	93
3	2	1	6	15	77	92
2	1	1	8	26	64	90
1		1	12	70	17	87
1		1	13	38	48	86
2	1	1	16	55	28	83
2	1	1	15	51	31	82
2		2	22	60	16	76
3	1	2	25	51	22	73
3	1	2	25	37	35	72
4	1	3	25	39	32	71
10	3	7	28	50	13	63
3	1	2	34	54	9	63
16	8	8	24	27	33	60
6	1	5	34	47	13	60
3	1	2	37	51	9	60
5	1	4	37	44	14	58
5	1	4	39	47	10	57
5	1	4	40	48	8	56
4	1	3	42	47	7	54
15	1	14	33	47	5	52
8	2	6	43	41	8	49
7	1	6	47	43	4	47
5	2	3	51	39	5	44
14	5	9	46	33	8	41
8	2	6	66	23	3	26
39	14	25	42	16	5	21
49	23	26	33	16	2	18
25	7	18	67	8	1	9

Basis: Befragung in Bierzielgruppen (Ergebnisse in Prozent)

die auch darum zu Recht 'Elefantenbouletten' genannt wurden.“

Ja, das klingt heimelig-vertraut und man wundert sich, wie lange man nicht mehr in so einem Lokal gewesen ist. Natürlich, es gibt sie noch, diese Wirtshäuser, man geht heute zum Vergnügen hin, nicht mehr aus Notwendigkeit.

Lange war es nämlich durchaus notwendig, ins Wirtshaus zu gehen. Das Wirtshaus war das Wohnzimmer der kleinen Leute, als ihre Zimmer-Küche-Wohnungen zu klein waren für Geselligkeit und ihre Sehnsucht nach dieser noch groß genug. Heute hat sich das Privatleben tatsächlich ins Private verflüchtigt, dennoch werden im Wirtshaus nach wie vor Kindstaufen begossen, Leichenschmäuse abgehalten und Hochzeiten gefeiert.

Ganz ohne Wirtshäuser können auch wir telekommunikationsverwöhnten Restaurant- und Barbesucher nicht sein. Dennoch: Das echte Wirtshaus ist eine aussterbende Gattung.

Wir wollten daher wissen, was sich die Menschen heute unter einem idealen Lokal verstehen: „Welche Eigenschaften muss ein Gastronomiebetrieb haben, in den Sie selber gerne gehen?“

›› Freundliche Bedienung

Das positive Kehrbild zu dem, was wir vorhin bei unserem Horrortrip in die Gastronomie gesehen haben. 75 Prozent wollen unbedingt eine freundliche Bedienung – wobei nicht gesagt ist, dass da die Miss World oder der Mister Universum für unsere Bestellung zuständig sind.

Nur fünf Prozent bestehen darauf, dass das Personal „attraktiv“ aussieht – okay, da muss man ein bisschen differenzieren: jüngere männliche Befragte geben mehr auf die Optik, auch Beschäftigte in der Gastronomie selbst räumen ein, dass Äußerlichkeiten wichtig sind.

Aber die große Mehrheit von 51 Prozent hat im Fragebogen angekreuzt, dass das eigentlich gleichgültig ist. Saubere Toiletten sind, wie erwartet, ebenfalls ganz oben auf der Liste. Kann doch bitte nicht so schwer sein. Und wenn eine Kneipe auch noch wohlschmeckendes Essen zusammenbringt, hätten wir die drei Toppositionen unserer Liste schon abgearbeitet.

Und wo bleibt das Bier? Bitteschön, hier haben wir es:

›› Gut gekühltes Bier

Für 69 Prozent unabdingbar. Noch Fragen?

Ja, gut gezapft hätten wir es auch gern. 67 Prozent halten das für notwendig, weitere 26 Prozent fänden es „gut, wenn es das gibt“. Da brauchen wir nicht näher in die Datentabellen zu schauen. Oder doch: Da sehen wir ein Prozent, das uns gesagt hat, Bier sollte eher nicht gut gekühlt sein. Man muss schon wirklich genau in die Tabelle schauen, um die Eigenschaft dieser Personen zu rekonstruieren. Man findet sie unter eher älteren Befragten, die weiblich sind und selten Bier trinken. Es gibt sogar ein paar Stimmen, die gesagt haben, dass Bier auf keinen Fall kühl sein sollte. Vielleicht eine ganz spezielle, sehr kleine Zielgruppe, wir wissen es nicht.

Wer hat schon etwas dagegen, dass Bierleitungen regelmäßig gereinigt werden oder dass es einen Gastgarten gibt? Klar – der Gastgarten ist nur für 17 Prozent unbedingt notwendig, man versteht aber, dass diese Leute nicht in Regen und Schnee draußen sitzen wollen. Und wirklich etwas gegen einen Gastgarten hat wahrscheinlich nur, wer selber einen auf dem Nachbargrundstück hat.

›› Passende Gläser für die Biere

Wir sehen auch, dass es Leute gibt, denen das richtige Glas zum Bier nicht ganz so wichtig ist. Tatsächlich legen nur 48 Prozent hohe Priorität auf diesen Punkt. Befragte über 40 Jahre tun das sehr viel deutlicher als jüngere, Männer überraschenderweise stärker als Frauen und es sind wieder die „üblichen Verdächtigen“ aus der Branche, denen Biergläser ein besonderes Anliegen sind (Biersommeliers 66 Prozent, Braumeister 61 Prozent), während jeder vierte Politiker und jeder fünfte Medienmacher frank und frei erklärt, dass Biergläser egal wären.

Richtig spannend wird es im mittleren und unteren Teil der Grafik.

>> Biere aus kleinen Brauereien

Die kleinen Brauereien sind ein Kernthema für 28 Prozent – in Deutschland und der Schweiz mehr als in Österreich, für regelmäßige Biertrinker mehr als für Gelegenheitstrinker, für Brancheninsider mehr als für Konsumenten.

>> Mehrere unterschiedliche Biere vom Fass

Nur 31 Prozent wählen ihr Lieblingslokal danach aus – aber für jeden Zweiten ist die große Fassbierauswahl immerhin wünschenswert, für Männer mehr als für Frauen.

>> Große Auswahl an Flaschenbieren

Nur 13 Prozent sehen das als unbedingt notwendig an, 47 Prozent als wünschenswert. Aber da gibt es merkliche Altersunterschiede – nach dem Muster: Je älter die Befragten, desto eher ist ihnen das Flaschenbierangebot gleichgültig. Ganz auffällig ist, dass die Schweizer, in deren Land eine gute Flaschenbierauswahl (nicht zuletzt von importierten Bierspezialitäten) seit vielen Jahren als selbstverständlich gilt, hier besonders hohe Ansprüche stellen.

>> Mehrere unterschiedliche Biere vom Fass

Nur 31 Prozent wählen ihr Lieblingslokal danach aus – aber für jeden Zweiten ist die große Fassbierauswahl immerhin wünschenswert, für Männer mehr als für Frauen.

>> Eine Theke oder Bar, an der man stehen kann

Das ist Wirten offenbar wichtiger als ihren Gästen. Befragte von außerhalb der Branche geben dem Stehbereich etwas weniger Bedeutung als die Brancheninsider. Österreichern ist die Bar besonders wichtig, Journalisten auch. Befragte über 60 kommen gut ohne Stehplätze aus, einige sagen sogar, dass sie lieber in Lokale gehen, die gar keine Stehplätze haben.

>> Dass man neue Leute kennenlernen kann

Nur acht Prozent wählen ihr Lieblingslokal explizit danach aus – Männer mehr als Frauen (kommen die beiden Geschlechter überhaupt zusammen?). Für junge Leute ist das Thema besonders wichtig – und für Gastwirte selber ist es nach deren Eigenauskunft auch wichtig, dass ihr Lokal als Balzplatz dienen kann.

>> Keine Musik" (Grafik nächste Seite)

Fünf Prozent verlangen, dass es ruhig ist in der Hütte, 16 Prozent finden es immerhin besser ohne Musik als mit. Aber hier scheiden sich die Geister gewaltig – die jüngste Gruppe von Befragten lehnt „ruhige" Lokale rundweg ab; die Älteren aber wollen Ruhe. Kann man das unter einen Hut bringen?

Nicht alles, aber manches. Und etliche Gastronomen scheinen es ja auch gut zu machen. Wir haben nämlich auch gefragt: „Wenn Sie einmal nur die Bierlokale in Ihrer Umgebung betrachten: Sind die Bierlokale bei Ihnen im allgemeinen eher besser, etwa gleich gut oder eher schlechter als in anderen Städten oder anderen Ländern, die Sie kennen?"

Darauf sagten uns 20 Prozent, dass die Lokale im (inter)nationalen Vergleich eher besser sind. Frauen empfinden das etwas deutlicher als Männer – und der positive Eindruck korreliert negativ mit dem Alter der Befragten: 26 Prozent der unter 30-jährigen wähnen sich in einer Gegend mit guten Bierlokalen, bei den Befragten über 60 glauben das aber nur noch 15 Prozent. Besonders positiv werden die Bierlokale im eigenen Einzugsbereich

übrigens von Journalisten gesehen – besonders negativ von Getränkehändlern und Biersommeliers.

29 Prozent der Befragten (aber 48 Prozent der Getränkehändler) meinen nämlich, es in ihrer Heimat besonders schlecht mit den Bierlokalen getroffen zu haben. Besonders viele negative (und besonders wenig positive) Meldungen dazu gibt es aus der Schweiz. Am zufriedensten sind die Österreicher, dort meinen 20 Prozent, dass es in ihrer Gegend besser wäre und 51 Prozent meinen, es wäre gleich gut wie anderswo.

Interessant ist dazu auch der – selbst eingeschätzte – Vergleich mit früher. Dazu fragte Market: „Und wie ist das Ihrer Meinung nach im Zeitvergleich: Sind die Bierlokale bei Ihnen im allgemeinen eher besser, etwa gleich gut oder eher schlechter als vor fünf Jahren?"

Darauf sagten 51 Prozent, es wäre besser geworden. 38 Prozent sehen kaum eine Veränderung und nur zwölf Prozent eine Verschlechterung. Auch hier ist die Analyse der Daten nach demographischen Gesichtspunkten äußerst aufschlussreich: Befragte unter 50 Jahren sind überdurchschnittlich zufrieden mit der Entwicklung, ältere Befragte sehen eher keine großen Veränderungen. Besonders positive Eindrücke von der Entwicklung haben die Schweizer, die Getränkehändler und die Journalisten.

Die Befragten aus Deutschland sind in ihrer Bewertung der zeitlichen Veränderung am zurückhaltendsten: Nur 38 Prozent sehen eine Verbesserung in den letzten fünf Jahren, 18 Prozent dagegen sogar eine Verschlechterung – und für 43 Prozent hat sich wenig geändert.

Aber vielleicht ist vieles in der Gastronomie ohnehin zeitlos. Schauen wir noch einmal, was George Orwell über sein fiktives Pub „Moon under Water" geschrieben hat – wobei er sich klar auf die Seite jener gestellt hat, die es im Lokal ruhig haben wollen:

WER IM LOKAL MUSIK WILL UND WER NICHT

Frage 6: Welche Eigenschaften muss ein Gastronomiebetrieb haben, in den Sie selber gerne gehen? Klicken Sie bitte jeweils, ob dies unbedingt sein muss (1), es gut ist, wenn es das gibt (2), es eher nicht sein sollte (3) bzw. es auf keinen Fall sein sollte (4).

Diese Eigenschaften muss ein Gastronomiebetrieb haben -	Σ	sollte auf keinen Fall sein	sollte eher nicht sein	ist mir gleichgültig	ist gut, wenn es das gibt	unbedingt	Σ
„Keine Musik" – insgesamt	39	14	25	42	16	5	21
bis 29 Jahre	63	28	35	31	4	2	6
30 bis 39 Jahre	50	20	30	42	7	1	8
40 bis 49 Jahre	37	13	24	46	15	2	17
50 bis 59 Jahre	28	7	21	44	22	7	29
60 bis 69 Jahre	20	4	16	38	31	12	43
70 Jahre und älter	18	7	11	42	24	17	41

Basis: Befragung in Bierzielgruppen (n=2.501) (Ergebnisse in Prozent)

„If you are asked why you favour a particular public-house, it would seem natural to put the beer first, but the thing that most appeals to me about the Moon Under Water is what people call its 'atmosphere'. ... In the Moon Under Water it is always quiet enough to talk. The house possesses neither a radio nor a piano.... The barmaids know most of their customers by name, and take a personal interest in everyone. They are all middle-aged women and they call everyone "dear", irrespective of age or sex. (Not 'Ducky': pubs where the barmaid calls you 'ducky' have a disagreeable raffish atmosphere.)"

Und weil wir schon bei Pubs sind, deren seit dem ersten Weltkrieg geltenden Öffnungszeiten erst in den letzten Jahren gelockert worden sind: Zum Schluss noch ein paar Worte zum Thema Sperrstunde. Wir haben sie in mehreren Fragestellungen abgetestet. Einmal im Zusammenhangt mit den Aussagen zum Thema Gastronomie und Alkohol:

>> Es wäre besser, wenn es strengere Öffnungszeiten / Sperrstunden gäbe

Dem wollten sich nur zwei Prozent völlig und sechs Prozent teilweise anschließen – 31 Prozent lehnen strengere Sperrstunden völlig ab. Diese Ablehnung ist bei jüngeren Befragten besonders hoch. Auch Gastwirte und ihr Personal wollen sich da mit großer Mehrheit nichts vorschreiben lassen. Besonders deutlich ist die Ablehnung auch durch Befragte in Deutschland. Politiker zeigen, wie so oft, ein leicht abweichendes Muster – unter ihnen gibt es eine größere Gruppe als in der Gesamtbevölkerung, die für eine Verschärfung ist. Wir werden noch auf diese Muster zu sprechen kommen.

Wir haben noch in einem zweiten Kontext, im Zusammenhang mit den Anforderungen an einen Gastronomiebetrieb, über die Sperrstunde gefragt. Da lautete die Formulierung: „Welche Eigenschaften muss ein Gastronomiebetrieb haben, in den Sie selber gerne gehen?"

>> Lange Öffnungszeiten / späte Sperrstunde

Zehn Prozent der Befragten wollen das unbedingt, weitere 47 Prozent finden es gut, wenn es das gibt. Bei Befragten unter 30 summieren sich die beiden Werte für „unbedingt" und „gut, wenn es das gibt" aber auf 74 Prozent. Auch Journalisten sind überdurchschnittlich deutlich für lange Öffnungszeiten – wohingegen bei den Politikern wieder die Gruppe auffällt, die überdurchschnittlich gegen lange Öffnungszeiten auftritt.

DEKLARIERT EUCH!

Es gibt Biere, die jedem gestandenen Braumeister die Haare zu Berge stehen lassen. Und dem gestandenen Biertrinker auch. „Gurken-Gose" nennt sich eines, das im Sommer 2016 für einiges Aufsehen gesorgt hat.

Dabei haben die Brauer von Hopfmeister und Hertl, die die Gurken-Gose gemeinsam gebraut haben, ziemlich viel richtig gemacht. Zunächst einmal: Sie haben ein interessantes Bier gebraut. Nachdem die Gose von der Craft-Szene in den letzten Jahren wiederentdeckt wurde – mit mehr oder weniger intensiv schmeckenden Varianten bis hin zur eher an Witbier erinnernden Badischen Gose des Weldebräu –, haben die jungen Brauer erst einmal analysiert, wo wir denn gewohnt sind, Säure und Salz gemeinsam zu schmecken.

Und da sind sie bei der Lake gelandet, in der Salzgurken eingelegt werden. Und haben diese Kombination gleich mit dem Bier und unter Hinzufügung von Gurken gebraut.

Auf dem Rückenetikett liest sich das dann so:

„Unsere sommerlich-frische Gurken-Gose verbindet heimische Braukunst mit dem Geist der amerikanischen Craft-Bier-Bewegung. Die Gose ist ein wiederentdeckter deutscher Sauerbier-Stil, der traditionell mit Salz, Koriander und Milchsäure gebraut wird. „Was passt dazu besser als Salat?", dachten wir uns und wurden bei einem Gurkenbauern im Frankenland fündig ... allerdings mussten wir zum Brauen in die Tschechische Republik flüchten, da es uns in der Heimat nicht gestattet ist, diese Bierspezialität zu brauen. Nach Deutschland importiert, unterliegt die Gurken-Gose europäischem Recht und darf als Bier in den Verkehr gebracht werden. Das muss man nicht verstehen – ist aber so"

Und dann folgen all die legal notwendigen Anga-

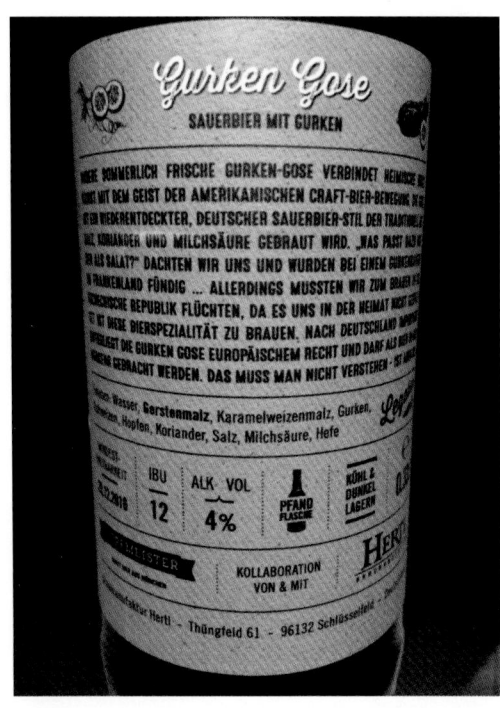

ben. Also: „Zutaten: Wasser, Gerstenmalz, Karamelweizenmalz, Gurken, Rohweizen, Hopfen, Koriander, Salz, Milchsäure, Hefe" und die Aufforderung „Legalize it!" Zudem wird brav angegeben, dass in diesem „alkoholhaltigen Salat" zwölf Bittereinheiten zu erwarten sind, vier Volumenprozent Alkohol, Kontaktdaten der Braumanufaktur Hertl und so weiter.

Das Ganze schmeckt übrigens auch recht gut: Das Aroma von der Salzgurke, der Antrunk säuerlich und erfrischend, das Salz stark bemerkbar, was quasi zum Weitertrinken zwingt, weil man schön durstig bleibt.

Wie gesagt: Den meisten passionierten Biertrinkern würde das nicht schmecken. Aber denen, die es versuchen, die bekommen gleich einen Haufen an Informationen – und damit Gesprächsstoff. Nun könnte man herummosern und bemängeln, dass die Namen der Brauer und die tschechische Braustätte nicht genannt sind, man könnte sich auch noch wünschen, dass die Hopfensorte (die man unter Salz, Säure und Gurke aber ohnehin nicht hervorschmecken kann) genannt würden. Aber das ist angesichts dessen, was hier auf dem Rückenetikett an Kommunikation geleistet wurde, nicht ganz fair.

Wahr ist vielmehr: Es gibt nicht viele deutsche Brauereien, die die Rückenetiketten ihrer Biere so intensiv nutzen und damit die Kommunikation ihrer Konsumenten anregen: Wie war das noch einmal? Die mussten flüchten? Die durften das Bier dann aber einführen? Ist die EU liberaler als Deutschland? Ist das irgendwie was mit dem Reinheitsgebot – von dem steht da ja gar nix drauf! Gesprächsstoff für Stunden. So soll es sein!

Das hebt sich wohltuend ab, von dem, was man kennt: Biermarketing macht ja üblicherweise kei-

ne Versprechungen, die irgendwie am Produkt und seinen Eigenschaften (vielleicht mit Ausnahme des verringerten Alkoholgehalts bei alkoholfreien Bieren und leichtem Weizen) anknüpfen.

Bestenfalls erfahren wir, dass das es „aus Felsquellwasser gebraut" ist – aber wo diese Felsquelle liegt, was am Felsen und seinem Wasser so Besonderes sein soll, bleibt ein Geheimnis. Dafür werden uns Phantasielandschaften geliefert und eine allgemeine Natürlichkeit: Deutsches Bier und deutscher Wald (auch wenn er in dem einen oder anderen Fall gar nicht in Deutschland fotografiert wurde), österreichisches Bier und österreichische Feierstimmung – viel Markenwelt und wenig Inhalt. So etwas kann sogar recht erfolgreich sein. Allerdings nicht für alle Marktteinehmer.

Was auf Bierdeckeln steht, ist meistens zu vergessen. Was auf Etiketten steht, ebenfalls. Und im Internet findet man Sätze wie: „Unser Bier wird ausschließlich aus feinsten heimischen Malzen und den erlesensten Hopfensorten nach alter handwerklicher Brautradition in kleinen Suden gebraut." Mehr Blabla geht eigentlich gar nicht mehr.

Was aber sollte man über das Bier erzählen: Dass Warstein im Sauerland liegt? Dass Gösser aus der Industriestadt Leoben kommt? Dass die Dosen im Angebot noch ein paar Cent billiger sind? Und dass Bier (wie wir in der Zutatenliste auf jedem Etikett lesen können) aus Wasser, Gerstenmalz und Hopfenextrakt gemacht wird? Das ist doch keine Story!

Modernes Biermarketing braucht aber genau jene Stories, mit denen sich die Biertrinker als Kenner ausweisen können. So wie auf jeder besseren Weinflasche die Rebsorte (und womöglich deren Besonderheit) genannt ist, könnte man auf dem Bieretikett die Hopfensorte ausweisen. Und erklären, was die Feinheit des Saazer, den Geschmack des East Kent Goldings oder das Zitrusaroma des Cascade Hopfens ausmacht. Auch über

das Malz ließe sich einiges sagen. Nicht „aus feinsten Malzen", wie es die dümmeren der Marketing-Leute schreiben (wer würde denn anpreisen, dass er weniger feine Malze verwendet?) – sondern genau: dass es sich um Pilsner-, Karamell- oder Röstmalze handelt.

Und es geht noch weiter: Man kann das Anbaugebiet nennen. Die Gerstensorte. Die Mälzerei. Ingredient Branding nennt man das. Und man kennt es von Computern: Jeder Käufer eines PC weiß, dass man mehr zahlen muss, wenn da der berühmte „Intel Inside"-Aufkleber prangt. Auch wenn die Prozessoren des Mitbewerbers AMD durchaus ihre Meriten haben mögen – man vertraut halt seit Jahren der Firma Intel und deren CPU, die man normalerweise gar nicht zu Gesicht bekommt. Was bei einem PC-Kauf passiert, das ist gar nicht so unähnlich dem, was beim Kauf von Bier passiert. Die meisten Konsumenten haben bloß eine vage Ahnung, wie Bierbrauerei vor sich geht. Und so wie wir halbwegs verstanden haben, dass ein Computer aus CPU, Speichermedien und Ein- und Ausgabeeinheiten besteht, so haben wir verstanden, dass Wasser, Malz und Hopfen im Bier stecken.

Der Unterschied: Da ist weit und breit kein Intel. Denn kaum ein Brauer erzählt seinen Kunden, welche Zutaten er verwendet. Natürlich gibt es einige Etiketten voller Marketing-Geschwätz, da ist von „feinsten Malzen", „erlesensten Hopfen", „geheimen alten Rezepten" und natürlich dem Reinheitsgebot die Rede. Würde jemand einem Computer-Händler vertrauen, der sich auf die Aussage beschränkt, dass er „besten Komponenten" von „namhaften Herstellern" verwendet?

Unsinn! Natürlich wollen wir wissen, welche Komponenten er verwendet – auch wenn wir die Details nicht verstehen. Es gibt einfach Sicherheit, wenn der Hersteller sie nennt: Prozessoren von Intel, Festplatten von Seagate, Tastaturen von Logitech und Software von diesem Konzern, den Bill Gates gegründet hat.

Bier natürlich könnte in ähnlicher Weise beschrieben werden · und es würde sowohl die Brauindustrie als auch deren Zulieferer profitieren. Wenn ein Bier aus Pilsner Malz von Weissheimer, Carapils von Weyermann und Saphir Hopfen aus der Hallertau gebraut wird – warum steht das nicht auf dem Etikett? Wer sich traut, einen außergewöhnlichen Hefestamm für die Vergärung seines Bieres zu verwenden, sollte das stolz anpreisen – auch das sorgt für Gesprächsstoff.

Ob solch eine Informationsflut für den Konsumenten relevant ist? Nicht in dem Sinne, dass er es besser verstehen würde – denn nur sehr wenige Bierfetischisten werden ernsthaft diskutieren, ob Barke oder Braemar, Quench oder Xanadu bessere Biere ergeben. Relevant ist es aber sehr wohl im Sinne, dass solche Information Vertrauen in den Absender schafft. Wenn es der Braumeister für erwähnenswert hält, dass er eine bestimmte Hopfensorte aus Mainburg und eine bestimmte Gerstensorte, die auf der Schwäbischen Alb angebaut und in einer Spezialitätenmälzerei vermälzt wird, in seinem Bier verbraut, dann sagt er damit, dass das Bier umsichtig und mit einem bestimmten regionalen Bezug gebraut wurde.

Und dafür kann man getrost mehr Geld verlangen. Das kann man von Intel lernen.

Zudem kann ein Etikett, ein Bierdeckel und natürlich auch eine Website Hinweise auf den Geschmack geben. Ob das Bier süß oder trocken, mild oder herb, fruchtig oder grasig, hefig oder rauchig ist. Darauf, zu welchem Essen das jeweilige Bier passen würde. Und aus welcher Glasform es getrunken werden sollte.

Genauso lässt sich auf dem Etikett etwas über die Herkunft sagen: Was ist das für eine Landschaft, wo dieses Bier „gedeiht" (eventuell sogar im Wortsinn, also mit regionalen Rohstoffen)? Was hat es für eine Geschichte? Diese ist, was viel zu wenig beachtet wird, fast immer reicher und spannender als die Weingeschichte!

Auch der Alkoholgehalt sollte mehr als ein lästiges Muss in der Deklaration sein – einer der Trends auf dem Alkoholmarkt ist, dass man insgesamt weniger, aber dafür ausdrucksstärkere Drinks trinken wird. Das bedeutet, dass es gerade für Bockbiere und Doppelbockbiere eine neue Marktchance gibt, wenn man damit nicht Säufer, sondern Connaisseurs ansprechen will; die zahlen dann auch mehr, was ein weiterer Vorteil für die Brauerei (und die Identifikation der Kenner mit „ihrer" Starkbierspezialität) ist.

Zum Starkbier gehört auch, dass es sich bei Alterung zwar verändert, dies aber (anders als bei den überzüchteten untergärigen Industriebieren) sehr vorteilhaft, vor allem, aber nicht nur, wenn es sich um dunklere und/oder obergärige Biere handelt: Hier ergibt sich die Möglichkeit, richtige Jahrgangsbiere zu schaffen, die Sammlerwert bekommen und für die sich ein zweiter Markt auftut, der von der Brauerei gepflegt werden kann, indem Sixpacks von mehrere Jahren alten Jahrgangsbieren nach und nach verkauft (oder, noch besser: versteigert!) werden.

Das schafft nicht nur wertvolle Produkte für Leute, die sich als wahre Kenner ausweisen können. Es kreiert vor allem auch positive und kuriose Geschichten, die in den Medien und von den Käufern ganz von selbst verbreitet werden. Wenn jemand 20 Euro für eine Flasche Jahrgangsbier hingeblättert hat, dann wird er diese Ausgabe auch im Freundeskreis rechtfertigen wollen, weil ihm das besonderes Prestige verschafft – und jeder der Freunde wird einen Schluck von diesem besonderen Bier haben wollen.

Die Skala des möglichen Prestigegewinns ist nach oben hin ziemlich weit offen: Da ist zum Beispiel die 1608 gegründete Schlossbrauerei Unterbaar beim 400-Jahr-Jubiläum das Risiko eingegangen, im Jahr 2008 ein Bier zu brauen, das schon für das 500-Jahr-Jubiläum 2108 vorgesehen ist. Von diesem Bier nach und nach ein paar

WER DAS ANGEBOT AN CRAFTBIEREN ZU UNÜBERSICHTLICH FINDET

Über „Craftbiere" gibt es ja verschiedene Meinungen. Welche der folgenden Aussagen treffen Ihrer Meinung nach zu, wo würden Sie sagen: Ja, das sehe ich auch so, und wo sind Sie anderer Meinung?

ANGEBOT AN CRAFTBIEREN IST ZU UNÜBERSICHTLICH		
	JA	NEIN
Männer	33	52
Frauen	31	53
bis 29 Jahre alt	31	55
30 bis 39 Jahre	32	57
40 bis 49 Jahre	33	54
50 bis 59 Jahre	33	50
60 bis 69 Jahre	32	42
70 Jahre und älter	50	33
Gastwirte	40	46
Getränkehändler	40	52
Getränkehersteller	40	48

Alle Kenner von Craftbieren (n=1892)

69

Proben zu kosten, dürfte ihr Aufmerksamkeit sichern. Und eine gute Geschichte, die eine der nächsten Brauer- und Besitzergenerationen dann auf das Etikett drucken kann.

Es liegt auf der Hand, dass niemand so ein Bier einfach als Durstlöscher trinken würde (Alkoholgehalt und Restextrakt des Bieres stehen dem – neben dem hohen Preis – entgegen). Das ist eben etwas ganz Besonderes, etwas, das nicht für den durchschnittlichen Biertrinker geeignet ist. Aber wer kosten darf, darf sich selber als jemand Besonderer fühlen.

Womöglich herrscht aber bei einigen Marketingleuten die Sorge vor, dass sich die Kunden gar nicht als „besonders" fühlen wollen. Und dass zu viel Information bloß verwirren könnte. Weshalb man am besten nur oberflächlich kommunizieren will. Hier gibt es offenbar zwei unterschiedliche Kommunikationswelten: Da die jungen, auf Dialog bedachten Brauer – mit Braufactum leistet sich auch die Radeberger Gruppe eine solche Schiene – und dort die großen Konzerne, die aufgrund ihrer Markenstärke verkaufen wollen.

Carlos Brito, der Chef von AB-Inbev, hat am 31. Oktober 2016 erklärt, wohin seiner Meinung nach die Reise geht: Weniger Auswahl, mehr starke Marken: „Our customers are thinking, ‚how much more of an assortment can you carry?'" sagte Brito laut just-drinks.com.

Konsumenten seien es müde, neue Biere kennenzulernen, sie wären „a bit tired of choice and go for fewer brands".

Das allerdings widerspricht nicht nur dem, was in den USA passiert – jedenfalls dort, wo der Großkonzern nicht alle Marktmacht über Großhändler ausübt, die dafür bezahlt werden, weniger Auswahl anzubieten.

Etliche Blogger haben sich daher über Britos Aussage mit bissigen Anmerkungen ausgelassen und festgestellt: Konsumenten haben durchaus den Wunsch, mehr Biere kennenzulernen.

Wir können das mit Umfragedaten untermauern. In der diesem Buch zugrundeliegenden Studie haben wir den Kennern von Craftbieren auch das Statement vorgelegt:

›› Das Angebot von Craftbieren ist zu unübersichtlich

Dieser Meinung stimmten 33 Prozent der Befragten zu – aber 53 Prozent lehnten diese Sichtweise ab. Allerdings sagen Befragte, die Gastronomen, Getränkehändler oder Mitarbeiter von Getränkeherstellern sind, deutlich öfter, dass ihnen das Angebot zu groß erscheint. Die Sommeliers und Braumeister dagegen erklären, die Übersicht zu haben. Noch wichtiger: Auch Befragte, die mit der Branche nichts zu tun haben, geben mit überdurchschnittlicher Mehrheit an, keine Probleme zu haben.

Market stellt auch immer wieder die Frage: „Angenommen vor Ihnen steht eine neue Biersorte und daneben ein Ihnen bekanntes Bier. Zu welchem Glas würden Sie greifen?"

Bei der Umfrage im Frühjahr 2016 sagten rekordverdächtige 85 Prozent, dass sie zum neuen Bier greifen würden – nur bei den befragten Politikern gab es eine auffallend hohe Zahl, die lieber zum bekannten Bier greifen würden.

Natürlich ist der Wunsch, nach dem neuen Bier zu greifen, in einem hohen Maß dadurch geprägt, dass man in den letzten Jahren immer wieder neue Biere kennenlernen konnte (die Gurken-Gose ist ja nur ein Extrem-Beispiel dafür) und positive Überraschungen erlebt hat.

Noch 2005 sagten nur 35 Prozent, dass sie das neue Bier probieren würden – 47 Prozent wollten damals am Bewährten festhalten.

Market ist dem Phänomen für den österreichischen Bierkulturbericht noch einmal nachgegangen. Dabei hat sich gezeigt: Es gibt Biertrinker, die von ihrem eigenen Geschmackssinn sehr überzeugt sind. 29 Prozent der österreichischen Bierkonsumenten geben in der dem Bierkulturbericht 2016 zugrundeliegenden Umfrage an, dass sie stets das gleiche Bier von derselben Marke genießen; die männlichen Bierfreunde zeigen mit 35 Prozent eine noch höhere Markentreue.

Macht diese Markentreue die Bierfreunde zu besseren Menschen? Nicht unbedingt – aber es macht sie sehr wahrscheinlich zu glücklichen Menschen: Sie haben gefunden, was ihnen gefällt, was ihnen schmeckt und was sie im Moment des Genusses wohl glücklich macht.

Andererseits: Da gibt es je nach Umfrageformulierung zwischen 45 und 85 Prozent, die gerne ein neues, ihnen unbekanntes Bier ausprobieren würden, wenn ihnen dieses als Alternative zu ihrer Stammmarke angeboten würde. Sind das nun schlechte Menschen? Ist ihnen vorzuwerfen, dass sie untreu werden? Gewiss nicht. Bier ist bekanntlich nicht eifersüchtig. Und es ist ja stets das Neue, das Unbekannte, das Spannende, das Innovationen in die Welt bringt – auch in die Geschmackswelt der Biertrinker. Da kommen Trends aus Amerika, aus England, aus Belgien, ja selbst aus Italien – und es sind diese probierfreudigen Leute, die diese Trends aufgreifen.

Tatsächlich greifen sie auch die Braumeister auf: So hat die Zipfer Brauerei, ein Betrieb aus dem Heineken-Konzern, im Herbst 2016 zwei Biere ihrer „Meisterwerke"-Serie aufgelegt und auf den Etiketten so ausführlich beschrieben, dass das kleine Rückenetikett gar nicht ausgereicht hat: Es wurde zum leichten Ablösen vorbereitet, damit die Konsumenten auf der Rückseite weiterlesen können, was es mit der Hopfensorte Calypso auf sich hat, wie viel Bittere man zu erwarten hat und man hat sogar den neuen Braumeister Harald Raidl vorgestellt.

Und keiner hat gemeint, dass die Konsumenten jetzt vielleicht verwirrt sein könnten mit all dieser Deklaration. Man muss ihn ja nicht gleich mit einer Gurken-Gose überfallen!

CRAFTBIER – NUR EIN HYPE?

Kollegin Nina Paulsen von der *Berliner Morgenpost* bringt in ihrer Kolumne vom 5. Oktober 2016 auf den Punkt, was wohl sehr viele ihrer Leser denken:

„Craft Beer ist nicht Genuss- oder Nahrungsmittel. Es ist ein Style – und ein elitärer noch dazu. Das passt mit dem Ausgangsprodukt einfach nicht zusammen. Die Frage ist ja, ob man sich in Berlin irgendwann noch mit einem einfachen Bier von der Stange blicken lassen kann. Mit einem Bier, das halt schmeckt. Mit Bier-Nuancen und Bier im Nachhall. Aus der schnöden Flasche und nicht aus dem schicken Craft-Beer-Kelch. Mit einem Bier, das nicht zum Angeben taugt. Ich glaube: zum Glück schon. Der Witz an dem ganzen Hype ist, dass ich eigentlich niemanden kenne, der Craft Beer trinkt. Ja, man hat es mal probiert, das 0,1-Liter-Gläschen für 4,50 Euro. Aber in der Regel bestellt man eben doch ein stinknormales Pils, denn da weiß man, was man hat. Das ist wie beim Kürbis-Latte-Macchiato oder dem Pfefferminz-Frappuccino. Klingt aufregend, schmeckt aber seltsam. Als Gag funktioniert das Ganze. Mehr aber auch nicht."

Wirklich? Korrekt ist die Beobachtung, dass man heute kaum noch eine Zeitung und schon gar kein Lifestyle-Magazin aufschlagen kann, ohne dass einem ein bärtiger und hornbebrillter Hipster vorgestellt wird, der eine ganz, ganz besondere Brauerei aufgesperrt hat. Oder einen kleinen Bierladen. Auch wenn so jemand im eigenen Keller oder in der Waschküche der Großmutter Bier braut, gibt das meist eine gute Story her. Das gefällt nicht nur dem Zeitgeist verpflichteten Journalisten – während der Mainstream mit demselben Recht meint, dass man sich ja nicht dafür verteidigen muss, wenn man genau die Biere trinkt, die es gefühltermaßen „schon immer" gegeben hat.

Der Craftbier-Hype gefällt aber auch immer mehr von diesen gänzlich normalen Pilstrinkern, die sich daran erfreuen, dass ihr Lieblingsgetränk Bier nun in so vielfältiger Weise zum Thema wird. Auch wenn sie selber meist beim Pils bleiben.

Und es gefällt sogar den großen Brauereien und ihren Braumeistern – weil sie wissen, dass es für die Bierkultur gut ist, wenn viel über Bier gesprochen und geschrieben wird. Wenn sich viele Leute auskennen. Da tritt nämlich ein interessanter Effekt ein: Wer Bier zu seinem Hobby macht, kauft auch viel Bier aus großen Brauereien, um zu vergleichen.

Mehr noch: Der Vergleich ergibt fast immer, dass die Profis aus den etablierten Brauereien die so genannte Drinkability besser hinbekommen. Für gängige Bierstile sowieso. Oft aber auch für ihre Interpretation des Craftbieres.

Nichts gegen ein alkoholreiches, vielleicht noch mit Chili und Kaffee gewürztes Imperial Stout – das ist ein idealer Abschluss eines Abends, zum Dessert oder an dessen statt. Aber wie viele würde man davon trinken? Und so gut ein beherzt gehopftes IPA schmeckt oder ein prononciert saures belgisches Ale – wenn man Lust hat, zwei oder drei Halbe zu trinken, dann greift man doch lieber zum Bewährten.

Wobei unsere Umfrage ergibt, dass die Braumeister selber gerne Craftbiere trinken. 78 Prozent der Befragten von außerhalb der Branche, aber 99 Prozent der Braumeister sagten, dass sie eine konkrete Vorstellung hätten, was Craftbier ist.

Was die Umfrage auch zeigt: Craftbier ist ein Phänomen, das bei Befragten unter 50 gut verankert ist, in den Altersgruppen darüber, aber auch bei den befragten Frauen fanden wir viele, die sich da nicht auskennen.

Aber was weiß man wirklich von Craftbieren? Selbst diplomierte Biersommeliers setzen da ja manchmal haarsträubende Stories in Umlauf. Wenn man von Craftbier spricht, dann ist India Pale Ale beinahe ein Synonym dafür – und manche deutschsprachige Autoren erzählen die abenteuerliche Geschichte, dass IPAs ursprünglich starke Biere waren, die für den Schiffstansport nach Indien mit hohem Alkoholgehalt eingebraut wurden – um dann vor dem Konsum rückverdünnt zu werden.

Korrigieren wir das sicherheitshalber: Der von den amerikanischen Microbreweries wiederentdeckte englische Stil ist zunächst einmal radikal anders als das, was in den 1970er Jahren in den USA als Massenbier erhältlich war. Er ist auch anders als alles, was in unserem Sprachraum bis vor Kurzem bekannt war. Und er ist sogar anders als das, was man im Ursprungsland England noch vor einem Vierteljahrhundert als typisch für den Stil betrachtet hat.

Englische IPAs hatten damals typischerweise knapp fünf Prozent Alkohol und waren damit rund ein Volumenprozent stärker als die gängigen Bitters. Sie waren relativ schlank und auch nicht so bitter wie wir es heute von einem IPA erwarten. Das hat damit zu tun, dass sich die englischen Bierstile, wie wir sie heute kennen, deutlich von dem unterscheiden, was man in England vor dem Ersten Weltkrieg getrunken hat. Wenn man vom Krieg als dem „Vater aller Dinge" spricht, so muss man beim Bier jedenfalls zugeben, dass kriegsbedingte Beschränkungen immer wieder dazu geführt haben, dass Biere dünner (also mit weniger Malz) gebraut wurden. Mitch Steele, der im Sommer 2016 als Braumeister bei Stone ausgeschieden ist, hat für sein Buch „IPA" (Brewer's Publications,

Boulder 2012) alte Bieranalysen studiert und nachgewiesen, dass IPAs des 19. Jahrhunderts typischerweise Stammwürzen jenseits der 14 Grad Plato, oft aber sogar Bockbierstärke jenseits der 16 Grad hatten. Während des Ersten Weltkriegs aber mussten die englischen Brauer Malz sparen, die Grädigkeit der IPAs fiel unter zehn Grad und blieb vielfach in diesem Bereich, weil Biere mit höherer Stammwürze deutlich höher besteuert wurden.

Das hat einige Autoren aus dem deutschen Sprachraum, die mit diesen historischen Zusammenhängen nicht vertraut sind, zur Interpretation verführt, dass die in England stark eingebrauten IPAs vor dem Konsum in Indien rückverdünnt werden sollten. Schon allein die Idee, Bier mit (bekanntermaßen hygienisch bedenklichem) indischen Wasser zu strecken, ist ziemlich abwegig. Und es gibt auch keine Belege dafür, dass das jemand versucht hätte. Im Gegenteil ist bekannt, dass die „India Ales" (als „Pale" wurden sie erst im Lauf der Zeit bezeichnet, obwohl die für Indien bestimmten Biere seit dem 18. Jahrhundert jedenfalls heller waren als die gängigen Porterbiere) bei ihrer Ankunft in Indien verkostet wurden, um sicherzustellen, dass sie auch wirklich den Erwartungen der Truppen der Kolonialmacht entsprechen würden.

Das war auch deshalb notwendig, weil sich für die „India Ales" ein Standard etabliert hatte, der von George Hodgson, einem Brauer der Bow Brewery in Osten von London, definiert worden war: Um seine Biere haltbar zu machen, hatte er eine starke Version seines hellen Londoner Ales gebraut und sie mit intensiven Hopfengaben (plus Dry-Hopping!) haltbar gemacht – sowohl hoher Alkohol- und geringer Restextrakt-Gehalt als auch hohe Mengen an Bitterstoffen galten als effektive Methode, ein Sauerwerden (durch Milchsäurebakterien, aber von denen hat man seinerzeit noch nichts Genaueres gewusst) zu verhindern. Hodgsons Ales

der 1790er Jahre waren dem, was heute Craft Brewer anbieten, gar nicht so unähnlich. Und diese Biere würde man ja auch nicht verwässern.

Was bleibt: IPA ist ein kräftiges Bier, kräftig in Alkohol und Bittere – manchen zu alkoholreich und zu bitter, weil viele Brauer das ohnehin kräftige IPA mit noch mehr Malz und noch mehr Hopfen brauen. Das kann sehr gut sein. Es kann aber auch manchen Biertrinkern zu intensiv sein. Und es kann auch – leider nicht selten – zu unharmonischen, im schlimmsten Fall: objektiv fehlerhaften Bieren führen.

›› Die meisten Craftbiere sind zu bitter

Immerhin neun Prozent der Craftbierkenner stimmen der Aussage zu, dass Craftbiere zu bitter seien, 78 Prozent sagen, das wäre nicht so (Rest auf 100: keine Angabe). Etwas höhere Nennungen bezüglich der zu hohen Bittere gibt es von älteren Personen, von Befragten aus Deutschland und von Braumeistern – aber gerade unter den Braumeistern gibt es auch überdurchschnittlich viele, denen das Craftbier gar nicht bitter genug sein kann.

Über zu viel Alkohol beklagt sich auch kaum jemand:

›› Die meisten Craftbiere sind zu stark, zu alkoholreich

Dieser Aussage stimmen nur 13 Prozent zu – etwas überdurchschnittlich stark ist diese Ansicht unter Braumeistern und Gastronomen vertreten. 73 Prozent lehnen die Aussage aber ab. Wir werden weiter hinten noch diskutieren, ob damit nicht das Bockbier eine Chance sein könnte, einen deutschen Craftbier-Stil zu etablieren.

Denn natürlich ist Craftbier mehr als IPA und andere ausgesprochene Bitterbiere – wobei ja auch noch nicht klar ist, was der deutschsprachige Markt in den nächsten Jahren unter Craftbier verstehen wird. Seit Jahren wird ja darum gestritten, ob Craftbiere der amerikanischen Definition folgen

sollen, derzufolge "Craft Beer" ein Bier von einem Brauer, der in kleinen Mengen auf traditionelle Weise braut und in dessen Hauptsorte nur Malz verwendet wird, es sei denn, dass andere Zutaten zur Intensivierung, nicht aber zur Verdünnung des Geschmacks verwendet werden. Dazu kommt, dass die Brauerei maximal 25 Prozent Beteiligung eines Konzerns haben darf, außer dieser wäre selbst ein Craft-Brewer.

Den amerikanischen Maßstab „in kleinen Mengen" darf man hierzulande nicht mit der Größe einer Gasthausbrauerei gleichsetzen. Denn die Höchstmenge wird mit einem Ausstoß von 6 Millionen Barrel angegeben. Das entspricht 7.040.865 Hektolitern Bier. Zum Vergleich: Der Ausstoß der Krombacher Gruppe betrug im Jahr 2015 laut Firmenangaben 5.756.000 Hektoliter. Krombacher dürfte sich bei der Brewers Association also als Craft-Brewery registrieren können. Bei Bitburger sieht man das ähnlich, dort wird die US-Szene genau beobachtet – und mit einer eigenen Craftbier-Schiene wird recht erfolgreich nach US-Geschmack gebraut, allerdings für den deutschen Markt

In den deutschsprachigen Medien, aber auch in der aufstrebenden Spezialitätenbier-Szene werden die Begriffe „Craftbier" und „kleine Brauer" in einem Atemzug genannt. Das erweckt natürlich den Eindruck, dass hierzulande nur kleine Brauereien den Anspruch haben dürfen, Craft Beer zu produzieren. Beliebt bei Klein- und Kleinstbrauereien ist auch die Erklärung: „Im Gegensatz zu industriellen Produkten wird unser Bier weder gefiltert noch pasteurisiert. Es ist naturtrüb und enthält deswegen auch alle Geschmacks- und Vitaminstoffe seiner zu 100 Prozent natürlichen Zutaten."

Wir haben dazu in der Market-Umfrage die Aussage abgefragt:

›› Großbrauereien sollten ihre Spezialitäten nicht Craftbier nennen dürfen

Diese Aussage spaltet die Befragten in zwei

gleich große Gruppen – 42 Prozent stimmen zu, 41 lehnen das Statement ab. Je jünger die Befragte sind, desto eher wollen sie Craftbier auf kleine Brauereien beschränken. Drei weitere Gruppen schließen sich der vorgeschlagenen Meinung mit deutlicher Mehrheit an: Gastwirte, Befragte aus Deutschland und Schweizer.

>> Eigentlich ist jedes Bier aus einer kleinen Brauerei ein Craftbier

Hier gibt es eine mehrheitliche Ablehnung (48 gegenüber 41 Prozent) – eine Mehrheit findet die Aussage aber bei Braumeistern (65:32), Gastwirten (48:42) und, knapper, aber doch, überhaupt bei Mitarbeitern der Branche (49:44). Die reinen Konsumenten sehen das andersherum, da sinkt die Zustimmung auf 32 Prozent, die Ablehnung steigt auf 52 Prozent.

Dass Craftbiere die Biervielfalt bereichern, wird ziemlich einhellig (mit 94-prozentiger Zustimmung) bestätigt, auch dass die Craftbiere eine Chance für innovative Braumeister sind, kann kaum jemand bestreiten.

Frank Winkel und Matthias Kliemt, die seit vielen Jahren die Probier GmbH und die Website Bierclub.de betreiben, argumentieren treffend:

„Bei einem Craft Beer geht es um mehr als nur Brauereigröße und Ausstoß, und auch um mehr als nur den Geschmack eines Bieres. Die deutschen Brauer sollten bei all dem Hype um Spezialitätenbiere schon darauf achten, dass sie mit ihren IPAs nicht in einer ‚Verpilsung‘ enden, weil die ersten kreativen Craftbiere oftmals ein IPA sind. Der Verbraucher wird diesen Bierstil bald schon gar nicht mehr als so kreativ wahrnehmen. Ein extra stark gehopftes Bier ist nicht automatisch ein Craft Beer und andersrum ist ein schwach gehopftes Bier nicht unbedingt kein Craft Beer.

Es geht mehr um die Unterscheidbarkeit eines Bieres von anderen Bieren. Biere mit eigenem Charakter sind Craftbiere. Ein Craft Beer ist ein Bier, dass sich von der Masse abhebt. Und was für die Biere gilt, ist auch bei den Brauereien angesagt. Auch Brauereien brauchen ein Gesicht in der Masse.

Natürlich sind Hopfenstopfer Thomas Wachno aus Bad Rappenau und Thorsten Schoppe aus Berlin Craft Brewer. Aber auch Georg Schneider, Jeff Maisel und viele andere (alt-)bekannte Größen der Brauszene kann man getrost als Craft Brewer bezeichnen. Sie experimentieren mit den innerhalb des Reinheitsgebots erlaubten Zutaten und komponieren Biergeschmäcker, die anders, außergewöhnlich und ungewohnt sind. Dabei legen die Brauer keinen Wert darauf, dass diese Biere massentauglich sind. Die kräftigen Aromen, die sie aus den Rohstoffen herauskitzeln sind zu speziell und erfordern einen geeigneten Anlass und oder eine gute begleitende Speise.“

Wir haben uns dafür interessiert, wie das Verhältnis alteingesessener Brauereien zur Szene eingeschätzt wird und haben folgende Aussage abgetestet:

>> Traditionelle Brauereien sollten kein Craftbier brauen

Dabei sind wir auf breite Ablehnung gestoßen: 80 Prozent glauben, dass diese Vorgabe falsch wäre – nur neun Prozent schließen sich ihr an. Es sind vor allem einige ältere Befragte und Gastronomie-Mitarbeiter, die eine klare Trennung von Traditionsbrauern und Craft-Brewern befürworten, aber sie sind damit in der eigenen Gruppe ebenfalls nur eine kleine Minderheit.

Kliemt und Winkel brechen konsequenterweise auf ihrer Website auch eine Lanze für Pilsner Urquell, eine Konzernbrauerei, die von SAB Miller vor der Fusion mit AB-Inbev verkauft werden musste:

„In Pilsen lebt man den Craft Beer-Gedanken schon lange bevor der Begriff geprägt wurde. Zudem werden von Brauereimitarbeitern in alter Tradition Holzfässer produziert. Ein Handwerk, das früher

Teo Musso, Brauerei Baladin

in jeder Brauerei zu finden war und heute nahezu ausgestorben ist. Bei Pilsner Urquell beginnt das ‚Handwerk' schon vor der eigentlichen Bierproduktion. Und zum Handwerk gehört auch die Verwendung des heimischen Saazer Hopfens aus Nordböhmen. In Pilsen werden Handwerk und Tradition gleichermaßen gepflegt. Auch das zeichnet einen Craft Brewer aus."

Vielfach konnte sich Pilsner Urquell daher in Gastronomiebetrieben mit großer Bierauswahl von Craft Breweries als einziges an den Mainstream angelehntes Bier etablieren – wobei der eigentümliche Geschmack mit dem konstant höheren Diacetyl-Gehalt sehr dazu beiträgt, dass das echte Pilsener von der Szene als ebenbürtig, nur eben etablierter gesehen wird. Auf Craftbier-Messen wie der Braukunst Live in München macht Pilsner Urquell stets eine gute Figur – und schenkt ein unfiltriertes Bier aus den Brauereikellern aus.

Apropos Szene – wir haben gefragt:

›› Craftbiere sind mehr etwas für junge Leute

Dem wollten nur 18 Prozent der befragten Craftbier-Kenner zustimmen – 73 Prozent haben die Aussage klar abgelehnt. Überdurchschnittliche Zustimmung kam von sehr jungen und sehr alten Befragten sowie von Journalisten.

›› Ich selber trinke ab und zu Craftbiere

Dieses Geständnis bekamen wir von 86 Prozent der Personen, die Craftbier kennen. Befragte unter 50 stimmten zwar tendenziell häufiger zu, aber selbst drei Viertel der Befragten über 70 trinken nach eigenen Angaben gelegentlich Craftbier.

›› Die Gastronomie kann sich mit Craftbieren differenzieren

Dem wollen nur acht Prozent widersprechen. Die Zustimmung ist mit 82 Prozent natürlich sehr breit, besonders getragen wird sie von Braumeistern, von Getränkehändlern und Biersommeliers –

interessanterweise in etwas unterdurchschnittlichem Ausmaß von den Gastronomen und ihren Mitarbeitern selbst. Und Gastronomen wie andere Stakeholder der Branche sind der Meinung,

›› Ein Lokal, das auf sich hält, muss Craftbiere anbieten

Dem haben 18 Prozent der Befragten an anderer Stelle in unserer Umfrage uneingeschränkt zugestimmt, weitere 26 Prozent teilweise (dokumentiert ist die Fragestellung im Kapitel „Vom Horrortrip zur idealen Kneipe"). Wobei es interessanterweise Befragte über 30 sind, die hier besonders deutlich nach Craftbier verlangen – zumindest auf der Karte, was ja noch nicht heißt, dass die Befragten auch stets zum Craftbier greifen würden. Weitere 26 Prozent sind „eher schon" der Meinung, dass ein gutes Lokal ein Craftbierangebot braucht. Auffallend ist, dass sich die Meinung der Gastronomen kaum von der der anderen Befragten unterscheidet, während Biersommeliers und Getränkehändler sehr auf ein Craftbierangebot drängen. Es ist schließlich ihr Geschäft.

Interessanterweise sind Politiker die einzige Gruppe von Befragten, die mit großer Mehrheit sagt, dass die Gastronomie so ein Angebot eher nicht oder gar nicht machen sollte.

›› Craftbiere sind eine Chance, ein hochpreisiges Bierangebot zu schaffen

75 Prozent der Craftbier-Kenner stimmen dem zu – besonders die Braumeister (87 Prozent), Biersommeliers (86 Prozent) und die Getränkehersteller (84 Prozent). Die Gastwirte selbst liegen mit 75 Prozent genau im Schnitt, Politiker mit 59 Prozent deutlich darunter.

Was den Craft-Brauern zumindest bisher gelungen ist: Sie können besser Preise diktieren als die Großen. James Watt von Brewdog hat das in seinem neuen Buch „Business for Punks" argumentiert, dass jeder Kompromiss beim Preis Selbst-

mord für ein kleines Unternehmen darstelle. Man müsse wie ein Hinterhof-Rottweiler seine Margen verteidigen:

"You need to decide on a price and stick to it with a steely steadfastness. You need to be unfaltering and unerring on this; every trade buyer is going to try to beat down your price. ... If you make something good, create a buzz and people want it, they'll be prepared to put their hands in their pockets to get it. Never try to influence this decision with price. ... Small business simply cannot compete with the economies of scale of the major players – and they should not even try. Discounting or selling on price is a terrible strategy. ... I simply told them: ‚These are the beers we make. This is the value we attach to them. If you want to buy them, then that is great, and this is the price. If you don't want to buy them then that is cool too. But the price is the price: we won't discount, we won't bend on price and we won't compromise on quality. If you don't want to buy our beers, we are pretty sure someone else will.' It was a bold strategy, but it paid off."

Mal sehen, wie das in Zukunft gelingt, schließlich haben wir beim Einstieg der internationalen Konzerne in unseren Märkten auch den Eindruck gehabt, dass die Global Player die Härte haben würden, die Preise für ihre Biere hoch zu halten. Sie hatten diese Härte nicht, nach kurzer Zeit waren sie im selben Preiskampf.

Was die Craftbiere von den Konzernbieren unterscheidet, ist allerdings, dass sie radikal anders sind und dass es einen bestimmten Kundenkreis gibt, der für diese erkennbare und erschmeckbare Radikalität einen Preiszuschlag zu zahlen bereit ist. Die Frage ist noch unbeantwortet, wie groß dieser Kundenkreis mittelfristig sein wird – und ein wie großer Preiszuschlag auf längere Sicht akzeptiert wird. Wir haben schon im Kapitel „Was gutes Bier kosten darf" darauf hingewiesen, dass nur ein Drittel der Craftbier-Konsumenten Craftbiere für zu teuer hält. Dass die Preise aber unter Druck gera-

WIE CRAFTBIER EINGESCHÄTZT WIRD

Frage 16: Über „Craftbiere" gibt es ja verschiedene Meinungen. Welche der folgenden Aussagen treffen Ihrer Meinung nach zu, wo würden Sie sagen: Ja, das sehe ich auch so, und wo sind Sie anderer Meinung?

Es stimmen den Aussagen zu -	nein, stimmt nicht	ja stimmt	kann ich nicht beurteilen
Die Biervielfalt wird durch Craftbiere bereichert	3	94	3
Craftbiere sind eine Chance für innovative Braumeister	4	92	4
Ich selber trinke ab und zu Craftbiere	12	86	1
Die Gastronomie kann sich mit Craftbieren differenzieren	8	82	10
Craftbiere werden in unserer Region auch im Handel angeboten	11	77	12
Craftbiere sind eine Chance, ein hochpreisiges Bierangebot zu schaffen	12	75	13
Craftbiere sind gute Speisenbegleiter	12	72	16
In unserem Land werden viele Craftbiere gebraut	23	60	17
Craftbiere sind ein interessantes Angebot für Frauen	18	58	25
Craftbiere kommen aus kleinen Brauereien	35	55	10
Großbrauereien sollten ihre Spezialitäten nicht Craftbier nennen dürfen	41	42	17
Eigentlich ist jedes Bier aus einer kleinen Brauerei ein Craftbier	48	41	12
Das Angebot an Craftbieren ist zu unübersichtlich	52	33	15
Die meisten Craftbiere sind zu teuer	53	32	15
Die meisten Craftbiere sind aus dem Ausland importiert	53	27	19
Craftbiere sind mehr etwas für junge Leute	73	18	9
Craftbiere sind eine Modeerscheinung, das vergeht wieder	64	16	20
Die meisten Craftbiere sind zu stark, zu alkoholreich	73	13	13
Traditionelle Brauereien sollten kein Craftbier brauen	80	9	11
Die meisten Craftbiere sind zu bitter	78	9	14
Craftbiere entsprechen nicht dem Reinheitsgebot, das ist ein Problem	74	8	18
Craftbiere sind etwas für Snobs und Angeber	84	7	9
Richtige Biertrinker trinken keine Craftbiere	82	7	12
Unser Markt ist noch nicht reif für Craftbiere	80	7	13

Basis: Kenner von „Craftbier" (86%=100%) (Ergebnisse in Prozent)

market

BEKANNTHEIT VON „CRAFTBIEREN"

Frage15: Man hört ja in letzter Zeit immer wieder von „Craftbieren" – haben Sie eine Vorstellung, was „Craftbiere" sein könnten?

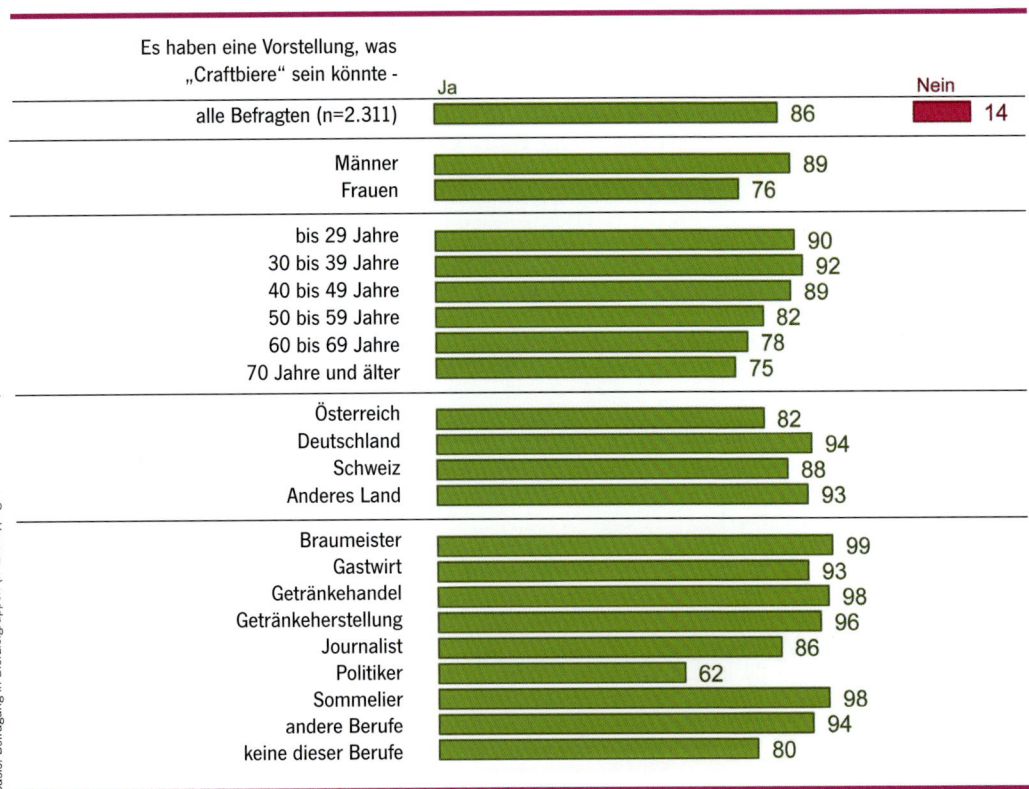

Basis: Befragung in Bierzielgruppen (n=2.311)(Ergebnisse in Prozent)

Es haben eine Vorstellung, was „Craftbiere" sein könnte -

	Ja	Nein
alle Befragten (n=2.311)	86	14
Männer	89	
Frauen	76	
bis 29 Jahre	90	
30 bis 39 Jahre	92	
40 bis 49 Jahre	89	
50 bis 59 Jahre	82	
60 bis 69 Jahre	78	
70 Jahre und älter	75	
Österreich	82	
Deutschland	94	
Schweiz	88	
Anderes Land	93	
Braumeister	99	
Gastwirt	93	
Getränkehandel	98	
Getränkeherstellung	96	
Journalist	86	
Politiker	62	
Sommelier	98	
andere Berufe	94	
keine dieser Berufe	80	

ten werden, wenn auch größere Brauereien mit craftigen Bieren guter Qualität zu niedrigeren Preisen in den Markt drängen, muss angenommen werden.

Jedenfalls müssten schon jetzt alle Anstrengungen daran gesetzt werden, die Craft-Marken aufzubauen und die hohen Margen – wie es James Watt gesagt hat – „wie ein Hinterhof-Rottweiler" zu verteidigen.

Denn der Markt wird derzeit von Bieren aus kleinen Brauereien überschwemmt – es wird zunehmend schwierig, diese in der einen oder anderen Gastronomie oder auf den Regalen des Getränkehandels unterzubringen. Markus Betz, der das sehr erfolgreiche BeerLovers-Geschäft in Wien managt, klagt, dass er jeden Tag Anrufe von kleinen deutschen Brauern bekäme, die mit ihrer Spezialität auf dem extrem lukrativen Wiener Markt gelistet werden wollen – diese Anrufer könnten allerdings selten sagen, was denn an ihrem Bier so besonders wäre, dass es sich von ähnlichen Angeboten unterscheiden könnte.

Ähnlich sieht es in der Schweiz aus: In den letzten 15 Jahren hat sich der Pro-Kopf-Konsum von Bier in der Schweiz kaum verändert und noch immer macht die Hauptsorte Lager Hell den mit Abstand grössten Teil des Biervolumens aus – es dürfte in naher Zukunft auch so bleiben, dass der durchschnittliche Konsument einfach seine „Stange" (wie in der Schweiz das Bierglas genannt wird) bestellt. Trotzdem befindet sich der Schweizer Biermarkt in einer stark dynamischen Phase. So hat sich die Anzahl der Schweizer Brauereien in den letzten 30 Jahren von 34 auf über 600 vervielfacht, wobei die Neulinge größtenteils in die Kategorie Craft einzuordnen sind. Dadurch katapultieren sich die Eidgenossen unter die Spitzenränge der weltweiten Statistik im Verhältnis der Anzahl Brauereien pro Einwohner.

Wer soll das alles trinken, was da neuerdings in kleinen Mengen gebraut wird. Wir haben schon das

Hipster-Image des Bieres angesprochen – in der Umfrage wollten wir sehen, ob das mit Daten belegbar ist:

>> Craftbiere sind etwas für Snobs und Angeber

Wir hätten jedenfalls erwartet, dass konservative Biertrinker und Branchenkenner das so sehen – die Aussage ist allerdings mit sieben Prozent in einer extremen Minderheitenposition geblieben, die gerade von ein paar sehr alten Befragten geteilt wurde. 84 Prozent haben sie abgelehnt.

>> Richtige Biertrinker trinken keine Craftbiere

Auch das meinen nur sieben Prozent. 82 Prozent lehnen die Aussage ab. Im Gegenteil wird mehrheitlich begrüßt:

>> Craftbiere sind ein interessantes Angebot für Frauen

Da sagen 58 Prozent ja dazu – Frauen gleichermaßen wie Männer, Befragte unter 40 stimmen in besonders hohem Maße zu. Die höchsten Nennungen kommen von Sommeliers (87 Prozent) und Braumeistern (73 Prozent) unterdurchschnittliche von Journalisten (51 Prozent) und Politikern (35 Prozent). Auch in Österreich ist die Zustimmung unterdurchschnittlich, in der Schweiz ist sie dagegen weit über dem Durchschnitt.

>> Craftbiere entsprechen nicht dem Reinheitsgebot, das ist ein Problem

Auch dieses Problem ist eigentlich keines – 74 Prozent widersprechen klar, nur acht Prozent stimmen zu. Die Zustimmung kommt von Befragten über 60, auch Gastwirte und Politiker liegen leicht über dem Durchschnitt, sind aber auch innerhalb der eigenen Gruppe in der Minderheit.

Auffallend ist, wie sehr das Thema in Deutschland polarisiert: Hier sind zwar leicht überdurchschnittliche zehn Prozent der Meinung, dass da ein Problem besteht – dafür sind aber auch weit

überdurchschnittliche 81 Prozent der gegenteiligen Meinung.

Vielleicht muss man Craftbier aber auch so angehen, wie jener Mittelstandsbrauer, der zu Beginn des Jahrzehnts, als der Begriff „Craft" in Deutschland noch gar nicht verankert und höchst missverständlich war, bei Doemens-Geschäftsführer Wolfgang Stepfl angerufen hat: „So, jetzt hab ich auch ein Kraftbier gebraut." Der gute Mann hatte damit einfach sein neues Bockbier, eben ein Bier mit Kraft, gemeint.

Bevor man ihn schenkelklopfend auslacht, gilt es zu bedenken: Ist nicht vielleicht Bockbier die adäquate Interpretation von Craftbier, gerade für traditionelle Brauereien? Vieles spricht dafür: Erstens ist Bockbier eine Randsorte. Daher kann man an der Rezeptur des Bockbieres auch leichter drehen als an den anderen Bieren – die Brauerei Schönram hat das schon vor einem Jahrzehnt mit der Einführung ihres mit Saphir-Hopfen gebrauten Saphir-Bocks bewiesen. Zweitens muss man die Konsumenten im Heimatmarkt nicht überfordern: Schon in den 1990er Jahren hat die Brauerei Ketterer im Schwarzwald überlegt, ein Imperial Stout zu brauen. Das Bier ist exzellent gelungen – aber es wurde nicht als Imperial Stout verkauft. Jahrelang wurden die treuen Ketterer-Fans mit dem schwarzen Schützen-Bock beliefert, sie liebten den Geschmack. Erst als dieser Charakter über viele Bockbiersaisonen etabliert war und eine ganze neue Generation herangewachsen war, haben die Ketterer ihr Bier in „Black Forest Stout" umbenannt – und konnten damit erfolgreich auf der Craftbierwelle reiten.

Drittens spricht die Statistik dafür. Die deutsche Biersteuerstatistik weist 2.974.040 Hektoliter Bier mit mehr als 14 Grad Stammwürze für das Jahr 2015 aus. 2011 waren es erst 2.134.251 Hektoliter. Und in der Statistik von 2005 finden sich überhaupt nur 1.166.591 Hektoliter mit mehr als 14 Grad Plato.

Es läge also nahe, Bock- und Doppelbockbiere, die in unserem Sprachraum ohnehin als Spezialitäten fest verankert sind, als „typisch deutsche" Variante des Craftbieres zu etablieren. Denn Craftbier wird ein Thema bleiben:

>> Craftbiere sind eine Modeerscheinung, das vergeht wieder

Lediglich 16 Prozent der Craftbier-Kenner haben dieser Meinung zugestimmt – 64 Prozent waren ablehnend (die restlichen 20 Prozent abwartend). Überdurchschnittliche Zustimmung kam allerdings von den Befragten aus der Gastronomie (es stimmt ja: Craftbiere passen nicht in jeden Gastro-Typ) und wieder einmal von den Politikern.

Die regelmäßigen Biertrinker glauben aber zu 67 Prozent nicht, dass sich der Craftbier-Hype wieder legen wird. Die eingangs zitierte Kollegin Paulsen hat vermutlich nur für den Augenblick recht – langfristig wird sie der Markt widerlegen. Auch und gerade weil Craftbier künftig viel normaler sein wird als das heute den Anschein hat.

HIER KOMMEN DIE INNOVATIONEN

Der Sieg hat viele Väter, eine Business-Innovation natürlich auch. Fragt man, wer wohl für den neuen Kult ums Bier verantwortlich ist, bekommt man viele Namen genannt – und es sind durchwegs Menschen, die sich für das Bierbrauen interessiert haben und dies mit einem gewissen Geschäftssinn verbunden haben.

Wir haben uns für dieses Kapitel besonders angesehen, was die Braumeister (und andere Akteure unmittelbar aus der Bierbranche) planen, wir wollen uns aber vorher vor ein paar Menschen verbeugen, die dem Bier und seinen Brauern all die Möglichkeiten eröffnet haben, die das moderne Bierbusiness prägen. Charles Finkel ist einer, der in diesem Zusammenhang sicher zu Recht genannt wird. Er war ein Weinhändler aus Oklahoma, der sein Geschäft in New York gelernt und sich dann in Seattle unter der Marke „Merchant du Vin" selbständig gemacht hat: Finkel liebte (und liebt heute noch) bayrisches Bier – und so radelte er durch Bayern, um da und dort zu kosten; vielleicht würde er ja einen Geschäftspartner finden. Er fand ihn bei einem kühlen Bier in Aying, wo er mit Franz Inselkammer über dessen Biere plauderte und sie schließlich nach Amerika brachte – mit einem besonderen Fokus auf dem Ayinger Doppelbock, der als „Celebrator" in den USA Kultstatus erlangt hat. Das starke bayrische Bier erweiterte (gemeinsam mit vielen anderen Bieren aus Europa, die Importeure wie Charles Finkel den Amerikanern schmackhaft machten) den Erfahrungsschatz einer neuen Generation von amerikanischen Konsumenten, die individuelle Geschmackspräferenzen ausbildeten. Sie wollten sich vor drei Jahrzehnten von den Gewohnheiten und Vorlieben ihrer Vätergeneration abheben: „I don't drink my father's beer" wurde das Motto vieler amerikanischer Bierliebhaber.

Mit ähnlichem Recht muss man Fritz Maytag nennen, der die Anchor Brewery in San Francisco – mitsamt dem Stil California Common, der damals praktisch ausschließlich durch Anchor Steam Beer repräsentiert wurde – gerettet hat und der 1975 mit dem Liberty Ale das erste irgendwie der neuen Craftbier-Generation zuzurechnende Pale Ale auf den Markt gebracht hat.

An der Ostküste dagegen war es der Harvard-Absolvent Jim Koch, der sich mit der Marke Samuel Adams Boston Lager an die Spitze der Bewegung gesetzt hat – sein deutscher Braumeister Walter Scheurle war durch die Iron City Brewery in Pittsburgh vom Münchner Löwenbräu abgeworben worden. Samuel Adams Biere werden „under contract", also im Lohnbrauverfahren gebraut – eben zunächst bei der inzwischen eingestellten Iron City Brewery. Scheurle ist es zu verdanken, dass die Hopfensorte Hallertauer Mittelfrüh – bei den Hopfenbauern wegen ihrer Anfälligkeit für Welke nicht besonders beliebt – überhaupt im Programm geblieben ist. Sie ist bis heute signifikant für das Boston Lager.

Zu nennen wäre auch der Erfolg von Pete's Wicked Ale, einer inzwischen wieder verschwundenen Marke des Brau-Pioniers Pete Slosberg, die er 1998 gewinnbringend an die Gambrinus Company verkaufte. Über diese hat Jeremy Cowan von Schmaltz Brewing (unter der Marke „He'Brew" verkauft er koscheres Bier) einmal gescherzt, sie entspräche ohnehin einer „jewish brewing conspiracy"-Verschwörungstheorie, da viele der Exponenten der US-Craft Bier Szene von Ken Grossman (Sierra Nevada in Californien) bis Jonathan Bloostein (Heartland in New York) Juden sind.

Natürlich darf man auch Charlie Papazian nicht vergessen. Er gründete 1978 die American Home-

brewers Association – einen Verein, dessen Einfluss auf die Entwicklung der gesamten Szene gar nicht überschätzt werden kann. Es folgten die Association of Brewers, Brewers Publications (der Verlag, in dem viel grundsätzliche Literatur über Heimbrauen ebenso wie über professionelles Brauen erschienen ist) und das Institute of Brewing Studies. Sein „Complete Joy of Homebrewing" gilt quasi als Bibel der Heimbrauer.

Und dann gibt es eine Reihe von Journalisten und Buchautoren, die weltweit das Ansehen des Bieres gefördert haben, indem sie auf kleine Spezialitätenbrauer hingewiesen haben, diesen den Rücken gestärkt und ihnen gleichzeitig neue Schichten interessierter Kunden erschlossen haben. Michael Jackson hat mit dem „World Guide to Beer" (1977) genau den Anfang der Bierrevolution dokumentiert und als „The Beer Hunter" auf dem Discovery-Channel eine sehr einflussreiche Dokumentation über den Stand der Veränderungen um 1990 produziert. Zu nennen sind auch der US-Amerikaner Fred Eckhardt, der Kanadier Stephen Beaumont, die Engländer Roger Protz und Tim Webb, der Norweger Espen Smith, die Deutschen Mareike Hasenbeck und Volker Quante sowie die Italiener Maurizio Maestrelli und Lorenzo Dabove – sie alle haben etwas gemacht, was bis vor wenigen Jahren nahezu als Sakrileg gegolten hat: die Augen geöffnet für die Bierwelt, die sich jenseits der Grenzen des eigenen Heimatlandes ausbreitet.

Es ist leicht zu verstehen, dass Biermärkte jahrzehntelang eher lokal (bedingt durch mangelnde Transportmöglichkeiten) oder national (bedingt durch steuerliche Regelungen und Zölle) gesehen wurden. So sind ja auch die Interessensvertretungen organisiert – von den Brauereiverbänden, die letztlich die Aufgabe haben, das Bier ihres jeweili-

gen Landes zu promoten, womöglich als das beste und reinste Bier der Welt. Aber mit der Gründung der EU, mit dem Abbau von Zollschranken und eben auch mit der wachsenden Kenntnis, die die Konsumenten durch Reisen gewinnen (78 Prozent sagen in unserer Umfrage, dass sie auf Reisen das Bier der bereisten Region kennenlernen wollen) relativiert sich die Propaganda.

Gewiss: Bier braucht Heimat. Aber nicht nur die eigene Heimat ist schön.

Und das erkennen immer mehr Braumeister. Noch in den 1980er Jahren waren die meisten Braumeister nicht über den eigenen Sprachraum hinausgekommen. Es war nicht zuletzt der Marketingexperte Rüdiger Ruoss, der europäische Braumeister auf Studienreisen zu anderen Märkten geführt hat. Wer in den 1990er Jahren mit Rüdiger Ruoss in Übersee war und den dortigen Kollegen in die Braukessel geschaut hat, der konnte rechtzeitig erkennen, dass auch bei uns in Europa ein Bierrevolution anstehen würde. Und sich darauf einrichten, Teil dieser Revolution zu werden. Immerhin ergibt jener Teil unserer Umfrage, der Craftbiere betrifft, dass 92 Prozent der Befragten, die über Craftbiere Bescheid wissen, diese für eine „Chance für innovative Braumeister" halten.

All die Genannten hätten aber wohl kaum diesen durchschlagenden Erfolg gehabt ohne einen im Jahr 1929 in Hollabrunn im niederösterreichischen Weinviertel geborenen Pflanzengenetiker: Alfred Haunold studierte in Wien und übersiedelte 1953 in die USA. Als Fulbright Fellow kam er an die University of Oregon in Corvallis und spezialisierte sich auf die Hopfenzüchtung. Im Jahr 1972 kam die von Haunold im Rahmen des USDA Breeding Program gezüchtete Sorte Cascade – eine Kreuzung aus englischem Fuggles und russischem Serebrianka – auf den Markt.

Cascade Hopfen änderte alles: Hier gab es einen Hopfen, der aufgrund seiner Zitrus-, Grapefruit-, Blumen- und Gewürznoten eine Alternative zu den Aromasorten europäischen Ursprungs bildete. Er kam gerade zur rechten Zeit, um den neuen Brauern einen Geschmacksmarker in die Hand zu geben, der Craftbiere zunächst einmal unverwechselbar gemacht hat. Ein Blinder konnte erkennen, wenn ein Bier nach Cascade geduftet hat – dann war es eben ein Craftbier und nicht eines der neutral riechenden Biere, die die Großbrauereien geliefert haben.

Auf den Cascade folgten eine Reihe anderer Hopfenzüchtungen, sie alle haben den Braumeistern Möglichkeiten eröffnet, die man vor 40 Jahren noch nicht einmal anzudenken gewagt hätte. Da dachte man, dass die spezifischen Hopfengaben ständig zurückgehen würden, weil die „Verbraucher", wie man sie abschätzig genannt hat, ohnehin immer weniger auf individuellen Geschmack achten würden. Angesagt waren leichte, auch: leicht zu trinkende Biere. Und einer hohen „Drinkability" wurden hohe Hopfengaben geopfert.

Damit konnte man zudem noch Kosten sparen. Aber der Trend ist gebrochen, wie auch in den von Hopsteiner im November 2016 veröffentlichten „Entscheidungsdaten für den Hopfeneinkauf 2016" nachzulesen ist:

„Der Bierausstoß ist nach unseren aktuellen Zahlen und Schätzungen für 2016 und 2017 wieder leicht ansteigend. Das Craftbier-Segment wächst weiterhin weltweit. Mittlerweile beträgt der Marktanteil weltweit etwas über 2 Prozent und hat zunehmenden Einfluss auf den durchschnittlichen Verbrauch von Alphasäuren pro Hektoliter. Wir haben daher in der aktuellen Ausgabe die Verbrauchsmengen wieder nach oben korrigiert und gehen nun weltweit von 4,6 g Alpha pro Hektoliter Einsatzmenge aus. Der Bedarf an Alphasäure wird bei einer angenommenen weltweiten Bierproduktion von 1964 Millionen Hektoliter im kommenden Jahr voraussichtlich bei über 9000 Tonnen Alphasäure liegen. Diesem Bedarf steht aus der Ernte 2016 eine Alphamengenproduktion von 9150 Tonnen gegen-über. Die Ernte 2016 hat damit erstmals seit fünf Ernten zu einer ausreichenden Versorgung geführt."

Wir befassen uns deshalb so intensiv mit dem Hopfen, weil Hopfen eine der wichtigen Differenzierungsmöglichkeiten beim Bier liefert. Und zwar nicht nur für Bierstile, die zum Craftbier-Segment gezählt werden.

Etwa beim Pils. Es muss ja nicht gleich so intensiv sein, wie es Dominique Schilk mit ihrem Domrep-Pils gemacht hat – wie die Verkostungsnotizen zeigen:

„Optisch sehr pilstypisch mit goldgelber Farbe und kräftigem weißen Schaum, aber mit 50 Bittereinheiten sicher nicht das, was man sich von einem deutschen Pils erwarten würde. Diplombiersommeliere Dominique Schild hat sich mit Vic Secret, Mandarina Bavaria und Mosaic drei sehr fruchtige Hopfensorten ausgesucht, die sie in einem klassischen Pilsrezept verbraut hat. Schon vom Aroma her eine Überraschung: Zitrus, ein Hauch Johannisbeere, Birnen und Mango. Im Anrunk ist das Bier milder als die angegebenen 50 Bittereinheiten erwarten ließen, doch stellt sich die Bittere gegen Schluss dann doch sehr deutlich ein – denn der Körper ist sortentypisch schlank und im Nachtrunk kommen retronasal die Hopfenaromen nochmal zur Geltung."

Natürlich geht es auch ein wenig zahmer – die alte, noch in den 1930er Jahren geltende Festlegung, dass Pils „ausschließlich mit Saazer Hopfen" zu brauen sei, nimmt ohnehin keiner mehr ernst. „European Noble Hops" lautet eine etwas zeitgemäßere Empfehlung – da kommt der Tettnanger zu seinem Recht, der Spalter, aber auch etwa der Saphir.

Der Saphir wurde im Jahr 2000 zugelassen, hat aber gut zehn Jahre gebraucht, bis er sich auf dem Markt durchgesetzt hat. Die Zwettler Brauerei hat mit dem Saphir ein sehr eigenständiges, aber im Rahmen der geschmacklichen Erwartungen liegendes Pils im Programm. Und auch im Pyraser Gutsherrn Pils bringt die Sorte Saphir das typische Aroma von „frischem Hopfenfeld kurz vor dem Niederfall" ins fertige Bier. Dadurch entsteht ein einmaliges „fränkisches" Pils, das keineswegs bitter, sondern hopfenaromatisch, blumig schmeckt.

In unserer Umfrage wendeten wir uns an rund 650 Personen, die als Beruf Braumeister, Mitarbeiter bei einem Getränkehersteller, Konsulent oder Sommelier angegeben haben, mit der Frage: „Das Bierangebot wird sich ja in den nächsten Jahren weiter differenzieren. Wo sehen Sie in Ihrem Betrieb Möglichkeiten der Differenzierung für Bierspezialitäten? Notieren Sie bitte immer, ob dies in Ihrem Betrieb in den nächsten Jahren sicher gemacht wird, vielleicht gemacht wird, eher nicht gemacht wird oder sicher nicht gemacht wird!

›› Neue Hopfenzüchtungen

56 Prozent der befragten Braumeister und immerhin 42 Prozent der anderen Mitarbeiter in der Getränkeherstellung versicherten uns, dass sie in den nächsten Jahren zu neuen Hopfensorten greifen werden. Weitere 25 Prozent der Braumeister und 34 der Getränkehersteller halten die Verwendung neuer Hopfenzüchtungen für vielleicht wahrscheinlich. Umgekehrt sagen nur sieben Prozent der Braumeister und zwölf Prozent der befragen Getränkehersteller, dass neue Hopfenzüchtungen für sie gar nicht in Betracht kämen. Übrigens sind die Befragten aus Deutschland mutiger gegenüber neuen Hopfen als jene aus anderen Ländern.

Wird dadurch das Bier signifikant teurer? Deswegen muss wohl niemand Angst haben. Der Hopfen kommt für die meisten Brauer in der Kostenrechnung etwa an 18. Stelle. Die Menge Hopfen in einer Maß Bier kostet etwa einen halben Cent. Da kostet der Leim für das Etikett mehr. Aus dem Hopfen- den Bierpreis abzuleiten ist in der Regel nicht möglich – allerdings hat es zuletzt immer wieder Jahre mit extrem schlechter Hopfenversor-

gun gegeben. Und da ist es vorgekommen, dass etwa Cascade-Hopfen aus den USA nicht verfügbar war und zu erheblich höherem Preis in Neuseeland gekauft werden musste. Andererseits ist gerade die Sorte Cascade heute derartig gut im Mainstream angekommen, dass die Brauer auch auf deutschen oder sogar österreichischen Cascade zurückgreifen können, auch wenn sich dieser in der Aromatik leicht von den im Yakimatal gewachsenen Hopfen unterscheidet.

Anton Lutz vom Hopfenforschungsinstitut in Hüll hat die Beobachtung gemacht, dass die Brauer nun immer aktiver nach neuen Hopfen fragen: 2005 waren die ersten Braumeister beim Cascade auf den Geschmack gekommen, und als zwei Jahre später der heute Mandarina Bavaria genannte Stamm erstmals im Großversuch angebaut worden ist, „da sind schon die Ersten gekommen und haben gefragt: Habt ihr nicht auch etwas Neues in der Trickkiste?" Daher ging es mit der Sortenzulassung in diesem Fall sehr schnell. Eric Toft von der Schönramer Brauerei, die damals bereits mit einem Saphir Bock erfolgreich war, gehörte zu den Pionieren – und ähnlich war die Erfolgsgeschichte des Hüller Melon, der 2009 gezüchtet wurde und wie der Mandarina Bavaria 2012 die Zulassung erhalten hat.

Und nachdem die neuen Hopfenzüchtungen in den USA so erfolgreich waren, kommen nun auch immer mehr deutsche Hopfen neu auf den Markt: Polaris, eigentlich als Hochalpha-Sorte gezüchtet, wird inzwischen als „Flavor Hop" vermarktet, da er zu den durchschnittlich 17,3 Prozent Alphasäure auch fruchtige Noten und jenen Hauch von Gletschereisbonbon mitbringt, der ihn ziemlich einzigartig macht.

Andererseits der Relax, der eigentlich für einen Teeproduzenten gezüchtet wurde, ganz geringe Bitterwerte (0,9 Prozent Alphasäure) bringt, aber mit Aromen von Heu, Lemongrass und Hibiskus aufwarten kann. Gut für die Kalthopfung, die viele

Charles Finkel, Merchant du Vin

Brauer wiederentdeckt haben. Und die neuen Züchtungen Callista (mütterlicherseits Hallertauer Tradition, gekreuzt mit männlichem Cascade) und Ariana (Mutter Hercules, Vater ein japanischer Wildhopfen) stehen schon bereit.

Aber Hopfen ist natürlich nicht das einzige mögliche Differenzierungsmerkmal:

>> Stilgerechtes Brauen historischer Braurezepte

Das wollen 39 Prozent der Braumeister sicher und weitere 40 wahrscheinlich in den nächsten Jahren angehen – die Befragungsergebnisse von anderen Brancheninsidern sind sehr ähnlich.

Allerdings ist das schwieriger als man denken würde: Historische Rezepte existieren als solche kaum – und es ist schon schwierig genug, Biere der 1960er Jahre korrekt nachzubrauen, einfach, weil die Rohstoffe und teilweise die Sudanlagen heute anders sind. Biere um 1900 haben noch deutlich anders geschmeckt, damals waren die Hopfengaben viel höher als heute üblich, andererseits hatten die damals verwendeten Hopfen deutlich weniger Alphasäure als heute. Und die Gersten konnten es mit den heutigen Züchtungen auch nicht aufnehmen.

Geht man aber noch weiter zurück ins 19. oder gar 18. Jahrhundert, dann wird es noch abenteuerlicher. Da kommt zur völlig anderen Sudhaustechnik noch dazu, dass es kaum schriftliche Rezepte gibt, die man einfach mal so nachbrauen kann, selbst wenn man die wenigen wirklich alten Braulehrbücher nachliest.

In Benno Scharls „Beschreibung der Braunbier-Brauerey im Königreiche Baiern" von 1814 lesen wir über die Bereitung von Märzenbier, das man damals tatsächlich im späten Winter gebraut hat, um es im Sommer auszuschenken:

„Es lässt sich keine bestimmte Zahl für das Hopfen*maß* angeben, weil es hier eigentlich auf die Güte und Frische der Sommerbierkeller ankömmt. Jeder Bierbrauer muß seine Keller kennen *und daher selbst wissen, um wie viel Hopfen er mehr für das Bier, das so in die Monate August und September ausdauern soll, nehmen muß. Einige nehmen zwar gar zu viel Hopfen; solches Bier ist daher bitter und nicht angenehm zu trinken; indeß nehmen doch die meisten zu wenig, und deßhalb gibt es alle Jahre saure, abgestandene Biere."*

Alles schön und gut – aber wie die Biere zu Scharls Zeit wirklich waren, kann man daraus nicht ablesen.

Und dennoch ist es möglich, sich alten Rezepten anzunähern, wie gelungene Beispiele beweisen. Peter Krammer, Besitzer der kleinen Hofstettner Brauerei, ist 2013 auf die ziemlich kühne Idee gekommen, ein Bier nachbrauen zu wollen, wie es im Mühlviertel vor beinahe 300 Jahren gebraut worden ist. Allerdings gelangte er in den Besitz einer „Pier- oder Präuhaus-Rechnung" der Schlossbrauerei Neuhaus von 1720, aus der sich die Zutaten eines Sudes ganz gut errechnen ließen: 310 Kilogramm Emmermalz, 460 Kilogramm Gerstenmalz und 9,1 Kilogramm Hopfen für 4000 Liter Bier. Aus der Gen-Bank der Ages in Linz kam er an vermehrungsfähiges Saatgut alter Gersten- und Emmersorten – der Anbau gelang, ebenso die Vermälzung in der Mälzerei Plohberger.

Die größte Herausforderung war schließlich die Hefe: Man weiß, dass man im 18. Jahrhundert mit einem wilden „Zeug", einem Gemisch verschiedener, jeweils vom letzten Sud übriggebliebener Hefen vergoren hat, wobei sich in der Regel die obergärigen Stämme durchgesetzt haben.

Für sein „Neuhauser Herrschafts Pier" ließ sich Krammer daher einen Hefestamm für „French Farmhouse Ale" kommen. Das Ergebnis: ein sehr fruchtiges Ale mit rundem Körper und Aromen von Orangen und Zitronenschale. Ob es so schmeckt, wie vor 300 Jahren? Wir wissen es nicht. Aber der Versuch hat gelohnt – und der Versuch kann für sich in Anspruch nehmen, der historischen Wahrheit zumindest nahezukommen.

Und man kann es natürlich auch so machen, wie viele der Stars der amerikanischen (oder auch italienischen) Craftbier-Szene, die alte Bierstile aufgegriffen und amerikanisiert oder italienisiert haben. Wir haben daher als Option angegeben, solche Craftbiere nachzubrauen:

>> Stilgerechtes Brauen amerikanischer Bierstile

Hier ist die gesamte Brauwirtschaft wesentlich zurückhaltender. Nur 23 Prozent wollen das in ihrem Betrieb sicher, 32 Prozent vielleicht machen. Braumeister liegen da etwa im Trend, die befragten Sommeliers und die befragten Schweizer waren in diesem Punkt relativ mutiger als die anderen Teilnehmer der Umfrage. Was sich aber ganz deutlich zeigt: Die jüngeren Brancheninsider sind da wesentlich offener als die älteren.

Ganz ähnlich waren auch die Reaktionen auf die Vorschläge, englische oder belgische Bierstile stilgerecht nachzubrauen.

>> Neue Hefestämme

Das ist eindeutig ein Thema für die Braumeister und für die jüngeren Befragten aus der Szene – beide Gruppen antworten mit 45 Prozent, dass sie das sicher machen wollen; im Branchenschnitt sind es nur 37 Prozent. Weitere 35 Prozent der Jungen (ebenso wie der Braumeister) wollen vielleicht mit neuen Hefen etwas probieren.

>> Malze aus anderen Getreiden als Gerste und Weizen

Auch hier zeigen sich Befragte unter 30 überdurchschnittlich experimentierfreudig – 51 Prozent in dieser jungen Gruppe wollen zu neuem Getreide greifen, bei den Braumeistern sind es 38 Prozent, was etwa dem Branchenschnitt entspricht. Besonders aufgeschlossen sind weiters Schweizer und Österreicher, die Befragten aus Deutschland waren in diesem Punkt besonders zurückhaltend.

Die meiste Bereitschaft zu Neuerungen gibt es dort, wo nicht am Produkt selber innoviert werden muss:

>> Individuelle Biergläser

Neue Gläser kann man eigentlich gefahrlos einführen – das wollen 58 Prozent sicher, 27 Prozent vielleicht machen.

>> Individuelle Flaschen

Immerhin 69 Prozent tragen sich mit diesem Gedanken, 31 Prozent offenbar sehr konkret. Dies muss man vor dem Hintergrund sehen, dass sich die Differenzierung in einem ziemlich konzentrierten Markt als überlebenswichtig erweisen kann.

Natürlich muss man dabei auch bedenken, dass die Struktur der Biermärkte auch im deutschen Sprachraum von einer hohen Konzentration gekennzeichnet ist: In Österreich wird knapp über 50 Prozent der jährlichen Bierproduktion von neun Millionen Hektolitern durch die BrauUnion Österreich, also den Heineken-Konzern gestemmt, eine knappe weitere Million Hektoliter kommt von Stiegl. In der Schweiz freut man sich zwar über 623 professionelle Braustätten, fast drei mal so viele wie in Österreich – aber Feldschlösschen, seit 2000 in Besitz der dänischen Carlsberg, ist in der Schweiz mit einem Marktanteil von 42 Prozent die unangefochtene Nummer Eins. Auf Rang Zwei folgt der Heineken-Konzern, der seit 1984 in der Schweiz präsent ist und einen Marktanteil von einem Fünftel hält. Zusammen halten demnach die beiden Branchenriesen über 60 Prozent an der schweizerischen Bierproduktion von 3,42 Millionen Hektolitern – die 600 kleinen Brauereien produzieren dagegen zusammen gerade einmal vier Prozent.

Nicht viel anders sieht es in Deutschland aus: 1388 betriebene Braustätten registrierte das Statistische Bundesamt für das Jahr 2015, ein Plus von 3,1 Prozent immerhin. Zwölf Braustätten

DIFFERENZIERUNGSMÖGLICHKEITEN BEI BIERSPEZIALITÄTEN

Frage 17: Das Bierangebot wird sich ja in den nächsten Jahren weiter differenzieren. Wo sehen Sie in Ihrem Betrieb Möglichkeiten der Differenzierung für Bierspezialitäten? Notieren Sie bitte immer, ob dies in Ihrem Betrieb in den nächsten Jahren sicher gemacht wird (1), vielleicht gemacht wird (2), eher nicht gemacht wird (3) oder sicher nicht gemacht wird (4)!

Dies wird in den nächsten Jahren im Betrieb -	Σ	sicher nicht gemacht	eher nicht gemacht	vielleicht gemacht	sicher gemacht	Σ
Individuelle Biergläser	14		6	8	27	58	85
Stilgerechtes Brauen historischer Braurezepte	20		8	12	40	40	80
neue Hopfenzüchtungen	23		11	12	30	48	78
Ausbildung unserer Mitarbeiter zu Biersommeliers	24		10	14	33	43	76
neue Hefestämme	25		11	14	38	37	75
Malze aus anderen Getreiden als Gerste und Weizen	32		15	17	32	37	69
individuellere Flaschen	39		18	21	29	31	60
Stilgerechtes Brauen englischer Bierstile	43		21	22	32	25	57
Stilgerechtes Brauen amerikanischer Bierstile	46		23	23	32	23	55
Angebot zumindest eines Bio-Bieres	48		23	25	23	30	53
Relaunch unserer Hauptmarke / Hauptsorte	48		19	29	33	19	52
Stilgerechtes Brauen belgischer Bierstile	49		26	23	30	21	51
Neue Zweitmarke	52		23	29	29	18	47
Ausbildung unserer Kunden zu Biersommeliers	55		22	33	29	17	46
Umst. des gesamten Betriebs auf Bio / org. Produktion	79	46	33	16	5		21

Basis: Braumeister, Getränkehersteller, Konsulent, Sommelier, Weinbauer (Ergebnisse in Prozent)

ZUKUNFTSDYNAMIK AUSGEWÄHLTER BIERSTILE

Frage 18: Es gibt ja bei einzelnen Bierstilen Trends, also Sorten, bei denen man Zuwächse erwartet und solche, bei denen man eher einen Rückgang erwartet. Bitte betrachten Sie die folgenden Bierstile UNABHÄNGIG DAVON, OB DIESE IN IHREM SORTIMENT SIND. Wird dieser Bierstil IM DEUTSCHEN SPRACHRAUM künftig an Bedeutung gewinnen (1), in seiner Bedeutung gleich bleiben (2) oder an Bedeutung verlieren (3)?

**Dieser Bierstil
wird im deutschsprachigen Raum**

India Pale Ale (IPA)
alkoholfreies Weizen
Pale Ale
Holzfassgereiftes Bier

Bier mit alternativen Getreidesorten
Bio-Bier
Zwickl / Kellerbier
alkoholfreies Helles / Pils

Stout
belgisches Blond Ale / Abdijbier / Trappistenbier
Fruchtbier / Kriek
Leichtbier

Sauerbiere / Gueuze / Lambic
Englisches Porter
Weizenbock
Gewürzbier

Deutsches / Baltisches Porter
Schwarzbier
Weizen hell
Bock

(Leipziger) Gose
English Style Bitter
Doppelbock
(bayrisches) Helles

Weizen dunkel
Rauchbier
(German Style) Pils
böhmisches Pilsner

(Deutsches) Festmärzen
Altbier
Österreichisches Märzen
Kölsch

Export / Dortmunder

Basis: Braumeister, Gastwirt, Getränkehandel, Getränkehersteller, Konsulent, Sommelier, Weinbauer (Ergebnisse in Prozent)

an Bedeutung verlieren	in seiner Bedeutung gleich bleiben	an Bedeutung gewinnen
9	22	69
5	28	68
6	26	68
6	28	66
7	32	61
7	35	58
3	39	57
9	34	56
8	46	46
9	47	44
15	42	43
27	32	42
20	43	37
11	55	35
13	55	32
24	47	29
16	56	27
15	58	27
6	67	26
17	58	25
20	55	24
15	60	24
20	56	24
12	64	24
13	65	22
18	61	21
18	63	18
13	70	17
15	70	15
19	68	14
18	70	12
15	76	9
33	62	6

market

brauten mehr als zwei Millionen Hektoliter, weitere 15 zwischen einer Million und zwei Millionen – diese 27 Brauereien aber produzierten 53,3 Millionen Hektoliter, das sind 60,3 Prozent der insgesamt 88.423.153 in Deutschland erbrauten Hektoliter.

Aus den 717 deutschen Brauereien, die weniger als 1000 Hektoliter im Jahr brauen – das sind im Wesentlichen die Gasthausbrauereien – kamen 208.972 Hektoliter, demnach brauen diese Kleinstbrauereien im Schnitt 291 Hektoliter im Jahr. Die müssen von der Gastronomie leben, um durchzukommen. Da läge es nahe, Kompetenz aufzubauen. Wir haben daher vorgeschlagen:

>> Ausbildung unserer Mitarbeiter zu Biersommeliers

Rund zwei Drittel der Befragten aus der Branche wollen das vielleicht (33 Prozent) oder sogar sicher (43 Prozent) machen. Die größte Zustimmung kommt von Getränkehändlern und von Getränkeherstellern – relativ zurückhaltend sind die Braumeister, aber auch jene Befragten, die selber neben der Getränkeerzeugung oder dem Getränkehandel ein Gastronomieunternehmen betreiben. Befragte aus Österreich nehmen die Biersommelier-Ausbildung für Mitarbeiter dagegen besonders wichtig.

Nun könnte man ja auch dahingehend investieren, den Kunden – zumindest den Groß- und Gastronomiekunden – eine entsprechende Ausbildung angedeihen zu lassen. Wir haben daher gefragt:

>> Ausbildung unserer Kunden zu Biersommeliers

Diese Idee fällt in Österreich auf relativ fruchtbaren Boden, während die Befragten aus Deutschland in besonders hohem Maße die Kosten und Mühen scheuen, die damit verbunden wären. Braumeister sind ebenfalls überdurchschnittlich ablehnend, während Biersommeliers mit weit überdurchschnittlicher Mehrheit die neue Konkurrenz begrüßen würden.

Zurück zu den Bieren selbst. Wir wollten wissen, wie es um die Bio-Biere steht und gaben vor:

>> Angebot zumindest eines Bio-Bieres"

Von den 651 Branchen-Insidern sagen 30 Prozent, dass sie das sicher, 23 Prozent, dass sie das vielleicht machen werden. Braumeister sind da mit 22 beziehungsweise 17 Prozent deutlich zurückhaltender. Auffallend: Bio ist in Österreich wesentlich eher ein Thema als in anderen Ländern. Wir gingen noch einen Schritt weiter und schlugen vor:

>> Umstellung des gesamten Betriebs auf Bio / organische Produktion

Dies haben bisher nur wenige Betriebe durchgezogen – Neumarkter Lammsbräu war führend, die Brauerei Krieger in Riedenburg hat sich damit als Craftbier-Brauerei etabliert und in Österreich war es die Brauerei Gusswerk, die gleich vom Start weg eine Demeter-Produktion aufgezogen hat. Wobei Gusswerk-Chef Reini Barta das als so selbstverständlich erachtet, dass er auf die Bio-Zertifizierung in seinem Auftritt kaum hinweist und sich auch selbstbewusst von der Einstufung als Craft-Brauer distanziert.

In der Umfrage sagen nur fünf Prozent der Befragten, dass sie eine komplette Umstellung auf Bio „sicher" machen wollen, 16 Prozent sagen vielleicht. Braumeister sind mit fünf beziehungsweise 13 Prozent ähnlich zurückhaltend.

Wir haben uns – und entsprechend auch die Teilnehmer unserer Studie – gefragt: „Über Bio-Biere, also Biere aus ökologisch angebauten Rohstoffen, gibt es verschiedene Meinungen. Bei welchen würden Sie sagen: Ja, so denke ich auch?"Das Wesentliche wäre wohl, dass Bio-Bier irgendwie besser als anderes Bier wäre:

>> Bio-Bier schmeckt besser als Bier aus konventionellen Rohstoffen

Das aber sagen nur sechs Prozent der Männer

und acht Prozent der Frauen, ältere Befragte stimmten signifikant stärker zu als die Befragten unter 30, von denen nur vier Prozent meinen, dass das eine Geschmacksfrage wäre.

Auch von den Braumeistern stimmen nur drei Prozent der Aussage, zu – von den Politikern und Journalisten aber zehn Prozent. Auch hier ist der Unterschied zwischen Befragten aus Deutschland (die zu vier Prozent zustimmen) und denen aus Österreich (neun Prozent Zustimmung) besonders groß.

Umgekehrt war abzutesten:

>> Zwischen konventionell hergestelltem Bier und Bio-Bier gibt es wenig Unterschiede

58 Prozent der 1500 zu diesem Thema befragten Männer und 34 Prozent der 439 befragten Frauen stimmten dem zu.

Die höchste Zustimmung kommt übrigens von denen, die Bio-Bier zu brauen hätten, nämlich von Braumeistern, die zu 68 Prozent kaum Unterschiede sehen.

>> Die Verwendung von Rohstoffen aus ökologischem Anbau ist wichtiger als das Reinheitsgebot

39 Prozent halten diese Ansicht für korrekt – Österreicher und Schweizer etwas deutlicher als Deutsche, besonders hohe Zustimmung kommt von Biersommeliers, besonders geringe von Politikern.

>> Ich kaufe auch sonst bevorzugt Bio-Produkte

Das sagen uns besonders die (wenigen) befragten Frauen, die mit 46 Prozent zustimmen, während von den Männern nur 27 Prozent Bio bevorzugen. Wiederum sind es Österreicher, aber auch Journalisten und Politiker die deutlich überdurchschnittlich oft angeben, zur Öko-Ware zu greifen. Auffallend ist auch, dass der ökologische Landbau das mittlere Alterssegment von 30 bis 60 Jahren besonders anspricht, dass aber jüngere und ältere

Befragte besonders zur Zurückhaltung neigen. Auch innerhalb der Branche ist der persönliche Bio-Konsum weniger verbreitet als bei den Konsumenten in unserer Kontrollgruppe.

Nun muss man wissen, dass in einer anderen Fragestellung – nämlich danach, warum man ein bestimmtes Bier vorziehen würde – nur 26 Prozent aller Befragten gesagt haben, dass sie Bio-Bieren gegenüber anderen Bieren den Vorzug geben würden. Frauen und Befragte aus Österreich, sowie Politiker, Journalisten und Getränkehändler sind allerdings den Bieren mit Zutaten aus organischem Anbau deutlich stärker zugeneigt. Auffallend auch: Jene, die selten Bier trinken, bevorzugen, wenn schon, dann Bio-Biere.

Wir wollten auch wissen, wie streng die ökologische Produktion eigentlich verankert sein sollte. Die vorgegebene Antwort war:

>> Bio-Getreide darf nur von komplett ökologisch wirtschaftenden Betrieben kommen, daher sollte Bio-Bier auch nur von komplett ökologisch wirtschaftenden Brauereien kommen dürfen

Es ist eine Minderheit von 40 Prozent, die diese Forderung teilt – aber auch hier ist es interessant, sich die Zahlen genauer anzusehen: Deutlich über dem Durchschnitt ist nämlich die Erwartung bei Gastwirten und Getränkehändlern ausgeprägt, die Bio-Biere letztlich an Konsumenten weiterverkaufen müssen.

Da ist es natürlich einfacher zu sagen: „Das kommt von einem Bio-Betrieb", als sagen zu müssen: „Das ist eine Spezialität, das ökologische Bier von der Brauerei XY". Das provoziert ja geradezu die Konsumentenfrage, was für ungesundes Zeug wohl in die übrigen Biere gekippt würde. Und, wie aus den anderen Antworten ersichtlich: Es ist auch nicht leicht zu erklären, dass Bio-Bier einfach besser wäre.

Allerdings gibt es eine allgemein anerkannte Einschätzung:

AUSSAGEN ZU BIO-BIER

Frage 29: Über Bio-Biere, also Biere aus ökologisch angebauten Rohstoffen, gibt es verschiedene Meinungen. Bei welchen würden Sie sagen: Ja, so denke ich auch?

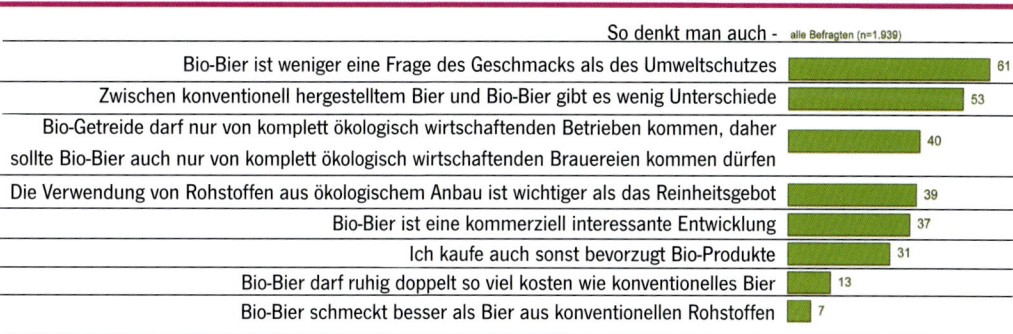

So denkt man auch - alle Befragten (n=1.939)

Bio-Bier ist weniger eine Frage des Geschmacks als des Umweltschutzes	61
Zwischen konventionell hergestelltem Bier und Bio-Bier gibt es wenig Unterschiede	53
Bio-Getreide darf nur von komplett ökologisch wirtschaftenden Betrieben kommen, daher sollte Bio-Bier auch nur von komplett ökologisch wirtschaftenden Brauereien kommen dürfen	40
Die Verwendung von Rohstoffen aus ökologischem Anbau ist wichtiger als das Reinheitsgebot	39
Bio-Bier ist eine kommerziell interessante Entwicklung	37
Ich kaufe auch sonst bevorzugt Bio-Produkte	31
Bio-Bier darf ruhig doppelt so viel kosten wie konventionelles Bier	13
Bio-Bier schmeckt besser als Bier aus konventionellen Rohstoffen	7

›› Bio-Bier ist weniger eine Frage des Geschmacks als des Umweltschutzes"

Dem stimmen 61 Prozent der Befragten zu, Junge in ganz besonders hohem Maße, ebenso Braumeister, Biersommeliers und Getränkehersteller.

Mit einer anderen Fragestellung wollten wir wissen, welchen Bierstilen Zukunft gegeben wird und welche Biere eher wenig Potenzial haben. Genau lautete die Frage, die wir an Braumeister, Gastwirte, Getränkehändler, Getränkehersteller und Sommeliers gestellt haben: „Es gibt ja bei einzelnen Bierstilen Trends, also Sorten, bei denen man Zuwächse erwartet und solche, bei denen man eher einen Rückgang erwartet. Bitte betrachten Sie die folgenden Bierstile unabhängig davon, ob diese in Ihrem Sortiment sind. Wird dieser Bierstil im deutschen Sprachraum künftig an Bedeutung gewinnen, in seiner Bedeutung gleich bleiben oder an Bedeutung verlieren?"

Interessanterweise haben dabei immerhin 58 Prozent der Befragten aus der Branche gemeint, dass Bio-Bier an Bedeutung gewinnen würde, nur sieben Prozent gehen von einem Rückgang aus. Und es sind auffallenderweise die Jungen, die sich in den vorherigen Fragestellungen eher zurückhaltend zum Thema Bio geäußert hatten, die hier besonders von einem Bedeutungsgewinn ausgehen.

Star in dieser Fragestellung ist das India Pale Ale – hier nehmen 69 Prozent an, dass da Wachstum drinnen sein muss. Und man wundert sich, wer wohl jene neun Prozent der Befragten sind, die glauben, dass die IPA-Welle wieder abebben würde. Es sind vor allem ältere Befragte, die dem für unseren Sprachraum neuen Stil misstrauen, während von den 259 in der Stichprobe für diese Frage vertretenen Sommeliers 80 Prozent einen weiteren Bedeutungsgewinn, aber nur drei Prozent einen Bedeutungsverlust erwarten.

Wobei es sinnvoll sein kann, die kritischen Anmerkungen durchzulesen, die Fritz Briem in einem Interview des *FAZ*-Kollegen Uwe Ebbinghaus für dessen Blog Reinheitsgebot gemacht hat. Briem, der sich sowohl als Brauwissenschaftler bei Doemens und in Weihenstephan als auch als Praktiker (Braumeister bei Boon Rawd, Geschäftsführer der Hefebank Weihenstephan) einen Namen gemacht hat, argumentiert, dass Craftbiere wenig zur Biervielfalt beizutragen haben, weil sich eben jeder Brauer, der eine Innovation sucht, eben mit einem IPA beschäftigt:

„An den Verbraucher wird momentan kommuniziert, dass erst jetzt, mit der deutschen Craft-Szene, erstmals die wahren Biere auf den Markt kommen. Für mich als Brauer ist das, auf Bayerisch gesagt, a Watschn. Wir waren die einzigen auf der Welt, die vernünftige Brauer ausgebildet haben. Bei uns ist das ein Lehrberuf, ein Studium, du kannst promovieren drauf. Das heißt, wir haben in der Regel ein sehr fundiertes Wissen darüber, was wir tun. ...

Was mich stört, ist folgendes: Wir sind jetzt dankbar, dass das Bier wieder Wertigkeit bekommt und nennen den Trend dahinter ‚Craft-Trend'. Warum brauche ich dafür ein Wort aus dem Amerikanischen, das ich erstmal ins Deutsche übersetzen muss? Und da geht es schon los, die Übersetzung ist ein Riesen-Problem. ...

Oft wird gesagt, Craft bedeute Vielfalt, ich sage: Craft bedeutet null Vielfalt. 90 Prozent der Craftbiere sind IPAs und Double-IPAs. Und der Ottonormalverbraucher kennt nicht mal den Unterschied, der sagt nur: Mensch, ist das bitter. ...

Nehmen wir mal das Hopfenstopfen im Lagertank. Das ist ‚Brewing for Dummies'. Da schmeißen sie hinten so viel Hopfen rein, dass alles überdeckt wird, was vorne falsch gemacht wurde. Was brauche ich da noch für ein Technologieverständnis? Da kaufe ich mir irgendein Restbier, stopfe das gehörig mit Hopfen und habe anschließend ein Super-IPA."

Briem hat alles Recht, Craft-Brewern die Leviten zu lesen – nicht nur wegen seiner eigenen Lehrtätigkeit bei Siebels in Chicago, sondern auch, weil Briem sich große Verdienste um die Erhaltung be-ziehungsweise Wiederbelebung des Grätzer Bierstils erworben hat. Dieser leichte Bierstil galt im 19. Jahrhundert, als die heute polnische Stadt Grodzisk Wielkopolski unter ihrem deutschen Namen Grätz zum Königreich Preußen gehörte, als eines der deutschen Edelbiere. Als „Grodziskie" überlebte der durch geräuchertes Weizenmalz und eine leichte Säure geprägte Bierstil alle historischen Wirren, inklusive der Vertreibung der Deutschen 1945 und der Kommunisten 1989 – aber 1994 wurde das Brauen eingestellt.

Inzwischen aber gibt es das Bier wieder, auch wenn es die meisten Braumeister wohl nicht einmal mehr vom Hörensagen kennen. Wir haben es daher nicht einmal in unsere Umfrage zu den Bierstilen aufgenommen.

Die Grafik zu dieser Umfrage zeigt, dass IPA, Pale Ale und alkoholfreiem Weizen von den mehr als 800 Befragten aus der Branche die größte Dynamik zugetraut wird, während Export, Kölsch, Märzen, Alt und Pils eher wenig Zuwächse zugetraut werden.

Nun muss man sehen, dass dies teilweise Stile sind, die nur regionale Bedeutung haben – österreichisches Märzen trinkt man eben nur in Österreich; aber auch die österreichischen Befragten sagten nur zu 17 Prozent, dass der Stil wachsen wird, 15 Prozent der österreichischen Brancheninsider sagten einen Rückgang voraus.

Anders beim deutschen Festmärzen, dem immerhin 22 Prozent der deutschen Brancheninsider eine positive Zukunft voraussagen. Allerdings: Unter den jungen Befragten sieht nur jeder Elfte eine gute Entwicklungsmöglichkeit für den Stil.

Beim Altbier sieht es so aus, dass österreichische und Schweizer Befragte sowie Befragte unter 40 Jahren von dem Stil überdurchschnittliche Dynamik erwarten – die deutschen Befragten allgemein und die nicht-technischen Mitarbeiter von Getränkeherstellern im Besonderen sind da deutlich zurückhaltender.

Die Bockbiere werden von 25 Prozent als Zukunftsthema gesehen, besonders von Deutschen und Schweizern – während in Österreich jeder vierte Befragte von einem Rückgang (den es hier, anders als in Deutschland, auf dem Markt auch tatsächlich gibt) ausgeht. Fans hat das Bockbier unter Befragten zwischen 30 und 50 sowie erwartungsgemäß unter Sommeliers.

Die besten Aussichten im Bereich der deutschstämmigen Starkbierstile hat der Weizenbock, dem rund jeder dritte Befragte eine gute Zukunft voraussagt (nur 13 Prozent eine schlechte) – in Österreich, wo der Stil erst in den vergangenen Jahren überhaupt Fuß gefasst hat, ist die Einschätzung eher zurückhaltend. Auffallend ist, dass bei allen drei abgefragten Starkbierstilen Männer deutlich mehr Perspektive sehen als Frauen.

Leichtbier dagegen sehen 42 Prozent als potenziell zukunftsträchtig an – allerdings nicht als so zukunftsträchtig wie alkoholfreies Bier (56 Prozent).

Und: 27 Prozent sagen dem Leichtbier im Gegenteil einen Rückgang voraus. Es sind vor allem die von uns befragten Gastronomen (und ihre Mitarbeiter) sowie die Befragten aus Österreich, die dem Leichtbier eine Chance geben würden – professionelle Braumeister beurteilen die Chancen schlechter als der Durchschnitt.

Was wir uns schließlich noch angesehen haben, ist die Bedeutung des Internets in der Branche. Befragt haben wir dazu 937 Stakeholder der Branche, wobei Politiker und reine Konsumenten bewusst ausgeklammert wurden.

Hier lässt sich zeigen, dass Facebook die wichtigste Anwendung ist.

56 Prozent nutzen das Facebook-Netzwerk für den Unternehmensauftritt, bei den Getränkeherstellern sind es sogar 77 Prozent. Zudem wird das persönliche Facebook-Profil vor allem von Befragten unter 40 als wichtige Möglichkeit gesehen, beruflich zu kommunizieren.

NUTZUNG VON E-COMMERCE BEI BIER
ZUKÜNFTIGE ENTWICKLUNG VON E-COMMERCE

Frage 28: Es wird ja in letzter Zeit auch viel über E-Commerce, also die Nutzung des Internets für den Handel, gesprochen. Bezogen auf Bier und die Brauwirtschaft: In welchen Bereichen nutzen Sie E-Commerce?

Frage 28x: Wenn Sie an die zukünftige Entwicklung von E-Commerce denken (bezogen auf Bier und Brauwirtschaft), welche Kanäle werden an Bedeutung gewinnen, bei welchen sehen Sie keine Veränderung in der Zukunft und welche werden an Bedeutung verlieren?

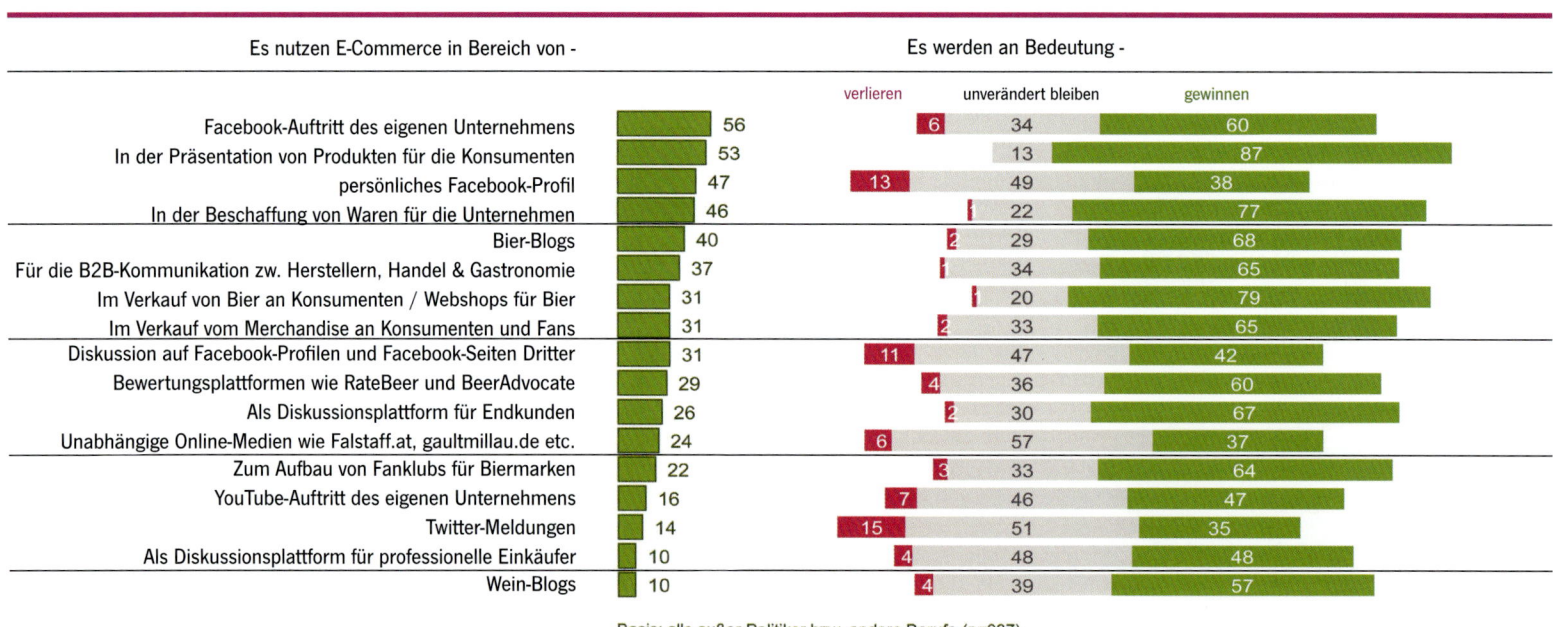

Es nutzen E-Commerce in Bereich von -	Es werden an Bedeutung -		
	verlieren	unverändert bleiben	gewinnen
Facebook-Auftritt des eigenen Unternehmens	56	6	34	60
In der Präsentation von Produkten für die Konsumenten	53		13	87
persönliches Facebook-Profil	47	13	49	38
In der Beschaffung von Waren für die Unternehmen	46	1	22	77
Bier-Blogs	40	2	29	68
Für die B2B-Kommunikation zw. Herstellern, Handel & Gastronomie	37	1	34	65
Im Verkauf von Bier an Konsumenten / Webshops für Bier	31	1	20	79
Im Verkauf vom Merchandise an Konsumenten und Fans	31	2	33	65
Diskussion auf Facebook-Profilen und Facebook-Seiten Dritter	31	11	47	42
Bewertungsplattformen wie RateBeer und BeerAdvocate	29	4	36	60
Als Diskussionsplattform für Endkunden	26	2	30	67
Unabhängige Online-Medien wie Falstaff.at, gaultmillau.de etc.	24	6	57	37
Zum Aufbau von Fanklubs für Biermarken	22	3	33	64
YouTube-Auftritt des eigenen Unternehmens	16	7	46	47
Twitter-Meldungen	14	15	51	35
Als Diskussionsplattform für professionelle Einkäufer	10	4	48	48
Wein-Blogs	10	4	39	57

Basis: alle außer Politiker bzw. andere Berufe (n=937)

Die Diskussion auf Facebook-Profilen und Facebook-Seiten Dritter wird dagegen nur von 31 Prozent aktiv praktiziert. Twitter scheint für das Business bisher dagegen kaum eine Rolle zu spielen – nur 14 Prozent nutzen den Kurznachrichtendienst beruflich, hier stechen die Fachjournalisten und Pressesprecher deutlich heraus. Allerdings gehen 35 Prozent davon aus, dass Tweets an Bedeutung zunehmen werden.

Ähnlich Youtube: Den Videodienst nutzen 16 Prozent für einen Auftritt des eigenen Unternehmens – aber 47 Prozent gehen davon aus, dass das an Bedeutung gewinnen wird. Besonders die befragten Österreicher, die Journalisten und die Getränkehersteller selbst rechnen damit. Von den Braumeistern dagegen rechnet etwa jeder Zehnte, dass die Bedeutung von Youtube wieder zurückgehen wird.

Was zudem interessant erscheint, ist die Zukunftseinschätzung. Wir fragten: „Wenn Sie an die zukünftige Entwicklung von E-Commerce denken (bezogen auf Bier und Brauwirtschaft), welche Kanäle werden an Bedeutung gewinnen, bei welchen sehen Sie keine Veränderung in der Zukunft und welche werden an Bedeutung verlieren?"

>> Präsentation von Produkten für die Konsumenten

56 Prozent der Stakeholder der Branche nutzen das Internet quasi als Auslage – und 87 Prozent meinen, dass diese Form der elektronischen Kommunikation noch an Bedeutung gewinnen wird.

>> Verkauf von Bier an Konsumenten / Webshops für Bier

Bisher erst bei 31 Prozent verankert, sehen doch 79 Prozent hier eine wachsende Bedeutung. Es sind vor allem jüngere Befragte, die hier eine große Zukunft annehmen. Braumeister und Sommeliers sind ebenfalls überdurchschnittlich stark der Meinung, dass man künftig über Webshops mehr Bier verkaufen kann.

>> Beschaffung von Waren für die Unternehmen

Mit 77 Prozent die drittmeist favorisierte Zukunftsentwicklung für die Bierbranche – und immerhin schon von 46 Prozent genutzt.

>> Bier Blogs

Bereits an vierter Stelle kommen Bierblogs – Google findet ja allein in der deutschsprachigen Suche etwa 63.900 Einträge zum Thema, wobei „Werners Bierblog" des studierten (und in Böblingen den Beruf auch ausübenden) Braumeisters Werner Dinkelaker ganz oben steht. Auch Volker Quantes Brunnenbräu-Blog (brunnenbraeu.eu) oder Mareike Hasenbecks Feiner Hopfen (feinerhopfen.com) und die von Nina Anika Klotz gestaltete Seite www.hopfenhelden.de haben im deutschen Sprachraum großen Einfluss gewonnen. 68 Prozent der Brancheninsider rechnen damit, dass solche Blogs weiter Bedeutung gewinnen werden – Sommeliers, Fachjournalisten und Getränkehändler sind besonders überzeugt davon.

Dazu kommt, dass 57 Prozent auch in Wein-Blogs eine Zukunftschance sehen, Bierthemen zu kommunizieren.

>> Bewertungsplattformen wie RateBeer und BeerAdvocate

Aufgrund der hohen Teilnehmerzahlen – wobei sich viele Verkoster bei den verbalen Beschreibungen große Mühe geben und insgesamt eine hohe Professionalität zeigen – sind die beiden internationalen Bewertungsplattformen sehr verlässlich. Gerhard Schoolmann, selbst Gastronom im Café Abseits in Bamberg und ein sehr umsichtiger Blogger (bier.abseits.de), hat herausgefunden, dass ein identisches Bier, das von einer Brauerei für eine andere im Lohnbrauverfahren hergestellt wird, bei Ratebeer tatsächlich beinahe identische Bewertungen erfahren hat. Nur bei der Stilgerechtigkeit gab es deutliche Unterschiede – da nämlich diese unterschiedlich benannten, aber identischen Biere

mit verschiedenen Stilbezeichnungen eingetragen waren. Schoolmanns Tipp geben wir gerne weiter:

„Das Ergebnis führt zu meinem Ratschlag für Brauereien: Sie sollten ihre Biere selbst auf RateBeer.com eintragen und dabei auf den Bierstil achten, dem sie ihr Bier zuordnen."

Zumal wir aus der Umfrage sehen, dass 60 Prozent der Befragten dem Thema Bewertungsplattformen steigende Bedeutung attestieren.

Allgemeiner gefragt, ob das Internet als „Diskussionsplattform für Endkunden" an Bedeutung gewinnen wird, sagen sogar 67 Prozent ja.

Ganz wichtig dürfte jedenfalls der Aufbau einer breiten Fanbasis sein.

>> Verkauf von Merchandise an Konsumenten und Fans

Damit befassen sich nach eigener Angabe schon jetzt 31 der Befragten – vor allem natürlich die nicht-technischen Mitarbeiter von Brauereien, wo die Zahl auf 59 Prozent springt. Österreich ist in dieser Frage übrigens ein wenig hinter den anderen deutschsprachigen Ländern hintennach.

Auf die Frage, ob das Bedeutung gewinnt, sagen 65 Prozent ja – und zwar durchgängig in allen mit der Bierbranche befassten Berufen.

>> Aufbau von Fanklubs für Biermarken

Das ist bereits jetzt für 22 Prozent ein Thema – Braumeistern und anderen Mitarbeitern von Getränkeherstellern ist es ein besonderes Anliegen. Auch Biersommeliers fühlen sich besonders berufen, da mitzumachen. Und als Zukunftsthema begreifen es 64 Prozent – Fachjournalisten übrigens noch mehr als die anderen Beteiligten der Branche.

VERBOTE, VERBOTE, VERBOTE

Vielleicht muss man Biertrinker beschimpfen, wenn man erfolgreich Bier verkaufen will. Vielleicht muss man sich vom Alkoholmissbrauch distanzieren, wenn man erfolgreich Bier verkaufen will. AB-Inbev hat es beim Superbowl 2016 mit beidem versucht. 25 Millionen Dollar hat der Konzern für die traditionell teuerste Werbezeit des Jahres während des meistgesehenen Sportereignisses in den USA hingeblättert – um die englische Oscar-Preisträgerin Helen Mirren („The Queen") alkoholisierte Autofahrer in eindringlichen Worten als „kurzsichtige, völlig nutzlose, sauerstoffverschwendende menschliche Form der Umweltbelastung" abzukanzeln. Die Agentur Anomaly hat damit wohl den Zeitgeist getroffen, als sie die Schauspielerin einfach mit einem Bier (das nur bei genauem Hinsehen als Budweiser zu erkennen war) vor die Kamera setzte und loslegen ließ:

„Hello. I'm Helen Mirren, a notoriously frank and uncensored British lady. The collective we are dumbfounded that people still drive drunk. So I'll sum it up like this. If you drive drunk, you, simply put, are a short-sighted, utterly useless, oxygenwasting human form of pollution. A Darwin award-deserving, selfish coward. If your brain was donated to science, science would return it. So stop it. Now the chances are you're a fun, solid, respectable human being. Don't be pillock. Your friends and family thank you. The friends and family of other drivers thank you. Your future self thanks you. This is supposed to be fun. Cheers."

Nun muss man wissen: „Driving under the Influence" (DUI) ist in den USA ein heftig emotional gefärbtes Thema, die Organisation „Mothers Against Drunk Driving" (MADD) kampagnisiert seit 1980 gegen Alkohol, nicht nur gegen seinen Missbrauch im Straßenverkehr, sondern auch als „Droge", die angeblich alle Menschen unter 21 gefährde.

In den USA gibt es im Schnitt täglich 27 Tote durch Alkohol am Steuer, insgesamt 9967 im Jahr 2014. Zum Vergleich: In Österreich starben 27 Menschen im Jahr 2015 durch Alkohol im Straßenverkehr. In der Schweiz waren es ebenfalls 38 im Jahr 2015, in Deutschland waren es 260 Alkoholtote im Straßenverkehr. Ohne etwas beschönigen zu wollen, muss man darauf verweisen, dass Deutschland im Jahr 1992 noch 2102 Alkoholopfer im Verkehr zu beklagen hatte, in Österreich waren es damals 123. Die Aufklärungspolitik, die Etablierung des „Genusses mit Verantwortung" und die Senkung der Promillegrenze auf 0,5 Promille im Straßenverkehr 1998 in Österreich und kurz darauf in Deutschland sowie 2005 in der Schweiz haben also durchaus ihre Erfolge zu verbuchen.

Aus Sicht der Bierwirtschaft muss man zweierlei festhalten: Alkohol im Straßenverkehr tötet Menschen. Straßenverkehr trägt aber auch zum Lokalsterben bei. Wir haben eine über mehrere Jahrtausende gewachsene Bierkultur – aber eine erst etwas mehr als ein Jahrhundert während Erfahrung mit motorisiertem Straßenverkehr. Es ist natürlich auch eine kulturelle Frage: Ist uns die Kultur der Gastlichkeit oder die Kultur der Mobilität mehr wert? Bisher hat die Antwort leider gelautet, dass das Autofahren wichtiger ist als die Erhaltung der Gastronomie – speziell auf dem flachen Land.

Und wenn die Brauwirtschaft da nicht klar erkennt, dass die Autokultur (und damit die Automobilwirtschaft) der wesentliche Gegner ist, wird sie immer damit leben müssen, dass sie unter Druck der Prohibitionisten kommt. Jeder Verkehrstote, in dessen Umfeld auch nur ein Tropfen Alkohol gefunden wird, wird den Prohibitionisten als Argument dienen, die Alkoholwirtschaft einzuschränken.

Nur wenn es gelingt, unsere Gesellschaft und unsere Wirtschaftsstrukturen regionaler zu gestalten und die Mobilität vom Lenken eines Autos zu entkoppeln (wozu freilich auch selbstfahrende Autos in absehbarer Zeit ihren Beitrag leisten können), wird diese Front entspannt werden können.

Tatsächlich gibt es ja ein Umdenken – in vielen Großstädten mit akzeptabler öffentlicher Verkehrsstruktur haben junge Menschen schon kein Auto mehr, viele haben nicht einmal einen Führerschein. Gut so.

Für den ländlichen Raum warten wir noch auf Lösungen. Bis dahin ist die Brauwirtschaft auf die Defensivpositionen angewiesen, wie sie aus dieser Aussendung des Verbands Bayerischer Privatbrauereien vom 27. Februar 2012 sprechen:

„Wieder tauchen neue Forderungen nach einer Nullpromillegrenze im Straßenverkehr auf, dieses Mal von den Bayerischen Ministerien für Inneres und Kultur. Wieder werden pauschal Fahrer unter Alkoholeinfluss als wesentliche Ursache von Verkehrsunfällen dargestellt und daraus die Absenkung der Promillegrenze von heute 0,5 auf null Promille gefordert. Derartige Forderungen gehen aber an aktuellen Entwicklungen im Verkehrsunfallgeschehen vorbei, wären hingegen das wirtschaftliche Aus für die Landgastronomie. Laut offizieller Verkehrsunfallstatistik sind Alkoholunfälle im Zeitraum 2001 bis 2010 um 38,9 Prozent zurückgegangen, während im gleichen Zeitraum die Anzahl der Verkehrsunfälle um ein Prozent gestie-

gen ist. Der Anteil der Alkoholunfälle beträgt 1,6 Prozent an allen Unfällen. ... Weiter ist in diesem Zusammenhang wichtig, inwieweit Handlungsbedarf bei der Promillegrenze besteht, sprich mit welchem Blutalkoholwert Unfallbeteiligte mit Alkoholeinfluss vorgefunden wurden. Auch hier zeigen die Zahlen der Verkehrsunfallstatistik ein eindeutiges Bild: Nur ein Anteil von 5,2 Prozent aller an Unfällen mit Personenschäden alkoholisierten Beteiligten hatte eine Blutalkoholkonzentration zwischen 0,1 und 0,5 Promille. Das heißt, alle anderen an Unfällen beteiligte Fahrer mit Alkoholeinfluss hatten eine Blutalkoholkonzentration, die bereits heute gesetzeswidrig ist und mindestens mit Führerscheinentzug und Bußgeld geahndet wird. ... Eine Absenkung der Promillegrenze hätte keine messbaren Auswirkungen auf das Unfallgeschehen. Hingegen würde eine Nullpromillegrenze existenzbedrohende Umsatzeinbrüche für die Landgastronomie nach sich ziehen, eine Gastronomieform, die von der mobilen Erreichbarkeit lebt. Die Privaten Brauereien Bayern wenden sich eindeutig gegen Änderungen der Promillegrenze, es handelt sich bei diesen Forderungen um eine reine Schaufensterpolitik, ohne Wirkungen auf die Unfallstatistik. Es geht beim Thema Alkohol und Verkehr allein um die Kontrolle bestehender Gesetze und hier zeigt die Entwicklung einen äußerst positiven Trend. "

Man würde gerne jedes Wort davon unterschreiben – aber die Stimme der Branche, wird nicht gehört, weil sie interessensgelenkt ist. Auch wenn es die Stimme der Vernunft ist. Populär ist das leider nicht. Und Politiker neigen zum Populismus. Unsere Umfrage liefert dafür viele Belege:

›› Junge Leute kommen viel zu leicht an Alkohol, den sie eigentlich nicht trinken dürften

Dies scheint die größte Sorge der befragten Politiker zum Thema Alkohol zu sein – mit 66 Pro-

zent mehr oder weniger starker Zustimmung liegen die Politiker merklich über dem Durchschnitt von 60, wobei sie in der Kategorie „auf jeden Fall" überhaupt die Gruppe mit den stärksten Nennungen sind. Der auch in der Branche befürworteten strengeren Überwachungen der Promillegrenze wird ebenfalls Unterstützung zuteil:

›› Autofahrer müssten viel stärker auf Einhaltung der Promillegrenze kontrolliert werden

63 Prozent der Politiker sind dafür – wieder signifikant über den 54 Prozent des Durchschnitts der Befragten. Sie können sich darin einig mit den Medienleuten sein, die diese Forderung ebenfalls gerne transportieren.

Es geht aber noch schärfer:

›› Im Straßenverkehr sollte 0,0 Promille mit null Toleranz gelten

Dieses Ziel wird von beachtlichen 39 Prozent der befragten Politiker mehr (21 Prozent) oder weniger (18 Prozent) deutlich verfolgt – gegenüber 29 Prozent der Gesamtstichprobe. Allerdings sind Menschen, die selten oder gar kein Bier trinken da sogar noch strenger und wünschen sich zu 44 Prozent die Null-Toleranz gegenüber Alkohol im Straßenverkehr.

Der Straßenverkehr ist aber nur eine von vielen Fronten, an denen prohibitionistische Tendenzen auf unsere Branche wirken.

Und zwar teilweise mit bizarr wirkenden Argumenten, die aber, wenn sie oft genug wiederholt werden, irgendwann im Mainstream ankommen. Wir haben das ja beim Rauchen erlebt: Noch vor 40 Jahren wurde es quasi als Menschenrecht betrachtet, dass man praktisch überall rauchen durfte – selbst an Schulen wurden „Raucherzimmer" eingerichtet, damit Jugendliche in den Pausen Nikotin konsumieren können.

In ihrer Regelungswut haben Gesundheitsbürokraten in den letzten Jahren das „Passivtrinken"

entdeckt. Der Begriff muss erst einmal erklärt werden: Während Passivrauchen die Schädigung durch das Einatmen des Tabakrauchs, den andere erzeugt haben, bedeutet, muss man sich unter Passivtrinken vorstellen, dass jemand Schaden nimmt, der anderen beim Konsum von Alkohol zusieht.

Der könnte ja ein schlechtes Vorbild abgeben. Für wen? Für Kinder natürlich! Deshalb gibt es ja in manchen Ländern strenge Regelungen, in welcher Art Galträume sich Kinder aufhalten dürfen. Das gilt keineswegs nur für englische Pubs, das zieht sich durch alle möglichen Jugendschutzbestimmungen. Dabei war es kein geringerer als George Orwell, der in seiner fiktiven Lokalkritik für das „Moon Under Water", erschienen am 9. Februar 1946 im *Evening Standard*, darauf verwiesen hat, dass es eigentlich dumm ist, Kinder aus Pubs auszuschließen – weil damit auch Frauen mehr oder weniger aus der Biergastronomie verdrängt würden: Im Moon Under Water ist es ruhig genug, dass man dort plaudern kann; es gibt eine freundliche Bedienung, Essen zu fairen Preisen, Stout vom Fass. Und womöglich ein Gastgarten: „So vielfältig die Vorzüge des Moon Under Water sein mögen, denke ich doch, dass der Garten seine beste Einrichtung ist, denn er erlaubt ganzen Familien auszugehen anstatt dass Mutti daheim beim Baby bleiben muss während Papa allein ausgeht."

Wir haben daher das Statement abgetestet:

›› Es ist schädlich für Kinder, wenn sie sehen, wie Erwachsene Alkohol konsumieren

Immerhin sieben Prozent der Befragten haben völliges Einverständnis damit bekundet, weitere 17 Prozent ein teilweises. Frauen sind wesentlich stärker als Männer dieser Ansicht, die Zustimmung korreliert zudem mit dem Alter. Auffallend: Politiker sind in besonders hohem Maß der Ansicht, dass diese Einschätzung stimmt. 12 Pro-

AUSSAGEN ZUM THEMA ALKOHOL

Frage 12: Hier stehen verschiedene Aussagen über die Gastronomie und über Alkohol. Bei welchen würden Sie sagen: Ja, so denke ich auch?

Es denken genau so -	Σ	auf keinen Fall	eher nicht	teils teils	eher schon	auf jeden Fall	Σ
Bier gehört zur Kultur in unserem Land	3			2 6	24	68	92
Eine Brauerei wirkt identitätsstiftend für die Region, in der sie steht	3			2 8	41	47	88
Verantwortungsvollen Umgang mit Alkohol lernen Kinder am besten in der Familie	2			2 12	33	53	86
Wein gehört zur Kultur in unserem Land	4			3 12	33	51	84
Großkonzerne dominieren den Markt für alkoholische Getränke zu stark	6			5 16	36	42	78
Wer alkoholische Getränke verantwortungsvoll genießt, ist nicht suchtgefährdet	7			2 5 16	32	45	77
Wein hat heute ein besseres Image als vor zehn oder 20 Jahren	10			9 20	35	34	69
Junge Leute kommen viel zu leicht an Alkohol, den sie eigentlich nicht trinken dürften	14		3 11	27	36	24	60
Autofahrer müssten viel stärker auf Einhaltung der Promillegrenze kontrolliert werden	21	6	15	25	28	26	54
Die Brauereien kümmern sich ausreichend um Biervielfalt	17	3	14	31	35	17	52
Spirituosen gehören zur Kultur in unserem Land	21	4	17	28	31	20	51
Junge Leute sollten generell erst ab 18 Alkohol konsumieren dürfen	34	9	25	22	25	19	44
Die Politik sollte Schnaps stärker besteuern	49	20	29	17	20	14	34
Im Straßenverkehr sollte 0,0 Promille mit null Toleranz gelten	61	32	29	10	14	15	29
In Sportstätten sollte nicht für alkoholische Getränke geworben werden dürfen	48	17	31	24	15	13	28
Die staatliche Suchtprävention sollte schärfer gegen Alkohol vorgehen	39	13	26	34	19	9	28
Die Alkoholpolitik sollte europaweit vereinheitlicht werden	55	28	27	18	18	9	27
Bier ist ein Volksgetränk, es sollte unbedingt billig angeboten werden	46	12	34	30	17	8	25
Kinder sollten – wie in England – auch bei uns nicht in Bierlokale dürfen	55	24	31	20	15	9	24
Die Politik sollte Wein stärker besteuern	67	32	35	11	12	10	22
Werbung für Bier sollte nur mehr in Gaststätten, aber nicht in den Medien erlaubt sein	74	40	34	14	8	4	12
Bierwerbung ist für Alkoholmissbrauch mitverantwortlich	72	29	43	17	8	3	11
Alkoholismus ist in meinem Umfeld ein großes Problem	71	23	48	21	7	2	9
Wein trinken ist gesünder als Bier trinken	68	37	31	25	5	2	7
Die Politik sollte Bier stärker besteuern	89	59	30	6	3	2	5

Basis: Befragung in Bierzielgruppen (Ergebnisse in Prozent)

market

zent der befragten Politiker sind völlig der Meinung, dass Kinder nicht sehen sollte, wie Erwachsene Alkohol trinken, 23 Prozent nehmen zumindest eine teilweise Schädigung an.

Orwell bezog ganz klar Stellung dafür, dass Kinder in Bierlokalen wohlgelitten sein sollten:

„And though, strictly speaking, they are only allowed in the garden, the children tend to seep into the pub and even to fetch drinks for their parents. This, I believe, is against the law, but it is a law that deserves to be broken, for it is the puritanical nonsense of excluding children – and therefore, to some extent, women – from pubs that has turned these places into mere boozing-shops instead of the family gathering-places that they ought to be."

Nun ja: Es gibt im deutschen Sprachraum gar nicht so wenige Leute, die die englischen Regeln auch bei uns einführen wollen

›› Kinder sollten – wie in England – auch bei uns nicht in Bierlokale dürfen

Da stimmen neun Prozent der Befragten völlig und weitere 15 Prozent eher schon zu. Frauen nehmen eine deutlich stärkere Verbotshaltung ein, ebenso sehr alte Befragte. Politiker stimmen auch in dieser Frage stärker als der Rest der Bevölkerung für Restriktionen.

Wir haben schon an anderer Stelle darauf hingewiesen: Politiker geben ein auffallend zurückhaltenderes Urteil über das Image von Bier ab als der Rest der Bevölkerung: Von den Politikern sehen nur 61 Prozent ein verbessertes Bier-Image – im Selbstbild der Branche dagegen liegt der Schnitt bei 83 Prozent, und sogar Nicht-Biertrinker erleben zu immerhin 69 Prozent eine Verbesserung des Ansehens von Bier.

Überdurchschnittliche 36 Prozent der Politiker neigen dagegen zur Aussage, dass das Ansehen des Bieres allenfalls unverändert geblieben wäre.

Auch in anderen Bereichen weicht das Urteil der von uns befragten Politiker deutlich vom Bild innerhalb der Branche, aber auch von dem der durchschnittlichen Konsumenten ab.

Politiker meinen auch überdurchschnittlich oft, dass Biertrinker zum Alkoholismus neigten. Und etliche stellen sich an die Spitze einer Verbotskultur, die inzwischen auch von deutschen Gerichten gepflegt wird. Bekannt wurde die Schlappe für die Brauerei Härle aus dem schwäbischen Leutkirch: Das Unternehmen hat für sein Bier mit dem Begriff „bekömmlich" geworben. Aber das darf es nicht, wie das Oberlandesgericht Stuttgart im November 2016 in zweiter Instanz entschieden hat.

Die Juristen haben da ziemlich viel getüftelt: Nach den gängigen Wörterbüchern sei „bekömmlich" gleichzusetzen mit „zuträglich", „leicht verdaulich" oder „gesund". Auch der Begriff „zuträglich" schließe nicht nur ein allgemeines Wohlbehagen ein, sondern sei im Sinne eines „Langzeitversprechens" zu verstehen, dass das beworbene Lebensmittel auch bei längerem Konsum in keiner Weise schade. Dass manche Konsumenten die Brauerei der Beklagten mit dem Werbespruch „Wohl bekomm's" in Verbindung brächten, schränke den Aussagegehalt nicht ein. „Wohl bekomm's" sei – im Sinne eines Trinkspruchs – ein Wunsch. „Bekömmlich" dagegen ein Versprechen.

Hintergrund ist ein Zwist zwischen der Brauerei und dem Verband Sozialer Wettbewerb (VSW) aus Berlin.

Der Verband Sozialer Wettbewerb ist ein in Berlin ansässiger Wettbewerbsverband, der sich darauf spezialisiert hat, unlautere Wettbewerbshandlungen mit Abmahnungen oder Klagen zu verfolgen. Der Verband selber nimmt für sich in Anspruch, den unlauteren Wettbewerb und die Wirtschaftskriminalität im Interesse der Allgemeinheit, der gewerblichen Unternehmen, der freiberuflich Tätigen sowie der Verbandsmitglieder zu bekämpfen. Seit 2015 streiten beide Seiten vor Gericht darüber, ob Bier als „bekömmlich" bewor-

ben werden darf. Aus Sicht der Brauerei ist der Begriff eine „reine Qualitätsaussage". Der VSW versteht ihn jedoch als „gesundheitsbezogene Angabe", die bei alkoholischen Getränken nicht erlaubt sei.

Das Wort gehöre zu den gesundheitsbezogenen Angaben, wird der Richter Gerhard Ruf zitiert (Urteil vom 03.11.2016, Az. 2 U 37/16). Diese seien aber nach einer Verordnung der Europäischen Union aus dem Jahr 2006 – der sogenannten Health-Claims-Verordnung – für Getränke mit einem Alkoholgehalt von mehr als 1,2 Volumenprozent verboten. Man muss kein großer Gegner des vereinten Europa sein, um diesen Teil der Verordnung für realitätsfern zu halten.

Man muss aber wissen, wie Politik funktioniert: Politiker – und die ihnen unterstellten Beamten – sind seit den 1960er Jahren, als der Wiederaufbau abgeschlossen war, darauf konditioniert worden, das Zusammenleben der Bürger so zu regeln, dass der Wohlstand gemehrt wird. Das hat in den 1970er Jahren dazu geführt, dass vor allem die sozialdemokratischen Politiker mehr besser bezahlte Arbeitsplätze versprochen haben – eine leichtfertige Zusage, weil Arbeitsplätze eben nicht auf Geheiß von Politikern entstehen.

Die Bürger aber sind darauf konditioniert worden, dass man das Versprechen Wohlstand, Arbeit, Sicherheit nur einmahnen müsse, dann würden schon irgendwo die gebratenen Tauben daherkommen und wie im Schlaraffenland umstandslos in unsere Münder fliegen.

Tun sie aber nicht.

Was wiederum der Politik die böse Nachrede einbringt, sie bringe nichts weiter.

Die Politiker und ihre Zuarbeiter wollen das aber nicht auf sich sitzen lassen: Wenn man schon die allerwichtigsten Anliegen der Bürger nicht erfüllen kann, dann versucht man sich mit umso hektischeren Aktivitäten auf der zweit-, dritt- oder viertwichtigsten Ebene.

SO DENKEN POLITIKER

Frage 12: Hier stehen verschiedene Aussagen über die Gastronomie und über Alkohol. Bei welchen würden Sie sagen: Ja, so denke ich auch?

Es denken genau so -	Σ	auf keinen Fall	eher nicht	teils teils	eher schon	auf jeden Fall	Σ
Junge Leute kommen viel zu leicht an Alkohol, den sie eigentlich nicht trinken dürften	9	2	7	26	38	28	66
Autofahrer müssten viel stärker auf Einhaltung der Promillegrenze kontrolliert werden	19	5	14	18	31	32	63
Junge Leute sollten generell erst ab 18 Alkohol konsumieren dürfen	30	5	25	19	29	22	51
Die staatliche Suchtprävention sollte schärfer gegen Alkohol vorgehen	30	9	21	29	22	20	42
Die Politik sollte Schnaps stärker besteuern	45	17	28	13	18	23	41
In Sportstätten sollte nicht für alkoholische Getränke geworben werden dürfen	42	12	30	18	16	24	40
Im Straßenverkehr sollte 0,0 Promille mit null Toleranz gelten	50	25	25	10	18	21	39
Alkoholische Getränke sind im Handel vergleichsweise zu billig	34	8	26	28	26	13	39
Es ist schädlich für Kinder, wenn sie sehen, wie Erwachsene Alkohol konsumieren	37	7	30	28	23	12	35
Die Alkoholpolitik sollte europaweit vereinheitlicht werden	55	21	34	15	19	11	30
Werbung für Bier sollte nur mehr in Gaststätten, aber nicht in den Medien erlaubt sein	60	29	31	12	16	13	29
Kinder sollten – wie in England – auch bei uns nicht in Bierlokale dürfen	49	17	32	21	19	10	29
Bierwerbung ist für Alkoholmissbrauch mitverantwortlich	57	19	38	16	18	8	26
Die Politik sollte Wein stärker besteuern	69	30	39	9	13	8	21
Die Politik sollte Bier stärker besteuern	75	36	39	9	10	6	16
Vor 16 Uhr sollte in der Gastronomie generell Alkoholverbot gelten	83	50	33	4	7	5	12

Basis: Politiker (Ergebnisse in Prozent)

market

ALKOHOLPOLITIK IM DETAIL			
Junge Leute kommen viel zu leicht an Alkohol, den sie eigentlich nicht trinken dürften	Eher schon	Auf jeden Fall	Σ
Alle Befragten (n=2344)	36	24	60
Männer	36	21	57
Frauen	35	31	66
Getränkehersteller	31	13	44
Braumeister	39	16	55
Journalisten	33	22	55
Gastwirte	33	26	59
Befragte außerhalb der Branche	37	27	64
Politiker	38	28	66

ALKOHOLPOLITIK IM DETAIL			
Junge Leute sollten gernerell erst ab 18 Alkohol konsumieren dürfen	Eher schon	Auf jeden Fall	Σ
Alle Befragten (n=2441)	19	25	44
Männer	25	17	42
Frauen	28	27	55
Befragte unter 29 Jahren	18	9	27
Braumeister	18	12	30
Journalisten	26	20	46
Politiker	29	22	51
Gastwirte	29	24	53
Befragte über 70 Jahre	23	38	61

Gesundheitsvorsorge ist ja etwas, was unbestritten spätestens auf der dritten, wenn nicht schon auf der zweiten Ebene gewünschten staatlichen Handelns angesiedelt ist. Also wird hier gemacht, was man eben kann. Nach und nach wurde den Rauchern das Leben schwer gemacht.

Ich bin, wie auch Co-Autor Werner Beutelmeyer, Nichtraucher – und ich bin das immer gewesen; wenn man vom gelegentlichen Rauchen einer sehr guten Zigarre zu einem sehr guten Bier absieht. Aber genau dieses Vergnügen wird einem nun verleidet. Und wenn wir nicht aufpassen, ist das nicht das letzte Vergnügen, das auf die Verbotsliste kommt.

Denn der gesundheitsbürokratische Feldzug für eine angeblich bessere Welt geht ja weiter – schon regt die WHO an, das Rauchen in den eigenen vier Wänden zu verbieten, zum Schutze von Kindern.

Die Raucher haben die Auseinandersetzung inzwischen ohnehin ziemlich flächendeckend verloren – schon heute ist es eher die Ausnahme, wenn man irgendwo in Europa rauchen darf. Wo es noch kein flächendeckendes Verbot des Rauchens gibt, wird es in absehbarer Zeit durch zwingendes EU-Recht eingeführt werden.

Was dann? Als Nichtraucher könnte mir das egal sein – als Bürger ist es mir das nicht. Denn jene Beamten, Lobbyisten und Politiker, die bisher ihren Lebensunterhalt damit verdient haben, sich auszudenken, wie man durch Rauchverbote eine bessere Welt schaffen könnte, werden sich nach ihrem Erfolg ja nicht einfach in die Arbeitslosigkeit zurückziehen.

Sondern sie werden weiter betreiben, was sie seit Jahren gemacht haben: Vermeintliche Gesundheitsgefahren identifizieren, Studien in Auftrag geben (allerdings mit dem klaren Auftrag, dass nur veröffentlicht werden darf, was die Vorurteile des Auftraggebers bestätigt), Strategien erarbeiten, wie man dem Übel beikommen könnte. Es lohnt, noch einmal zu betrachten, was gegen das

Rauchen unternommen wurde: Erst wurden Kampagnen gestartet, die Rauchen nicht nur als individuelles Gesundheitsrisiko, sondern auch als gesellschaftliches Problem darstellten.

Etwas Ähnliches erleben wir gerade, wenn gelegentliche Trunkenheit zum „Koma-Saufen" stilisiert wird.

Ziel solcher Kampagnen ist es, all jene mundtot zu machen, die früher den Konsum von Tabak, in diesem Fall den Konsum von Alkohol und in Zukunft vielleicht den Konsum von Schweinefleisch als einen Genuss darzustellen wagen. Kann man wirklich einen guten Rotwein oder ein frisches Pils schätzen, wenn es andererseits junge Leute gibt, die sich mit Alkohol besaufen?

Also bitte: Still halten.

Im nächsten Schritt kommen die Einschränkungen der Werbung – schon jetzt darf für Alkohol nur „verantwortungsbewusst" geworben werden, für Fleisch sind noch keine Beschränkungen bekannt. Dann kommen Verkaufsbeschränkungen, die zunehmende Digitalisierung des Zahlungsverkehrs könnte bald ermöglichen, den Bierkonsum oder den Fettverzehr erst mitzuloggen und später zu beschränken. Und, ganz wichtig: Man wird auf den Gesundheitsschutz für jene pochen, die durch die Genießer gestört werden könnten. Wir haben schon das „Passiv-Trinken" angesprochen – die angebliche Gefahr, dass Menschen allein durch den Anblick von Biertrinkern zum Alkohol verführt werden könnten. Also will man Kinder und Jugendliche noch rigoroser aus Pubs aussperren und Biergärten womöglich mit Sichtschutz versehen (wie das in Kalifornien bereits gesetzlich vorgeschrieben ist). Und irgendwann wird wohl auch das Essen von Schweinshaxen verboten – die sehen gar zu gut aus und duften so verführerisch.

Genießen wir also! Und stoppen wir die Bürokraten! Und zwar ehe wahr wird, was uns etliche Politiker als persönliche Ziele in unserer Umfrage angegeben haben:

ALKOHOLPOLITIK IM DETAIL

Autofahrer müssten viel stärker auf Einhaltung der Promillegrenze kontrolliert werden

	Eher schon	Auf jeden Fall	Σ
Alle Befragten (n=2348)	28	26	54
Männer	27	22	49
Frauen	31	40	71
Braumeister	22	14	36
Befragte unter 29 Jahren	28	39	67
Journalisten	33	31	64
Politiker	31	32	63
Österreicher	28	32	60
Deutsche	25	19	44

ALKOHOLPOLITIK IM DETAIL

In Sportstätten sollte nicht für alkoholische Getränke geworben werden dürfen

	Eher schon	Auf jeden Fall	Σ
Alle Befragten (n=2344)	15	13	28
Männer	15	10	25
Frauen	17	22	39
Getränkehersteller	13	7	20
Braumeister	14	4	18
Journalisten	16	15	31
Gastwirte	14	15	29
Befragte außerhalb der Branche	17	16	33
Politiker	16	24	40

ALKOHOLPOLITIK IM DETAIL

Die staatliche Suchtprävention sollte schärfer gegen Alkohol vorgehen

	Eher schon	Auf jeden Fall	Σ
Alle Befragten (n=2344)	19	9	28
Männer	17	6	23
Frauen	23	18	41
Braumeister	10	3	13
Journalisten	10	6	16
Gastwirte	22	10	32
Befragte außerhalb der Branche	23	12	35
Politiker	22	20	42

ALKOHOLPOLITIK IM DETAIL

Werbung für Bier sollte nur mehr in Gaststätten, aber nicht in den Medien erlaubt sein

	Eher schon	Auf jeden Fall	Σ
Alle Befragten (n=3093)	8	4	12
Männer	8	3	11
Frauen	9	7	16
Gastwirte	6	4	10
Journalisten	6	1	7
Befragte außerhalb der Branche	11	6	17
Politiker	16	13	29

ALKOHOLPOLITIK IM DETAIL

Kinder sollten – wie in England – auch bei uns nicht in Bierlokale dürfen

	Eher schon	Auf jeden Fall	Σ
Alle Befragten (n=3093)	15	9	24
Männer	14	8	22
Frauen	19	14	33
Gastwirte	6	4	10
Journalisten	6	1	7
Befragte außerhalb der Branche	11	6	17
Politiker	16	13	29

>> Junge Leute sollten generell erst ab 18 Alkohol konsumieren dürfen

Man muss schon immer wieder betonen, dass man hierzulande ab 16 Bier trinken darf – aber jeder zweite von uns befrage Politiker will dieses Recht erst 18-jährigen zugestehen.

Wohin das führen kann, kennt man aus den USA: Dort liegt das „Legal Drinking Age" – also das Alter, ab dem man Bier trinken darf – bei 21 Jahren. Da der Alkoholverkauf strikt reglementiert ist (nur lizensierte Händler dürfen an Menschen verkaufen, die sich mit Lichtbildausweis als alt genug ausweisen) ist es für Jugendliche oft leichter, an Drogen zu kommen als an Bier. Und im Zweifelsfall wird Schnaps getrunken: Ein älterer Freund kann ja immer mal ein, zwei Flaschen mitbringen, die die Basis für eine Party bieten, die dann leicht außer Kontrolle gerät. Ich hätte ein mulmiges Gefühl, wenn meine Tochter bei privaten Festen wäre, wo es zwar kein Bier gibt, wo aber irgendwelche Burschen ein paar Flaschen Schnaps (und womöglich noch bedenklicheres Zeug) zur Förderung der „Stimmung" mitbrächten.

Aber solche Überlegungen sind momentan nicht im Zeitgeist.

Im Gegenteil.

Und das ist bereits Konsens in vielen Unternehmen der Bierbranche: Geht man auf eine Website des Heineken-Konzerns, dann wird man gefragt, ob man 18 Jahre alt ist – obwohl man Heineken oder Desperados, Zipfer oder Gösser durchaus schon ab 16 trinken darf.

Aber das sei eben Konzernpolitik. Es ist nicht von der Hand zu weisen, dass die großen Konzerne mit möglicherweise drohenden Beschränkungen weniger Probleme haben als mittelgroße Hersteller. Große Marken sind ja ohnehin bessere im Bewusstsein verankert als kleine, sie können sich auch mit Werbebeschränkungen eher abfinden. Wir haben daher – in Erinnerung daran, dass früher von der Formel 1 bis zum Fußball Tabakwerbung gängig war (und heute verboten ist) den Vorschlag gemacht:

>> In Sportstätten sollte nicht für alkoholische Getränke geworben werden dürfen

Tatsächlich sind damit 24 Prozent der Politiker völlig einverstanden, weitere 16 Prozent eher schon. Diesen 40 Prozent stehen bloß 28 Prozent der Gesamtstichprobe gegenüber, die das ähnlich sehen. Wir haben noch eins draufgesetzt und weitergefragt:

>> Werbung für Bier sollte nur mehr in Gaststätten, aber nicht in den Medien erlaubt sein

Das wollten in unserer Stichprobe nur vier Prozent der Befragten völlig, acht Prozent eher schon – aber unter den Politikern sind die Prohibitionisten durchaus stärker vertreten: 13 Prozent der befragten Politiker stimmen völlig zu, 16 Prozent überwiegend.

Die Begründung haben wir gleich mit abgefragt:

>> Bierwerbung ist für Alkoholmissbrauch mitverantwortlich

Das glaubt jeder vierte Politiker aber nur jeder Neunte in der Gesamtstichprobe.

Wir haben am Anfang dieses Kapitels darauf hingewiesen, dass es hier ja auch um eine kulturelle Frage geht.

Daher haben wir auch gefragt, wie die kulturelle Verankerung des Bieres in der Gesellschaft ist. Wein wird von 60 Prozent der Österreicher, 42 Prozent der Schweizer und 34 Prozent der Deutschen „auf jeden Fall" als Teil der Kultur ihres Landes gesehen. Von Spirituosen sagen das 22 Prozent der Österreicher, 17 Prozent der Deutschen und 16 Prozent der Schweizer. Und beim Bier liegen eindeutig die deutschen Befragten vorne, von denen sagen 80 Prozent, dass Bier jedenfalls zur Kultur Deutschlands gehöre, 66 Prozent der Österreicher sagen das von der Rolle des Bie-

DEUTSCHE BRAUWIRTSCHAFT IN ZAHLEN			
	Einheit	2010	2015
Betriebene Braustätten	Anzahl	1.333	1.388
Bierabsatz	Mio. hl	98,3	95,7
Bierausstoß	1.000 hl	95.683	95.623
Bierausfuhr	1.000 hl	14.754	15.853*
Anteil am Ausstoß	%	15,8	16,6
Biereinfuhr	1.000 hl	7.486	6.500*
Anteil am Inlandsverbrach	%	8,5	6,8
Bierverbrauch	1.000 hl	87.872	86.018
Pro-Kopf-Verbrauch	Liter	107,4	105,9**
Beschäftigte (Betriebe mit mehr als 20 Beschäftigten)	Anzahl	27.572	26.861
Umsatz (Betriebe mit mehr als 20 Beschäftigten)	Mio.Euro	7.690	7.796
Biersteuer-Einnahmen	Mio.Euro	713	676

res in der österreichischen Kultur und bei den Schweizern sehen nur 51 Prozent das Bier als unabdingbaren Teil ihrer Kultur.

Die von uns befragten Politiker haben – ohne dass wir die nationale Zugehörigkeit näher auswerten wollen – einen wesentlich zurückhaltenderen Eindruck von der Bierkultur: Nur 42 Prozent der Politiker sehen Bier „auf jeden Fall" zur Kultur ihres Heimatlandes gehörig an. Da tröstet es wenig, dass nur elf Prozent der Politiker Spirituosen in ihren Kulturbegriff einbeziehen. Dagegen wird Wein von 44 Prozent der aktiven Politiker jedenfalls als kulturstiftend angesehen.

Hier gilt es vielleicht, ein wenig Aufklärungsarbeit zu leisten.

Und das ist nicht nur eine Aufgabe der Lobby-Verbände, so wertvoll deren Arbeit auch ist. Es ist eine Aufgabe für alle in der Branche – ob sie nun Brauer sind oder Servierkräfte, ob sie Getränkehändler sind oder einfach engagierte Bierliebhaber. Es lohnt oft, Politikern freundlich und sachlich die Meinung zu sagen.

Das Gefährliche am Gouvernantenstaat ist ja, dass wir alle ihn gelegentlich für eine gute Sache halten. Wenn die staatliche Gouvernante zufällig einmal die Dinge durchsetzt, die uns auch ein Anliegen sind: Keiner will Opfer eines Terroranschlags werden – und so nehmen wir Überwachungsmaßnahmen hin, die wir früher allenfalls in totalitären Staaten für möglich gehalten hätten. Keinem gefällt es, wenn ungezogene junge Leute nachts auf der Straße randalieren – aber würden wir deshalb generelle Ausgehverbote verhängen? So etwas gibt es, kein Witz: In der texanischen Hauptstadt Austin sind gewisse Straßenzüge nachts für Menschen unter 21 gesperrt. Bei uns behilft man sich damit, rigorosere Sperrstunden durchzusetzen und den Alkoholkonsum auf öffentlichen Plätzen zur Ordnungswidrigkeit zu erklären.

Nüchtern betrachtet wissen wir, dass den Problemen so nicht beizukommen ist: Terroristen wird durch zusätzliche Kontrollen ihr mörderisches Geschäft zwar erschwert – wirklich ausmerzen kann man den Terrorismus damit aber nicht. Und die Sperrstunde hier sowie das Vertreiben mehr oder weniger fröhlicher Zecher von gewissen Plätzen da führt eben zu einer Verlagerung des Lärms in andere Gebiete, typischerweise in solche, wo mehr Menschen wohnen und sich belästigt fühlen.

Aber immerhin ist etwas passiert, die verantwortlichen Politiker haben etwas unternommen, um ein Problem zu lösen. Das ist ja nach einer weit verbreiteten Auffassung ihre Aufgabe. Die wirklichen Anliegen der Menschen kann die Politik sowieso nicht bewältigen: Die Welt gerechter machen? Frieden schaffen? Arbeitsplätze herbeizaubern? Einkommen und Renten sichern? Das alles kann die Politik nicht wirklich – auch wenn ihre Exponenten in unverantwortlicher Weise entsprechende Erwartungen wecken.

Sie haben damit das Phänomen der Wutbürger heraufbeschworen, haben den Boden bereitet für die Herren Strache und Blocher, für AfD und wie die ganzen Bewegungen heißen mögen. Man muss nicht zu diesen Bewegungen oder Parteien des Protestes gehören, um klar zu sagen, dass man keinen Gouvernantenstaat will. Ohne hier weiter politisieren zu wollen: Ein bisserl Zivilcourage im Äußern der eigenen Meinung wäre sehr angebracht – gerade von den Stakeholdern der Bierbranche. Die, die einen vernünftigen Umgang mit Alkohol kennen, praktizieren und in ihrem eigenen Bereich fördern, lassen viel weniger von sich hören als die Neo-Prohibitionisten und EU-Gouvernanten, die ihre Daseinsberechtigung aus der Gängelung ihrer Mitbürger zu ziehen versuchen.

Und wenn die schweigende Mehrheit weiter schweigt, werden die Vertreter des Gouvernantenstaats recht bekommen und ihr moralinsaures Weltbild in EU-Recht umsetzen. Wenn wir dem Missbrauch von Alkohol vorbeugen wollen, müssen wir wo immer wir uns Gehör schaffen können, für die Freiheit eintreten, dass junge Menschen ihr Bier legal kaufen und unter der sozialen Kontrolle der Öffentlichkeit genießen können – sonst saufen sie heimlich Schnaps, nehmen heimlich Drogen; zu ihrem und unser aller Schaden.

Reden wir also und vermitteln wir Fakten, etwa zum Arbeitsmarkt.

Was Politiker vielleicht nicht wissen, soll hier noch einmal beispielhaft festgehalten werden, weil Politiker das Arbeitsplatz-Argument ernster nehmen als die meisten anderen Argumente: In Österreichs 214 Brauereien werden durchschnittlich 3800 bestqualifizierte Arbeitnehmer beschäftigt. Die Personalkosten (Löhne, Gehälter, gesetzlicher und freiwilliger Sozialaufwand) betrugen im Jahr 2015 fast 255 Millionen Euro. Und die Steuerleistung ist auch nicht von schlechten Eltern: Die Steuern auf Bier brachten dem österreichischen Staatshaushalt insgesamt rund 700 Millionen Euro, wobei die im internationalen Vergleich hohe Biersteuer und die 20-prozentige Mehrwertsteuer das Ihre dazu beitragen. In Deutschland betrug der „Steuersollbetrag" aus der Biersteuer 679 Millionen Euro – da sind allerdings die anderen Steuerleistungen noch nicht mitgerechnet.

Dazu kommt, dass Bier für die Gastronomie wichtig ist: In Deutschland gibt es laut Statistischem Jahrbuch 2016 insgesamt 179.566 Gastronomiebetriebe, die 1.542.445 Menschen Beschäftigung bieten und 2014 rund 1,6 Milliarden Euro investiert haben.

Wenn also Vorschläge aufkommen, die Political Correctness bei der Bierwerbung dahingehend durchzusetzen, dass „keine emotionalen Botschaften" (wie immer das ein Gouvernanten-Senat abgrenzen möchte) vermittelt werden sollen – dann sollten wir eine liberale Antwort, eine im Sinne von Wirtschaft und Arbeitsplätzen haben.

Da reicht nicht die – ohnehin viel zu laue – Ablehnung in der Brauwirtschaft. Wenn die EU gleichzeitig meint, in der Werbung sollte durchgesetzt werden, dass traditionelle (das wird sicherheitshalber als „frauenverachtende" stigmatisierte) Frauenbilder nicht vermittelt werden, dann nicken dieselben Leute wohl auch noch in vorauseilendem politisch korrektem Gehorsam.

Dabei geht es aber um eine Grundsatzfrage:

Soll die Politik alles regeln dürfen, was man irgendwie regeln kann?

Die liberale Antwort müsste sein: Nein, sie soll das nicht dürfen. Nicht einmal dann, wenn das Ergebnis zufällig ein erwünschtes ist. Denn diese erwünschten Ergebnisse kann sich eine Gesellschaft reifer Bürger selber organisieren.

AUF DEM INTERNATIONALEN MARKT

Von China war in diesem Buch bisher wenig die Rede – dass Chinas Biermarkt im Jahr 2002 (damals mit einer Produktion von 235,5 Millionen Hektolitern) erstmals größer war als der der USA hat in Europa niemanden sonderlich aufgeregt. 2015 hat sich das Verhältnis bereits drastisch verschoben: Der chinesische Biermarkt ist einer merklichen Schrumpfung im vergangenen Jahr zum Trotz mit 471,5 Millionen Hektolitern mehr als doppelt so groß wie der US-amerikanische, der auf 223 Millionen Hektoliter geschrumpft ist.

Nun muss man wissen, dass Bier in China weit billiger ist als in westlichen Ländern – und dass die chinesischen Massenbiere nicht unbedingt dem hiesigen Geschmack entsprechen. Tsingtao bildet sowohl als Marke als auch als Produkt da eine löbliche Ausnahme.

Für 2017 wird allerdings ein weiterer Meilenstein erwartet: In diesem Jahr nämlich soll der Wert des in China verkauften Bieres den entsprechenden Wert der USA überholen. Und dazu trägt all das bei, was auch in den USA zu beobachten ist und vielleicht gerade bei einem insgesamt leicht schrumpfenden Markt relevant ist: Wer es sich leisten kann, kauft „besseres Bier" – das kann in Brewpubs passieren, in regionalen Craftbier-Brauereien, aber eben auch im Import.

Bis 2014 war etwa die Hälfte des in die Volksrepublik importierten Bieres deutschen Ursprungs, inzwischen sinkt der Anteil, weil auch andere Brauereien in den lukrativen Markt drängen. Dennoch ist „aus Deutschland sein" in China ein Asset. Kein anderes Land wird ja international so stark als Biernation gesehen wie Deutschland. Dass der Besuch eines Brauhauses für viele ausländische Touristen ein unverzichtbares Erlebnis ihres Deutschland-Aufenthaltes darstellt, ist konkreter Ausdruck dieser großartigen Reputation in den USA, Japan, Brasilien oder China. 2015 wurden mehr als 2,1 Millionen Hektoliter deutsches Bier nach China exportiert, 38 Prozent mehr als ein Jahr davor, Tendenz weiter steigend. China hat damit Frankreich (1,9 Millionen Hektoliter) als Hauptabnahmeland für deutsche Bierexporte überrundet. Aber auch der russische Biermarkt wies bis zum Beginn der Ukraine-Krise signifikante Importsteigerungen auf.

Werner Gloßner, der neue Doemens-Geschäftsführer, hat in der *Brauindustrie* zweierlei Wege aufgezeigt, wie Bierexporte für mittelständische Brauereien funktionieren können: Einerseits sind da die Spotgeschäfte – also im Wesentlichen die einmalige Belieferung eines Kunden, der eine gewisse Menge Bier importieren will und dieses Bier eben von einem deutschen Brauunternehmen geliefert bekommen will. Gloßner weiter:

„Die Alternative zu den Spotgeschäften ist der eigenständige und mittelfristige Aufbau von Exportmärkten. Wichtige Voraussetzungen für diese Herangehensweise sind neben wettbewerbsfähigen Produkten ausreichend Kapital und vor allem ausreichende Zeit-Ressourcen... Man muss sich auf die ausländischen Geschäftspartner einlassen, denn bei nur oberflächlichen beziehungsweise zu seltenen persönlichen Kontakten taucht auf Seite der ausländischen Partner schnell der Verdacht der schnellen Abzocke auf, was intensive Geschäftsbeziehungen blockiert. Analysiert man diese Faktoren, wird schnell deutlich, dass Brauereien, die bereits im Inland keine positiven Erträge erwirtschaften, keine wettbewerbsfähigen Produkte oder generell Liquiditätsprobleme haben, erhebliche Probleme auch bei der Entwicklung ausländischer Märkte haben werden.

Vor dem Markteintritt in einem ausländischen Land müssen wichtige Basisfragen spezifisch beantwortet werden, insbesondere:

– Was kann überhaupt verkauft werden? Welche spezifischen Einkaufsgewohnheiten und spezielle Produktanforderungen gibt es? Welche Produkte, Verpackungen kommen überhaupt infrage?

– Welche Markteintrittsbarrieren bestehen? Genehmigungen, Zertifizierungen, Besonderheiten im Gewerbe- und Haftungsrecht, besondere Vertriebssysteme

– Mit welchen Markteintrittskosten muss gerechnet werden? Darauf aufbauend gilt es Lösungen für Produktion, Verpackung und Finanzierung zu finden. Auch darf der notwendige Bedarf an eigenem qualifiziertem Personal mit fremdsprachlicher Kompetenz oder Wissen um Fragen wie der richtigen Zoll- und Umsatzsteuerabwicklung nicht unterschätzt werden."

So einfach drauflosexportieren geht eben nicht. Die Großkonzerne machen das auf einem hochprofessionellen Niveau – und in beachtlichen Mengen, wie Kai Kelch für die *Brauwelt* errechnet hat: AB-InBev Deutschland (Beck's, Diebels, Spaten, Franziskaner, Löwenbräu, Hasseröder und Haake Beck) führt demnach im Jahr 2015 die Tabelle mit rund 3,7 Millionen Hektolitern auf demselben Niveau wie im Vorjahr an, dazu kommt die Lizenzbierherstellung im Ausland mit weiteren 3,2 Millionen Hektolitern. Oettinger hat sich inzwischen als starke Exportmarke positionieren können – 2,7 Millionen Hektoliter Oettinger werden aus Deutschland ausgeführt, dazu kommen 400.000 Hektoliter Oettinger-Lizenzproduktion in Weißrussland, der Ukraine und Russland. Insgesamt belaufen sich die deutschen Bierexporte auf 15,7 Millionen Hektoliter – die Großbrauereien

DIE GRÖSSTEN BIERPRODUZENTEN
(mit mehr als einer Million Hektolitern)

Land	1990	2005	2015	Veränderung sei 1990
China	70.000	306.156	471.572	574%
USA	238.997	230.245	223.513	-6%
Brasilien	58.000	90.000	138.575	139%
Deutschland	120.161	105.500	95.623	-20%
Russland (GUS)*	50.000	89.200	78.200	56%
Mexiko	39.743	72.500	74.500	87%
Japan	65.617	63.430	53.800	-18%
Vietnam	1.000	13.783	46.700	4570%
Großbritannien	59.653	56.021	44.054	-26%
Polen	12.240	29.000	39.800	225%
Spanien	50.000	32.500	34.775	-30%
Südafrika	22.500	25.900	32.130	43%
Nigeria	8.000	10.000	27.000	238%
Niederlande	20.047	24.560	23.700	18%
Thailand	2.620	17.030	23.562	799%
Süd-Korea	12.690	17.020	21.300	68%
Frankreich	21.398	16.394	20.520	-4%
Indien	3.300	7.800	20.500	521%
Tschechien**	23.527	19.069	20.076	-15%
Ukraine (GUS)*		23.700	19.460	-
Kanada	22.565	23.156	18.950	-16%
Belgien	14.141	17.274	18.250	29%
Venezuela	11.000	22.000	18.200	65%
Kolumbien	17.500	16.500	17.400	-1%
Argentinien	6.900	13.700	16.800	143%
Australien	19.548	17.090	16.180	-17%
Rumänien	13.100	15.241	16.100	23%
Italien	11.067	12.269	15.397	39%
Philippinen	15.000	13.500	14.000	-7%
Peru	4.900	7.100	13.100	167%
Angola	500	2.931	11.000	2100%
Österreich	9.600	8.785	9.287	-3%
Türkei	3.700	8.936	9.020	144%
Kamerun	4.505	4.270	7.557	68%
Chile	2.670	4.600	7.500	181%
Irland	6.500	8.969	7.300	12%
Äthiopien	545	1.700	6.800	1148%
Ungarn	9.823	7.000	6.500	-34%
Portugal	6.995	7.440	6.465	-8%
Dänemark	8.510	8.704	6.100	-28%
Kambodscha	5	480	6.000	119900%
Ecuador	1.700	3.000	5.840	244%
Taiwan	4.557	3.676	5.360	18%
Serbien ****	13.540	6.730	4.850	-64%
Bulgarien	6.000	4.225	4.750	-21%
Kasachstan (GUS)*		3.890	4.739	-
Kenia	3.700	3.500	4.736	28%
Schweden	5.100	3.781	4.690	-8%
Dem. Rep. Kongo (Zaire)	632	1.650	4.500	612%
Tansania	530	2.430	4.300	711%

Land	1990	2005	2015	Veränderung sei 1990
Belarus (GUS)*		2.715	4.098	-
Finnland	4.131	4.590	4.000	-3%
Griechenland	3.700	4.000	3.700	0%
Sambia	850	529	3.650	329%
Dominikan. Republik	1.160	3.000	3.550	206%
Laos	10	927	3.500	34900%
Schweiz	4.170	3.417	3.438	-18%
Kroatien***		3.619	3.400	-
Uganda	145	1.444	3.270	2155%
Litauen*		2.990	3.200	-
Malaysia	884	1.300	3.040	244%
Myanmar	50	250	3.030	5960%
Kongo Brazzaville (Zaire)	2.918	742	3.000	3%
Usbekistan (GUS)*		1.500	2.950	-
Neuseeland	3.858	3.036	2.817	-27%
Mosambik	390	1.177	2.717	597%
Ghana	644	1.086	2.700	319%
Elfenbeinküste	1.095	1.300	2.650	142%
Kuba	3.000	2.629	2.600	-13%
Norwegen	2.236	2.368	2.554	14%
Namibia	500	1.300	2.525	405%
Slowakei**		3.963	2.435	-
Burundi	998	1.004	2.350	135%
Simbabwe	2.700	1.209	2.250	-17%
Panama	1.236	1.800	2.200	78%
Iran	100	200	2.000	1900%
Slowenien***		1.989	2.000	-
Indonesien	1.190	1.500	1.980	66%
Tunesien	420	1.000	1.800	329%
Burkina Faso	400	620	1.700	325%
Costa Rica	800	1.400	1.700	113%
Algerien	640	1.337	1.500	134%
Gabun	800	850	1.500	88%
Israel	490	845	1.500	206%
Paraguay	1.100	1.600	1.480	35%
Botswana	437	510	1.467	236%
Guatemala	1.000	1.500	1.450	45%
Estland*		1.250	1.398	-
Bolivien	1.280	1.800	1.300	2%
Madagaskar	300	682	1.300	333%
Sri Lanka	88	515	1.256	1327%
Singapur	663	1.103	1.235	86%
El Salvador	680	800	1.200	76%
Ruanda	596	561	1.200	101%
Benin	251	430	1.110	342%
Honduras	738	950	1.050	42%
Moldawien*		740	1.050	-
WELTBIERAUSSTOSS	**1.141.733**	**1.598.088**	**1.932.861**	**69%**

* Zahlen für Russland (GUS) im Jahr 1990 enthalten die Zahlen der ehemaligen Sowjetunion
** Zahlen für Tschechien im Jahr 1990 umfassen die ehemalige Tschechoslowakei
*** Zahlen für Serbien im Jahr 1990 umfassen das ehemalige Jugoslawien
**** Zahlen für Serbien im Jahr 2005 umfassen Serbien und Montenegro (2015: 380.000 hl)

Quelle: Barth-Report und Horst Schwarzer „Markenbier im strukturellen Wandel des Marktes". Angaben in 1.000 hl

machen davon etwa 70 Prozent des Geschäfts. Der Rest bleibt dem Mittelstand.

Gloßner sieht für Mittelstandsbrauereien im Faktor Personal und dessen spezifischen Kenntnissen eine wichtige Hürde:

„Die Definition der Lieferbedingungen in Angebot und Rechnung (Incoterms) sowie die Definition länderspezifischer Zahlungsbedingungen gehören hier genauso dazu wie das entsprechende Knowhow zu Ausfuhranmeldungen (IAA-Plus) oder zum EMCS-Zollsystem. Man muss sich gerade in der Frage des ‚Handwerkszeugs' darüber im Klaren sein, dass Verfehlungen im Bereich der Zollabwicklung oder im Zahlungsverkehr neben dem wirtschaftlichen Schaden schnell personenbezogene und unternehmensbezogene Sanktionen nach sich ziehen können. Geldbußen sind dabei noch das kleinere Übel. Schwierig wird es, wenn aufgrund von Verfehlungen Genehmigungen widerrufen werden, Verfahrenserleichterungen wie ein AEO-Status entzogen werden oder Tätigkeitsgenehmigungen wegen Unzuverlässigkeit nicht mehr erteilt werden."

Gloßners erster Punkt ist vielleicht der Wichtigste: Was hat eine Brauerei denn eigentlich zu verkaufen? Die nächstliegende Antwort ist natürlich: Bier. Aber das greift zu wenig weit: Bier ist ja Emotion, wir haben für deutsche Brauer schon den Absender „Made in Germany" erwähnt, der übrigens international kaum mit dem „Purity Law", sprich: Reinheitsgebot, in Verbindung gebracht wird, eher schon mit Oktoberfest, Schweinshaxen oder Blasmusik. Das mag für manche Biere reichen, wenn ihre Besonderheit gerade darin liegt, besonders „deutsch" zu sein – Oettinger wird etwa auf russischen und asiatischen Märkten nicht zuletzt deshalb geschätzt, weil es das meistverkaufte Bier Deutschlands ist. Und wenn die bekannt bierkundigen Deutschen so viel von diesem Oettinger trinken, dann werden sie schon irgendwie recht haben, sagen sich die Ex-

portkunden. Womit Oettinger als „best selling German beer" in Tokio eine daheim so nicht erreichbare Premium-Positionierung bekommt.

Die Aussage, dass eine Brauerei einfach Bier zu verkaufen habe, greift aber auch zu wenig tief. Man muss sich da schon fragen, was das denn wohl für ein Bier ist. Schneider Weisse hat schon vor zwei Jahrzehnten eine wesentlich stärker gehopfte Version seines Weizenbieres als „Wiesen-Edel-Weisse" für den US-Markt gebraut – weil die Kelheimer Brauer der (nachvollziehbaren) Ansicht waren, dass es schon genug klassisches bayerisches Weizenbier auf dem US-Markt gibt. (Das dieselbe Erkenntnis für den deutschen Markt mit dem „Mein Grünes" erst viel später gekommen ist, steht auf einem anderen Blatt.) Und mit dem Vintage Aventinus, einer exklusiven, in der Flasche gereiften Abfüllung des Weizendoppelbocks haben sie noch ein Super-Premium-Produkt nachgeschoben.

Viele deutschsprachige Brauer begegnen fremden Märkten allerdings mit einer erstaunlichen Blauäugigkeit. Als ob es nur darum ginge, den Amerikanern oder den Chinesen das zu liefern, was sie ohnehin schon haben! Einfach deutsches Helles zu liefern, weil Amerikaner angeblich leichte untergärige Biere mögen, wird nicht ausreichen – noch dazu, wo diese Biere nach einem langen Transportweg nicht unbedingt in derselben Qualität ankommen, wie sie in Mitteleuropa Standard ist. Vor Jahren hat Löwenbräu das gemacht – mit dem Ergebnis, dass die Alterungsgeschmäcker, die das Bier entwickelt hatte, ehe es beim Konsumenten angekommen ist, von diesen als „typisch deutsch" eingestuft, von einigen möglicherweise sogar gemocht wurden.

Da ist es, wenn man es schon mit Hellem versuchen will, wohl besser, direkt im Land zu produzieren. So läuft derzeit die Produktion von „Brander Urstoff", bis 1969 gebraut in der Schlossbrauerei Brand bei Marktredwitz, in China

BEDEUTENSTE EXPORTE DEUTSCHER BRAUEREIEN

Brauerei	Ausfuhr 1000 HL
AB InBev	3.700
Oettinger	2.700
Karlsberg	2.000
Brau Holding International	1.100
Radeberger	750
Warsteiner	595
Carlsberg-Holsten	41
Summe	10.886

Quelle: Brauwelt

an. Dahinter steht die Krass Capital Group AG (KCG), die eigentlich darauf spezialisiert ist, sich an jungen Firmen zu beteiligen, beispielsweise aus der Solar- und IT-Industrie. Aber mit der Brandner Marke im Portfolio und einem bierbegeisterten Geschäftsführer wurde ein Partner in Shanghai gefunden, der den „Brandner Urstoff" nun für den chinesischen Markt herstellt. Hinzu kam die Gründung einer chinesischen Tochterfirma mit sechs Mitarbeitern, darunter einem deutschen Braumeister, der die Herstellung überwacht. Geschäftsführer ist Felix Wendlandt. „Hopfen und Malz werden aus Deutschland angeliefert, ebenso die Hefe – die stammt von Doemens", wird Wendland im *Münchner Merkur* zitiert. Nur das Wasser sei aus China selber, es würden aber regelmäßig Proben in Weihenstephan getestet. Im Grunde entstehe tatsächlich ein bayerisches Bier, frisch nach dem Reinheitsgebot vor Ort gebraut. „Das Originalrezept von Brander haben wir kaum verändert und uns nur beim Alkoholgehalt zurückgehalten, weil die Chinesen leichte Biere mögen." Mit immerhin 4,8 Prozent liegt der „Brander Urstoff" aber durchaus im Rahmen der Stildefinition für ein Münchner Helles.

Boon Rawd, die thailändische Großbrauerei mit dem Flagship Singha Beer, hatte etwas Ähnliches mit der Mittweida-Marke – die sie 1994 durch einen Kauf einer mittelsächsischen Brauerei erworben hatte – versucht: Um das Jahr 2000 war von Boon Rawd in Bangkok gebrautes Mittweidaer Bier in Thailand recht verbreitet, ein wirklicher Erfolg wurde es aber nie und das Experiment wurde wieder eingestellt.

Etwas Anderes ist es, wenn man ein ganz spezielles Bier exportieren kann – eines, das nicht nur mit seiner Geschichte, sondern auch als Produkt eine Alleinstellung beanspruchen kann. Ein gutes Beispiel dafür ist das stärkste Lagerbier (stärkere obergärige Ales gibt es allerdings) der Welt, es wird seit dem Jahr 2000 im Auftrag von Karl

Stöhrs Vermarktungsunternehmen Eggenberger International in der familieneigenen Brauerei Schloss Eggenberg gebraut – mit besonderem Pomp am Nikolaustag, an dem es meist ein kleines Fest mitsamt kurzem gemeinsamem Gebet und einer anschließenden Jahrgangsbierverkostung für die internationalen Kunden gibt. Dabei ist der Nikolaus, immer schon ein Schutzpatron der Bäcker und Brauer, erst mit einiger Verspätung in die mittelständische Brauerei im oberösterreichischen Vorchdorf gekommen. Ursprünglich war die Tradition vom ebenso experimentierfreudigen wie frommen Züricher Brauer Martin Hürlimann begründet worden. Der hatte, auf den Segen des Heiligen Nikolaus vertrauend, ein Bockbier gebraut, dessen Würze eigentlich zu stark für die Hefe war: Immerhin ist der Alkohol, den die Hefe produziert, auch für diese selbst toxisch – je stärker das Bier während der Gärung wird, desto schlechter geht es den Hefen dabei.

Aber das starke Experiment gelang – und das Nikolaus-Bier (schweizerisch „Samichlaus" von San Nichlaus) wurde zu einem international geschätzten Kultbier. Als Martin Hürlimann verstorben ist und seine Brauerei an den dänischen Biergiganten Carlsberg kam, zeigte dieser kein Interesse am Samichlaus-Bier. Die Produktion wurde eingestellt. Aber das haben sich die Liebhaber dieses Bieres nicht gefallen lassen. Eine Runde von Bierexperten hat beim Great American Beer Festival in Denver 1998 bei einer Samichlaus-Verkostung einen breit verbreiteten Protest organisiert. Es war eine der ersten weltweit im Internet lancierten Kampagnen. Und sie war schließlich erfolgreich – das Bier wurde nach Österreich lizensiert und neu aufgelegt. Fast ein Weihnachtsmärchen!

Klar, dass man Biere mit solcher Geschichte dann auch gut vermarkten kann. Schloss Eggenberg ist da noch einen Schritt weitergegangen und hat rund um die Samichlaus-Marke eine ganze

DIE GRÖSSTEN LIEFERLÄNDER FÜR BIERIMPORTE NACH DEUTSCHLAND

Land	2015 in 1.000 HL
Dänemark	2489
Belgien	1202
Tschechische Republik	912
Niederlande	551
Polen	414
Schweden	394
Irland	125
Frankreich	97
Österreich	59
Spanien	52
Großbritannien	50

DIE GRÖSSTEN IMPROTMARKEN IN DEUTSCHLAND

Unternehmen	2015 in 1.000 HL
Royal Unibrew (Faxe, Ceres etc)	1250
Heineken (inkl. Desperados)	350
Budweiser Budvar	288
Drinks Union (Zlatopramen, Brežnák)	210
Pilsner Urquell	205
Tyskie	160
Żywiec/Tatra	90
Guinness	82
Staropramen	35
Kilkenny	35
Gambrinus	31
Lech	30
Corona	25
Grolsch	18

Quelle: Brauwelt

Produktfamilie entstehen lassen. Das beginnt damit, dass die Samichlaus-Biere schon immer gekennzeichnete Jahrgangsabfüllungen waren. Das erleichtert es Händlern und Gastronomen, mit Vintage-Bieren ein Spezialitätenangebot aufzubauen und gelegentlich auch einmal einen alten oder sehr alten (gesucht sind Biere, die noch bei Hürlimann in der Schweiz gebraut worden sind) Samichlaus auf die Karte zu setzen. Damit aber nicht genug: Es gibt auch ein Helles und ein Dark in derselben Stärke, zudem in unterschiedlichen Fässern gereifte Samichläuse, zumeist in Kleinstauflagen von 200 oder 300 Litern.

Klar, dass solche Biere dann besonders gefragt sind – noch dazu, wenn etwa das Samichlaus Helle dann nur für den US-Markt abgefüllt und verkauft wird, ein Getränkehändler sich aber ein paar hundert Flaschen für seinen eigenen kleinen Markt sichern kann.

Beim schon erwähnten vier Jahre alten Gregorius-Bier aus Stift Engelzell war es ähnlich. Da fand der Wirt des Biercafe De Vliegende Hollander auf Facebook einen Hinweis, dass es dieses Bier gibt – und setzte alle Hebel in Gang, wenigstens ein paar Flaschen in sein Lokal in Middelburg auf der niederländischen Halbinsel Zeeland zu bekommen.

Für rare Biere von gutem Ruf gibt es also einen Weltmarkt.

Der Vliegende Hollander ist dafür ein recht gutes Beispiel: Es ist eines der bestsortierten Bierlokale der Niederlande – und hat gelegentlich sogar Craftbiere aus den USA auf der Karte, die dort nicht nationwide erhältlich sind. Ziemlich eindrucksvoll, wenn dann einem amerikanischen Bierliebhaber die Tränen kommen, wenn er ein Pliny the Elder, ein acht Prozent starkes Double IPA von Russian River aus dem Sonoma County hier findet, das daheim in seinem Bundesstaat nicht zu bekommen ist.

Dazu muss man aber wiederum wissen, dass

Pliny the Elder nicht irgendein Double IPA ist, sondern dass es eines der wenigen Biere ist, die auf der Bewertungsplattform ratebeer.com 100 von 100 Punkten haben. Sehr gut, sehr rar.

Der Traum jedes Wirts, jedes Händlers, jedes Brauers. Und es sind eben die Brauer, die den Mut haben müssen, ein Bier zu brauen, das nicht jeder potenzielle Kunde mag und das selbst die echten Fans nicht jeden Tag trinken würden.

Und dazu müssen die Brauer den Mut haben, dieses Bier dann als ein Bier für den Weltmarkt zu brauen und anzubieten. Wir haben Ähnliches schon bei den Bieren der Landbrauerei Hofstetten diskutiert.

Hier aber sollen wir einmal die andere Seite betrachten, nämlich: Zum Exportgeschäft gehört als Spiegelbild auch der Import dazu. Ob auf der kleinen Ebene des Vliegenden Hollander in der Kleinstadt Middelburg oder auf nationaler Ebene.

Bierbrauer sitzen da ja auf einem recht hohen Ross, weil sie überzeugt sind, ohnehin das allerbeste Bier zu brauen. Aber das stimmt natürlich nicht, nicht einmal Russian River kann sich sicher sein: Auf *Ratebeer* wird Pliny the Elder von einem noch stärkeren Bier der eigenen Brauerei, Pliny the Younger, mit minimal besseren Bewertungen geschlagen – und von hinten drängt mit ebenfalls 100 Punkten das Alchimist Heady Topper bereits nach.

Auf *beeradvocate.com* sind sogar 104 Biere derselben Klasse, darunter ebenfalls das Pliny the Younger, höher bewertet. Wir haben ja schon darüber diskutiert, wie schwer es ist, das beste Bier zu finden.

Aber hier geht es auch nicht um das beste Bier, sondern darum, potenziellen Kunden nahezubringen, warum sie gerade dieses oder jenes Bier kosten, kaufen, vielleicht auch wiederbestellen sollen.

Und damit um die Frage: Gibt es einzigartige Eigenschaften, welche man international vermarkten kann?

Es macht Sinn, in diesem Zusammenhang auch die Aktivitäten von Diageo mit der Marke Guinness zu betrachten. Guinness ist das einzige dunkle Weltmarken-Bier, was der irischen Marke schon allein deswegen eine Alleinstellung verleiht. Dass für Guinness weltweit bis zu 19 verschiedene Rezepte verwendet werden, um lokalen Bedürfnissen entgegenzukommen, ist den meisten Konsumenten nicht bekannt – allenfalls fällt auf, dass das Guinness im Urlaub anders schmeckt als daheim oder dass es als Flaschenbier anders als als Fassbier schmeckt.

Aber diese Anpassungsstrategien – etwa an die Vermutung in manchen schwarzen Communities, dass starkes schwarzes Bier ein Aphrodisiakum wäre – sind nur ein Teil des Erfolgs. Der wesentlichere Teil ist darin zu suchen, dass es Guinness gelungen ist, praktisch zum Synonym für irische Lebensart zu werden. Das beginnt mit dem Markenzeichen, der irischen Harfe, die sich in gespiegelter Form im irischen Wappen und auf den irischen Euro-Münzen wiederfindet: Jede irische Euro-Münze in irgendeinem Euro-Land ist gleichzeitig eine Werbung für Guinness!

Außerdem ist jedes Irish Pub eine Werbung für Guinness, je authentischer, desto besser. Es verheißt ja quasi einen Irland-Urlaub. Im Urlaub sitzt die Geldbörse immer ein bisschen lockerer. Auch wenn der Urlaub kurz ist. Sehr kurz. Vielleicht nur ein paar Stunden dauert. Ein paar Biere lang. Da darf das Bier auch ein, zwei Euro mehr kosten, wenn es nur typisch ist für das Urlaubsland.

Das ist die Grundidee, die hinter den Irish Pubs steht: Wer in ein Irish Pub geht, macht einen Kurzurlaub in Irland. Gelegenheiten gibt es genug dazu: Vor 20 Jahren hat Guinness in Wien das tausendste Konzeptlokal eröffnet, das Molly D'Arcy's in der Teinfaltstraße. Inzwischen gibt es weltweit mehrere 1000 Lokale, die mit Unterstützung der Brauerei aus Dublin ähnlich eingerichtet worden sind.

Aber was heißt da schon „ähnlich"? In Wirklichkeit sind sie alle anders, nicht zuletzt wegen der Details der Ausstattung. Die kommen frisch von Landflohmärkten in Irland – noch die letzte alte Mausefalle, die von der Großmutter vergessen Waschmittelpackung oder die längst von moderneren Autoren abgelösten Bücher der Unterhaltungsliteratur ergeben ein irisches Flair – auch wenn das Pub irgendwo in Berlin, München oder – wie das Tamdhu – in Oberwart liegt. Nur die Grundkonzeptionen bleiben gleich, allerdings auch da in klar konzipierten Varianten – eher ländlich, gälisch oder viktorianisch, städtisch.

Und immer ist eine lange Bar da – eine, über der keine zusätzlichen Borde, Verkleidungen oder sonstige Barrieren errichtet sind: Viel Luftraum über dem Tresen erleichtert die Kommunikation, haben irische Gastronomieexperten herausgefunden, als sie die irischen Pubs mit den oft strenger und „verbauter" wirkenden Bars in England oder gar Deutschland verglichen haben.

Und natürlich gibt es auch immer dieses schwarze Bier. Im Falle der Guinness-Pubs ist es natürlich das Guinness, das weltweit meist verkaufte Stout-Bier. Manche Lokale, die sich nicht von einem Großkonzern abhängig machen wollen, haben aber auch das Murphy's auf einem zweiten Hahn hängen. Aber Murphy's, das seit 1983 zum Heineken-Konzern gehört, kommt an die Markenstärke von Guinness nicht heran. In vielen Ländern vertreibt die Heineken-Organisation lieber Guinness als das Stout aus dem eigenen Konzern – so stark ist die Guinness-Marke.

Dazu kommt, dass Guinness im großen Maßstab jene Assoziation hergestellt hat, die die Samichlaus-Marke mit dem St. Nikolaus-Tag erzeugt hat: Guinness hat den Heiligen Patrick quasi für sich vereinnahmt, indem sie Feste für den irischen Nationalheiligen weltweit sponsert.

Die St. Patrick's Day Parade, die in amerikanischen Städten mit irischer Minderheit eine lange

Tradition hat, wurde erstmals 1996 in München abgehalten – organisiert von ein paar Iren und ihren Freunden. Die Veranstaltung war für 200 Leute geplant, gekommen sind 3000 – danach war klar: Die Parade zu Ehren des irischen Nationalheiligen wird Tradition. Guinness hat fleißig mitgeholfen, dass das auch funktioniert. In einer Presseaussendung von 2012 heißt es:

„Am 17. März soll die größte internationale Party zu Ehren des irischen Nationalheiligen gefeiert und damit ins Guinness-Buch der Rekorde eingetragen werden. Von dieser Aktion profitieren auch die rund 600 Irish Pubs in Deutschland. Guinness unterstützt die Feierlichkeiten in den Pubs auch in diesem Jahr mit umfangreichen Deko-Paketen. Hierzu gehören die traditionellen Guinness-Hüte, Luftballons, Tischaufsteller, Poster sowie T-Shirts. Für die richtige Einstimmung auf die Feierlichkeiten sorgt bereits am 11. März die große St. Patrick's Day Parade in München. Dabei lenkt Guinness als Hauptsponsor die Aufmerksamkeit der rund 30.000 Besucher wieder gezielt auf die traditionsreiche Biermarke – nicht zuletzt durch die sogenannten „Walking Pints", die als Guinness Pint verkleideten Menschen. Die St. Patrick's Day Parade in der bayerischen Landeshauptstadt ist die größte auf dem europäischen Festland."

Nun ja: Da steckt ein Jahrhundert internationaler Marketing-Erfahrung dahinter. Aber das eine oder andere kann man sich da wohl abschauen, auch Guinness ist ja nicht mit einem Schlag ein internationaler Erfolg geworden – selbst der Energy-Drink-Primus Red Bull hat ein Jahrzehnt und einen ganzen Fächer von Marketing-Aktivitäten gebraucht, um in die Region zu kommen, in der er nun etabliert ist.

Indem wir Guinness angesprochen haben, haben wir darauf verwiesen, dass Welthandel nicht nur aus Export besteht: Da gehört auch ein Bekenntnis zum Import dazu.

In der Schweiz war das nie ein besonderes Thema. Die jüngsten Zahlen des Schweizer Brauerei-Verbandes belegen, dass im Kalenderjahr 2015 die schweizerischen Brauereien insgesamt 3.438.047 Hektoliter Bier ausgestossen haben. Gleichzeitig wurden in der Schweiz insgesamt 4.623.709 Hektoliter Bier getrunken – was einen Import von knapp 1,86 Millionen Hektolitern bedeutet, während die Schweiz selber nur 60.216 Hektoliter exportieren konnte.

Die Bierimporte in die Schweiz zeigen über die Jahre eine steigende Tendenz, noch 2009 machten die Importe erst 20 Prozent aus, aber das war im internationalen Vergleich auch schon sehr hoch. Die hohe Importquote hat die Schweizer Biertrinker auch viel früher als Deutsche oder Österreicher auf die internationale Biervielfalt hin konditioniert – schon vor 20 oder 30 Jahren konnte man in vielen Schweizer Lokalen belgische Ales, englische Barley Wines und natürlich deutsches Hefeweizen trinken. Rund die Hälfte des schweizerischen Bierimports kommt aus deutschen Brauhäusern. Umgekehrt hat diese Offenheit des Publikums auch die einheimischen Produzenten beflügelt: Heute gibt es 623 biersteuerpflichtige Brauereien in der Schweiz – vor 30 Jahren waren es bloß 34.

In Deutschland ist der Bierimport mit 6,58 Millionen Hektolitern weniger als halb so groß wie der Export (15,7 Millionen Hektoliter). Der meiste Import passiert in den Bundesländern, die an starke Bierländer grenzen – Schleswig-Holstein und Hamburg schlucken eine Million Hektoliter wohl am ehesten aus Dänemark, Nordrhein-Westfalen eine ähnliche Menge wohl vorwiegend aus Niederlanden und Belgien.

Es lohnt allerdings, einen Blick hinaus in die große Welt des Bieres zu werfen – da entstehen neue Märkte, vielleicht auch eines Tages interessante Anbieter.

Die Tabelle der größten Bierländer zeigt die massiven Verschiebungen einerseits am oberen

Ende der Tabelle, aber auch am unteren: Montenegro, das nie ein großes Bierland war, ist nach der Trennung von Serbien mit seinen bescheidenen 380.000 Hektolitern aus der Tabelle gefallen. Bosnien/Herzegowina, das noch im Wiederaufbaujahr 2005 mit 1,15 Millionen Hektolitern in der Tabelle gestanden ist, weisen wir heuer mit 925.000 Hektolitern nicht mehr aus. Ähnlich ist es mit Lettland: Hier entwickelt sich, wenn auch nicht so rasant wie im benachbarten Estland, eine durchaus respektable Kleinbrauerei-Szene.

Andererseits finden wir Laos und Kamboscha, die wir vor zehn Jahren überhaupt noch nicht auf dem Radar hatten, nun in respektablen Größenordnungen, die denen der Schweiz respektive Dänemark entsprechen. Ein gigantisches Wachstum weist auch Vietnam auf, nämlich 4570 Prozent in 25 Jahren.

Ähnlich ist es mit Uganda, das 2155 Prozent Wachstum aufweist. Oder mit Sambia, das sich praktisch aus dem Nichts zu einem 3.650.000 Hektoliter großen Markt entwickelt hat. Dies dürfte vor allem darauf zurückzuführen sein, dass das traditionell daheim gebraute Hirsebier nach und nach Konkurrenz durch industriell gebraute Biere bekommt. Oder gar durch diese ersetzt wird.

Das Wachstum in Schwarzafrika, einer Weltgegend, die man hierzulande eher mit Armut denn mit Wirtschaftswachstum in Verbindung bringt, ist jedenfalls sehr beachtenswert – nicht zuletzt, weil sich ja auch mit afrikanischen Importen ein interessantes Geschäftsfeld auftun könnte.

Nigeria ist mit 27 Millionen Hektolitern ein größerer Biermarkt als die Niederlande – und bringt bezeichnenderweise auch ein Bier hervor, das auch in Mitteleuropa Anerkennung findet: Das in Nigeria seit 1962 gebraute Guinness Foreign Extra Stout wird nämlich – zur Umgehung der hohen Steuern auf Gerstenmalz – auf der Basis von Sorghum, also Hirse, gebraut, was dem Bier einen eigentümlichen molligen Charakter verleiht.

Mit über 7,5 Prozent Alkohol eignet es sich für den Export. In schwarzen Communities in unseren Ländern genießt es Kultstatus – Kenner suchen (und finden) es oft in Asia-Läden.

Angola, das 1990 noch mitten im Bürgerkrieg war, hat sich von diesem erholt – es ist trotz aller sozialen Ungleichheit im Lande die drittgrößte Volkswirtschaft in Subsahara-Afrika und nimmt mit elf Millionen Hektolitern Bierausstoß inzwischen eine bedeutende Rolle auf dem Weltbiermarkt ein.

Andererseits hat sich Ägypten aus dem Kreis der Hektoliter-Millionäre verabschieden müssen – hier sind die verheerenden Folgen von arabischem Frühling mit nachfolgender Islamisierung besonders zu spüren.

Jedenfalls lohnt es, den Trends auf der Spur zu bleiben.

50 STICHWORTE ZUM THEMA BIER

AFRIKA

Vom „Schwarzen Kontinent" dringen meist nur negative Nachrichten zu uns durch. Hier ein paar positive Aspekte: Einige Märkte zeigen stabiles Wachstum, in vielen Städten entsteht eine Mittelschicht. Und diese konsumiert zunehmend Bier: Zwischen 2013 und 2017 dürfte der Biermarkt um fünf Prozent wachsen – stärker als die Märkte in Asien (durchschnittlich vier Prozent) und Lateinamerika (durchschnittlich drei Prozent). Ein wesentlicher Grund ist die Abkehr von – hygienisch oft bedenklichen – hausgebrauten Sorghum-Bieren. Auffallend ist, dass in Afrika starke Biermarken entstehen, die durchaus in Europa Bedeutung gewinnen könnten, wie etwa das Tusker-Bier aus Kenia. Es kommt aus dem Diageo-Konzern, dessen in Nigeria gebrautes Guinness mit seinen 7 Prozent Alkohol schon heute in vielen europäischen Städten Kultstatus hat. Und die Fusion AB-Inbev mit SAB Miller hat einen bisher wenig beachteten Nebenaspekt: Damit hat sich AB-Inbev mit neun Prozent Marktanteil im wachstumsträchtigen Zukunftsmarkt Afrika festgesetzt.

ALKOHOLFREIE BIERE

46 Prozent der von uns befragten Männer und 27 Prozent der befragten Frauen schlossen sich der Meinung an, „alkoholfreies Bier ist für mich kein richtiges Bier". Das lässt zwar immer noch eine breite Mehrheit übrig, die alkoholfreies Bier als Alternative zum alkoholhaltigen Bier sehen. Aber es sollte auch zum Nachdenken anregen, ob das alkoholfreie Bier im richtigen Bereich des Supermarktes oder der Getränkekarte steht: Es ist eben nicht nur eine Alternative zu Bieren, es ist vielmehr auch eine Alternative zu anderen alkoholfreien Getränken. „Die Kunden schwenken in erster Linie aus dem Soft-Drink-Segment auf alkoholfreies Bier um", erklärte im November 2016 AB-Inbev-Konzernsprecher Oliver Bartelt der Deutschen Presse-Agentur. Aus der Brauerei-Perspektive betrachtet: Besser, es trinkt jemand alkoholfreies Bier als jemand trinkt eine Cola. Dann sollte das alkoholfreie Bier aber auch entsprechend platziert sein. Kämpfen muss es dort sowieso: Immerhin 39 Prozent der Befragten sagten uns auch: „Ich finde alkoholfreie Biere nicht so gut wie andere alkoholfreie Getränke".

Nach Berechnungen des Deutschen Brauer-Bundes wuchs im Jahr 2015 der Absatz alkoholfreier Biere 2015 um vier Prozent auf insgesamt 5,24 Millionen Hektoliter. Der Anteil von Alkoholfreien an der Gesamtbierproduktion in Deutschland stieg damit von 5,4 Prozent (2014) auf 5,6 Prozent. Mittlerweile ist laut Brauer-Bund jeder 15. Liter Bier, der in Deutschland hergestellt wird, alkoholfrei. AB-Inbev hat für die nächsten zehn Jahre noch weiter gesteckte Ziele: „Bis Ende 2025 soll jedes fünfte Produkt aus unserem Haus alkoholfrei oder alkoholreduziert sein."

ASIAN FOOD

Mit em Essen verbindet man im deutschen Sprachraum vor allem billige Chinalokale und noch billigere Asia-Noodles-Ausspeisungen – dazu vielleicht ein Sushi-Lokal oder ein Thai-Restaurant. Tatsächlich bieten die asiatischen Küchen aber eine sehr viel größere Vielfalt – auch wenn ihnen eine gewisse Spicyness gemeinsam ist. Dazu muss man wissen: Wenn eine asiatische Speise scharf, also „hot" schmeckt, liegt das meist am Chilli – beziehungsweise dessen Würzstoff Capsaicin. Dieses ist nicht wasserlöslich; ein Softdrink kann die Schärfe nicht wegspülen. Bier kann das aber, denn Capsaicin ist in Alkohol löslich. Schmecken muss das allerdings auch. Starke und stark gehopfte Biere sind daher ideale Speisenbegleiter zu Curries und anderen scharfen Gerichten – also am besten IPAs oder Imperial IPAs dazu servieren. In Richmond, Virginia, gibt es mit dem „Mekong" ein Lokal, das genau diese Schiene bedient: Vietnamesische Küche vom Feinsten, dazu eine Auswahl von gut 40 Craftbieren vom Fass.

BEER PAIRINGS

Die intensivere Beschäftigung mit den diversen Aromen, die in unterschiedlichen Bierstilen gefunden werden können, hat in den vergangenen Jahren auch Gastronomen Mut gemacht, mehr und differenzierte Speisenangebote rund ums Bier zu machen. Der Einstieg ist ja einfach: Säuerlichere Biere zu Fisch (etwa Weizenbier, besser Lichtenhainer Weisse), herbere Biere zu säuerlicheren Speisen (so passen Pils und Salate gut zusammen), stark gehopfte Biere zu stark gewürzten Gerichten (also etwa IPA zu Curries), alkoholreiche Biere zu dunklem Fleisch (Bockbier zu Wildgerichten) oder auch schwere „imperial" Stouts und Porters zu schokoladigen Desserts.

Auch mit Käsen gibt es wunderbare Pairings – viel bessere als mit den doch in ihrem Geschmacksumfang beschränkten Weinen, die sonst angeboten werden.

Aber darum geht es eben: Gastronomen müssen sich auch trauen, entsprechende Angebote zu machen. Und Biersommeliers zu beauftragen, bei kommentierten Verkostungen Stimmung für das Ausprobieren dieser Bier- und Speisenkombinationen zu machen.

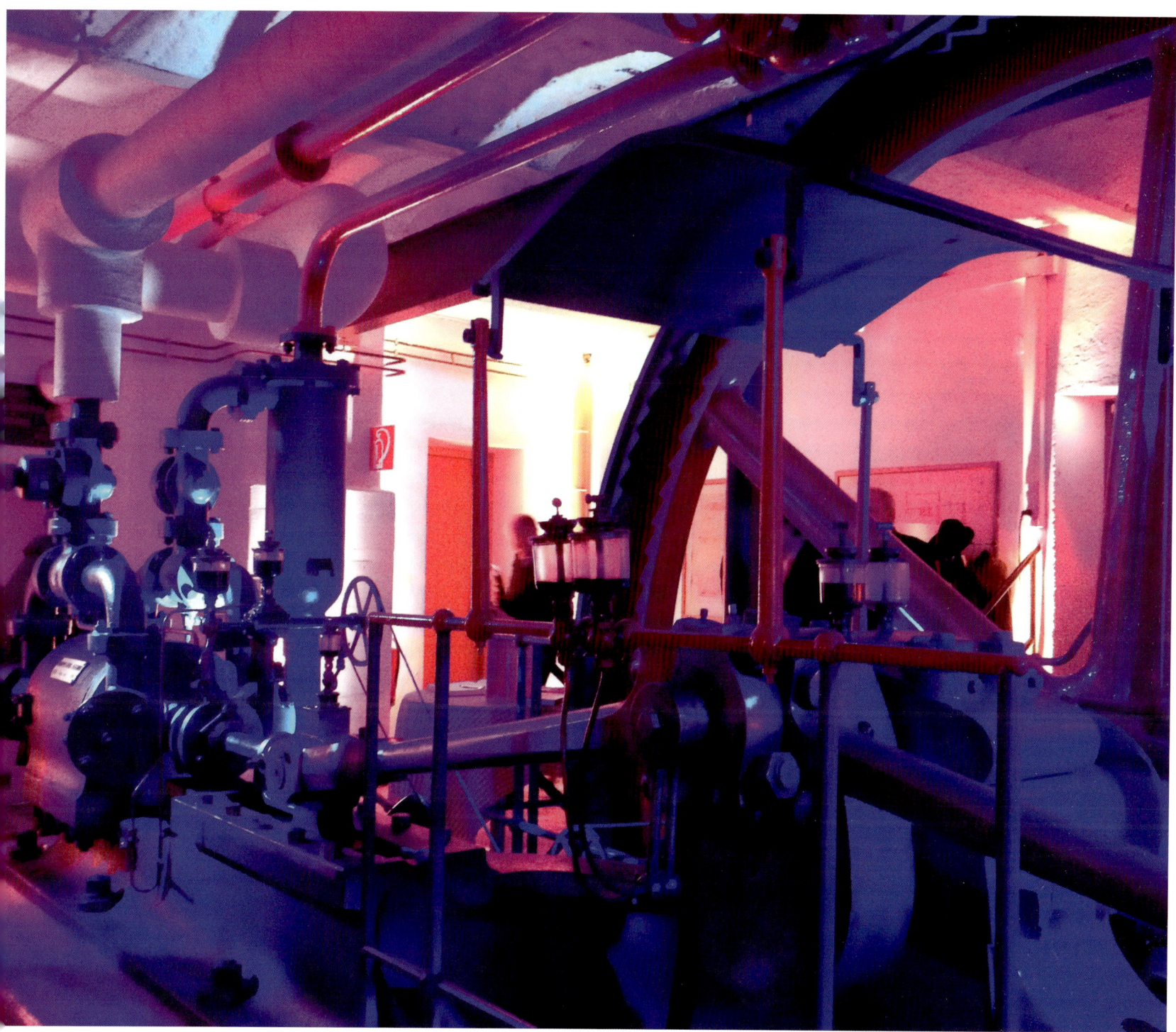

BESCHWERDEMANAGEMENT

Wir wissen: Nicht jeder, der sich beschwert, hat mit seiner Beschwerde recht. Aber jeder, der sich beschwert, will ernst genommen werden. Den Gefallen kann man ihm jedenfalls tun. Und sich zunächst einmal bedanken – denn jede Beschwerde ist eine Chance auf positive Kommunikation.

Es hat nicht geschmeckt? – Was können wir besser machen?

Wir haben einen Fehler gemacht? Helfen Sie uns bitte, aus unseren Fehlern zu lernen!

Wir waren unfreundlich? Sie wissen ja, wenn ein bayerischer Kellner nicht handgreiflich wird, gilt das bereits als freundlich. Nein, im Ernst: Dürfen wir Sie auf einen Drink einladen? (Ein Tragerl frisches Bier mitgeben/heimschicken…)

BILLIGBIER

Wer darin sein Heil sieht – bitte sehr: Die vielen und umfangreichen Aktionsangebote von Premiumbier im deutschen Handel konnten bisher den stetigen Absatzrückgang beim deutschen Bier nicht aufhalten. Die Großbrauereien verlangen für einen halben Liter im Schnitt 70 bis 80 Cent. Im Kastenangebot sinkt der Preis noch weiter. Bier ist vielfach so billig wie vor einem Jahrzehnt: „Wenn man es nüchtern betrachtet, liegen die Endverbraucherpreise im Premiumsegment auf dem Niveau vom Jahr 1999/2000", zitiert der Soester Anzeiger Jörg Dierig, den Geschäftsführer der Oettinger Privatbrauerei. Der Preisabstand zwischen stark beworbenen Premiumbieren und den tieferen Preislagen werde immer kleiner. Preiserhöhungen sind in Deutschland derzeit allenfalls im Bereich Fassbier in Sicht. In Österreich dagegen gelingt es dem Marktführer BrauUnion den Bierpreis regelmäßig moderat anzuheben.

BOTTLESHOPS

Im Internet findet man fast alles – und wer das nötige Kleingeld für Verpackung und Transport auf-wendet, kann sich viele Bierspezialitäten auch nach Hause liefern lassen. Oder sich die Pakete (in denen oft genug eine Flasche beschädigt ist) von der Post oder dem Paketshop holen, weil einen der Zusteller eben nicht daheim angetroffen hat. Viel Ärger, viel Mühe, hohe Nebenkosten – bevor man sich mit dem ersten Verkostungsschluck trösten kann. Immerhin kommt man so zu Bieren, die man eben nicht im nächsten Supermarkt mit seinem ewig gleichen Angebot bekommen kann. Jedenfalls sind in den vergangenen Jahren einige Detailgeschäfte entstanden, in denen man rare Biere zu vertretbaren Preisen bekommen kann: „Hopfen & Malz" in Berlin, „Beer-Lovers" in Wien und „Beers'n More" in Zürich sind ziemlich erfolgreich, weil sie auch Beratung (und Verkostungsmöglichkeiten, damit man nicht die Katze im Sack kaufen muss) bieten.

BRAUEREIBESICHTIGUNGEN

Die Brauerei für Besucher zu öffnen, ist eine der wirksamsten Marketingmaßnahmen – 57 Prozent der Befragten haben uns erklärt, dass ein wesentliches Motiv, ein Bier zu bevorzugen, darin liegt, „dass ich die Brauerei schon selber besichtigt habe".

Und wenn man es richtig macht, kann das Brauereimuseum sogar zum Profit-Center werden. Die Guinness-Brauerei in Dublin hat mit dem Guinness Storehouse sogar die meistbesuchte Touristenattraktion in Irland geschaffen, 1,5 Millionen Besucher kamen im Jahr 2015. Ein Familienticket kostet schlanke 48,50 Euro.

Da kann eine kleine Familienbrauerei natürlich nicht mithalten – auf einen Ansturm wie bei Guinness ist man nicht eingerichtet. Manche Brauer sehen es schlicht als Belästigung, dass Busunternehmen und Tourismusverbände die Brauerei für Urlaubsgäste als Schlechtwetterprogramm anbieten. Damit lassen sie sich eine Chance entgehen, Markenpflege zu betreiben. Natürlich steckt hinter manchen Anfragen für Brauereibesichtigungen ganz einfach der Wunsch eines Kegelklubs, in zweieinhalb Stunden so viel Freibier wie möglich hineinzuschütten – aber dem kann man vorbeugen, indem man jedem Besucher eine gewisse Anzahl von Jetons für Bierproben im Package anbietet; mehr gibt es dann eben nicht. Oder nur als Zeichen eines besonderen Wohlwollens des Einladenden. Und wenn man für die Brauereibesichtigung – inklusive Kostproben – Eintritt verlangt, kann man damit immerhin die Besucherströme steuern und Schluckspechte fernhalten. Wer aber Eintritt verlangt, der muss auch etwas zu bieten haben – sei es ein kleines Hausmuseum (vorbildlich etwa das Bierkrugmuseum in Bad Schussenried), eine historische Abteilung oder eben eine professionell geleitete Verkostung mit Hinweisen zum Beer&Food-Pairing. Krombacher führt vor, wie man ab 10 Euro (für registrierte „Krombacher Freunde", die man dann auch weiter betreuen kann) bis 69 Euro für eine „Krombacher Genusstour" gestaffelte Angebote machen kann.

BRAUKUNST

Es gibt Biere, die für sich genommen schon als Kunstwerk zu betrachten sind – weil sie mit Geschmack auszudrücken versuchen, was sonst in Malerei oder Tanz, in Literatur oder symphonischer Dichtung vermittelt wird. Etwa: Wie schmeckt die Urgewalt des Krieges? Kann man, darf man die Zerstörungen des Krieges einfangen in einer Bierflasche? Die auf einem flandrischen Bauernhof eingerichtete Brauerei Hof ten Dormaal hat es versucht. Flandern war immerhin ein Land, das im Ersten Weltkrieg besonders in Mitleidenschaft gezogen wurde, weil die Regierung sich darauf verlassen hatte, dass der neutrale Status Belgiens den großen Krieg an seinen Grenzen stoppen würde. Belgien war schlecht gerüstet, seine Neutralität hat die deutschen Truppen geradezu angezogen · und diese haben in Leuven/Löwen schrecklich gewütet. Der „Brand van Leuven", jenes Feuer, das die Deutschen im August 1914 legten, gilt seit damals als Beispiel für eine Kulturschande. Der Verlust an Menschenleben und die Zerstörung der Uni-Bibliothek mit ihren raren mittelalterlichen Handschriften sind bis heute nicht verwunden. Braumeister André Janssens sieht Brauerei als Braukunst an – und sein Bier als künstlerische Interpretation des damaligen Geschehens: In der Champagnerflasche mit dem giftgrünen Etikett liegt ein rotbraunes Bier mit ganz wenig Kohlensäure. Nicht die Spur von Schaum. Das „Brand van Leuven" genannte Ale ist auch nicht erfrischend, sein Aroma ist von Rauch geprägt, der Trunk von Säure, der Nachtrunk von Bittere. Dennoch harmonisch. Erschreckend. Aufwühlend. Künstlerisch.

BREWPUBS

Es ist noch heute möglich, dass kleine Brauereien groß werden – Sierra Nevada, Deschutes oder Lagunitas haben es in Amerika vorgeführt, Crew Republic in Deutschland oder Gusswerk in Österreich könnten es ebenfalls schaffen. Aber für kleine und mittelständische Brauereien wird es immer das Problem geben, dass der Markt nur eine beschränkte Anzahl von Marken aufnehmen kann. Der Shelf-Space im Handel und die Zahl möglicher Gastro-Outlets setzen eben Grenzen und die Marktmacht der Großen gibt diesen unbestreitbare Vorteile. Diesen Limits sind Brewpubs nicht unterworfen – hier können Braumeister sich mit der Entwicklung von Vielfalt austoben, hier können die Gäste Biere kennenlernen, die es so eben anderswo nicht gibt. Voraussetzung ist allerdings, dass man sich nicht darauf beschränkt, eine Gasthausbrauerei zu sein, die das gängige Helle, Pils oder Weizen von Großbrauereien in schlechter Qualität kopiert – wie das leider vielfach im deutschsprachigen Raum passiert.

Brewpubs können auch eine Chance sein, durch Downsizing profitabler zu werden: Fitger's Brewery in Duluth, Minnesota, wäre ein gutes Beispiel dafür: Von 1857 bis 1972 war Fitger's eine mehr oder weniger erfolgreiche Mittelstands-Marke mit einem jährlichen Ausstoß von rund 120.000 Hektolitern in den 1940er Jahren. Aber mit den Jahren wurde es immer schwieriger, mit den Biergigangen zu konkurrieren, so wurde die bis dahin auf Lagerbiere spezialisierte Brauerei geschlossen, der schöne Backsteinkomplex aber erhalten und in ein Hotel und Geschäftszentrum umgewandelt. Und ein Brewpub ist auch eingebaut worden. Das Bier ist vielfältiger denn je, gewinnt vielfach Preise – und ist trotz einer auf 3500 Hektoliter geschrumpften Produktion hoch profitabel.

BRUTALE NAMEN

Mit Arrogant Bastard hat Stone nun in Deutschland eine Marke eingeführt, die mit entsprechender Arroganz auftritt. Ejit Stout („Idioten Stoutbier") gibt es in Wien bei der 1516 Brewing Company schon länger. Das Publikum wird sich daran gewöhnen. Brauereien und Lokalbetreiber aber sollten sich die Namen sichern, ehe sich das Publikum daran gewöhnt hat. Bei uns noch ungewöhnlicher sind jene deutschsprachigen Lokalnamen, die in New York Biertrinker anlocken: „Bierleichen" heißt ein mit deutschem Bier und deutscher Küche werbendes Lokal in Ridgewood (Queens), in Williamsburg (Brooklyn) lockt ein Lokal namens „Fette Sau" mit Bier und Schweinefleisch. Beide Läden sind stets krachend voll.

COLLABORATION

Kollaboration hat im deutschen Sprachgebrauch einen üblen Unterton – im englischen nicht: Collaboration Brews sind in der amerikanischen Bierszene länst etabliert, charakteristisch ist immer die persönliche Beziehung von Braumeistern untereinander. Man lädt Gastbrauer zur Zusammenarbeit ein. Das umfangreichste Programm dazu hat Sierra Nevada aufgelegt: Deren Initiative „Beer Camp Across America" bietet Produktions- und Vertriebspartnerschaften für kleinere amerikanische Brauereien an. Zudem sind kreative deutsche Braumeister in Chico willkommen: Erst im Oktober 2016 war Stephan Michel von Mahrs in Bamberg drüben, um das von ihm gebraute Oktoberfestbier vorzustellen. Umgekehrt hat Sebastian Priller-Riegele von der Riegele Braumanufaktur in Augsburg ein mit Sierra Nevada gebrautes Bavarian Pale Ale in sein reguläres Programm aufgenommen. Im deutschsprachigen Raum dürfte die Zwettler Brauerei eine der ersten gewesen sein: 2001 lud Brauereibesitzer und Braumeister Karl Schwarz den damaligen Braumeister der Bochumer Brauerei Moritz Fiege, Gerhard Schröder, ein, in der Braustätte Weitra ein klassisches norddeutsches Pils zu brauen – als Spezialität für den lokalen Getränkehandel und die Gastronomie. Die Wiener 1516 Brewing Company lädt mehrmals im Jahr Braumeister als Gastbrauer ein, ein regelmäßiger Gast ist Christian Von der Heide, langjähriger EBC-Präsident und ehemaliger technischer Direktor von Diageo/Guinness. Den Durchbruch in Deutschland schaffte 2007 die Collaboration zwischen Hans-Peter Drexler von der Schneider Weisse und Garrett Oliver aus Brooklyn mit der Schneider-Brooklyner Weisse – heute als „Meine Hopfenweisse" im Programm.

CRAFTBIER

Craftbier ist – neben den anderen anzusprechenden Trends – natürlich auch ein Business-Modell: In den USA ist vom Zentralorgan der Craft Brauer Bewegung, dem New Brewer, im Februar 2015 das Ziel ausgegeben worden, dass der Marktanteil von Craft volumenmäßig 20 Prozent im Jahr 2020 zu erreichen wäre. Wertmäßig ist dies ja schon lange erreicht. Und es hat auch Vorbildwirkung für Europa, wo etwa das Hopfenhandelshaus Barth erklärt: *„Wir wollen die positive Bier-Revolution, die* *durch die Craftbiere ausgelöst wurde, weiter voran-treiben. Nicht zuletzt deshalb haben wir uns auch an der Brauerei Crew Republic in München mit ei-ner Minderheitsbeteiligung engagiert. Hier können wir noch mehr ausprobieren, hier können wir bewei-sen, dass es möglich ist, tolle Biere im oberen Preissegment zu verkaufen."*

Was Craftbier eigentlich ist, wurde vielfach zu definieren versucht – auch die Brewers Association hat die Definition mehrfach geändert, um dem Wandel in der Branche gerecht zu werden. Und auch in England gibt es ein Umdenken: CAMRA, die britische Campaign for Real Ale, die lange or-thodox ausschließlich für im Fass vergorene und mit der Handpumpe ausgeschenkte Cask-Ales lob-byiert hat, hat sich inzwischen geöffnet und sich an drei Definitionen herangetastet, die nicht unbe-dingt verbindlich sein mögen, aber einen entspann-teren Zugang zulassen, was „High Quality Beer" sein könnte: „Beer with full flavour regardless of its processing", „Brewed without the use of cost-sa-ving additional or replacement ingredients" und „Unpasteurized".

D OSEN

Für Deutschland, das sich 2003 von der in-ternationalen Entwicklung abgekoppelt hat, schwer vorstellbar – auf dem US-Markt aber immer wichti-ger und daher auch für Europa trendwirksam: Die Bierdose verliert ihr Schmuddelimage, in New Yor-ker Bars werden Dosen bereits als „Nano-Kegs", also als Fassbier aus winzigen „Fässern" angebo-ten. Viele US-Craft Brewer füllen ihre Spezialitäten längst in Dosen; nicht zuletzt, weil Dosenfüllanla-gen billiger und teilweise sogar mobil geworden sind. Begonnen damit hat Oskar Blues in Colorado bereits im Jahr 2002. Und selbst Corona Extra, das mit seiner Klarglasflasche über Jahrzehnte Kultstatus aufgebaut hat, wird seit 2015 in Dosen angeboten, wodurch es seine Position als stärkste

Importmarke auf dem US-Markt weiter ausbauen konnte. Und als Stone im Juni 2016 seine Brauerei in Berlin in Betrieb genommen hat, hat es der neu-en Konsumentenschicht, die die ideolgielastigen Diskussionen der 1980er und 1990er Jahre nicht mitbekommen hat, ins Stammbuch (beziehungs-weise auf jede einzelne Dose) geschrieben: „Dosen sind besser. Keine Frage. Dosen sind endlos recyc-lierbar, umweltverträglicher und besser fürs Bier." Die Zahlen zeigen, was noch nicht überall in Deutschland auffällt: In Europa wurden 2015 so viele Dosen wie noch nie zuvor abgefüllt: Laut BCME (Beverage Can Makers Europe) waren es ins-gesamt 64 Milliarden, das entspricht einer Steige-rung von 1,25 Milliarden Einheiten gegenüber dem Vorjahr. Aber auch in Deutschland gingen 2015 immerhin 2,08 Milliarden Dosen über die La-dentheken – rund 16 Prozent mehr als 2014, als 1,8 Milliarden Dosen verkauft wurden, natürlich nicht nur für Bier.

E THNO-GASTRONOMIE

Wir kennen das vom Italiener, vom Griechen, vom Chinesen. Wir kennen Sushi-Bars, Dim-Sum-Lokale und Hamburger-Restaurants (nicht nur von den bekannten Ketten, deren Namen wir weiter un-ten erwähnen). Aber beim Bier?

Im Bier-Bereich funktioniert das im deutschen Sprachraum bisher nur mit Irish-Pubs – und zwar umso besser, je „irischer" sie sind, also die Gäste auch auf Englisch ansprechen und im Zweifel Stout und nicht Pils anbieten.

In anderen Weltteilen funktioniert das auch mit Belgian Cafes – wobei die schönste Geschichte die von dem McDonalds Restaurant in Neuseeland ist, das heute ein Bier-Cafe ist: „Das Lokal ‚De Fontein' ist bereits das dritte belgische Bier-Café in Auck-land. Belgisches Bier statt Fast-Food – kein schlech-ter Trend!", hieß es schon vor zehn Jahren. Das Handelsblatt zitierte damals, im Juli 2006, Lian

Verhoeven von Inbev: „Wir brauchen die kleinen Brauereien, damit Belgien den guten Ruf als Bier-land behält." Und damit das auch so bleibt, ex-portiert AB-Inbev seit 1998 nicht nur das Bier ins Ausland, sondern die belgische Bierkultur gleich mit – die Website www.belgianbeercafe.com ver-weist darauf, dass relativ hohe Investments not-wendig sind, aber auch gute Gewinne zu erwarten sind. Interessant ist, dass in der Liste geplanter Franchise-Standorte nur zwei Städte im deutschen Sprachraum gelistet sind: Zürich und München.

Drehen wir die Frage um: Kann Deutschland ähn-liche Export-Konzepte bieten? Kaum. Zwar gibt es ein paar Anläufe, deutsche Bierkultur im Marken-Namen von Hofbräuhaus, Paulaner oder auch als Diebels Fasskeller im Ausland zu etablieren – sie wirken aber wenig in die Breite, weil ihnen zwei Vo-raussetzungen fehlen:

Erstens spürt man, dass diese Gastronomie-Ty-pen nicht einem gängigen deutschen Standard ent-sprechen, sie sind nicht authentisch genug: Im Hofbräuhaus Dubai fühlt man sich nicht wie im Hofbräuhaus München, allenfalls wie in einem Hof-bräu-Ausschank in Regensburg. Systemgastrono-mie setzt eben große Systeme voraus, wie es die Guinness-Pubs vorführen.

Zweitens bieten sie zu wenig Auswahl: Das Hof-bräuhaus in Pittsburgh orientiert sich architekto-nisch zwar am Münchner Lokal Am Platzl – aber es bietet für amerikanische Verhältnisse eine sehr bescheidene Bierkarte. Der Erfolg von irischen oder belgischen Pubs besteht ja darin, dass sie ein ganzes Land und nicht einfach nur eine Marke re-präsentieren.

F ANCLUBS

Wir haben schon darüber gesprochen, als wir E-Commerce diskutiert haben: Fanclubs helfen, ge-treue Konsumenten bei der Stange zu halten. On-line – aber noch viel mehr im richtigen Leben.

1993 gegründet, zählt der Meckatzer Fanclub mittlerweile tausende von Mitgliedern und ist damit einer der größten bezahlten Bierclubs in Deutschland. Den unrunden Betrag von 17,38 Euro pro Jahr legen die Fans hin – sie bekommen dafür T-Shirt, Biergutscheine und jährlich ein Fanclub-Treffen in der Brauerei. Was besonders gut funktioniert, ist die Vernetzung: Fanclubs mit Stammtischen gibt es nicht nur im Allgäu – ein Stammtisch steht sogar an der Spree. Das hilft nicht nur, Kontakt zu den Fans zu halten, sondern auch, die Beziehungen zu den Wirtsleuten zu festigen, denen die Fans ja Geld ins Haus bringen.

GASTHAUSBRAUEREIEN

Gutes Biermarketing beginnt mit einem guten Auftritt in der Gastronomie. Nicht mit großen Fernsehauftritten, nicht mit nackten Mädchen, schon gar nicht mit Billigaktionen im Handel. Und es ist auch nicht der niedrige Preis der Star, nicht ein knackiger Arsch oder ausladender Busen, auch nicht irgendwelche Landschaften, die sich schön in Fernsehspots und Inseraten zeigen lassen. Der Star ist das Bier. Gute Gasthausbrauereien wissen das. Aber so viele gibt es davon überraschenderweise nicht. In mancher Gasthausbrauerei gibt es kaum Biervielfalt – und oft erfüllt kein einziges der angebotenen Biere die minimalen Anforderungen an reines Aroma und guten Geschmack.

Und dann gibt es Gasthausbrauereien, die einfach nur begeisternd sind. Der Brauerei-Gasthof Zwönitz zum Beispiel: Der liegt im Erzgebirge gut eine halbe Stunde Autofahrt südlich von Chemnitz und gibt sich nicht damit zufrieden, einfach eine Gasthausbrauerei wie viele andere zu sein. Gebraut wird zwar auch das Erwartbare aus dem untergärigen Bereich – ein mild gehopftes Pilsner und ein noch milderes halbdunkles „Feieromd"-Bier. Doch die Experimentierfreude des Braumeis-

ters Dominik Naumann endet eben nicht dort.

Längst ist er dazu übergegangen, Gourmet-Biere zu brauen und abzufüllen. Die Ortschaft Zwönitz hat damit also eine „richtige" Brauerei, deren Biere in ein paar Dutzend Geschäften zu finden sind – lokal bei einigen Edeka-Märkten, aber auch in Berlin, das sich in den letzten Jahren immer mehr als Schaufenster für kleine Brauereien entwickelt hat. Neben den Leuten, die einfach ein Pils wollen, gibt es in Berlin mehr und mehr, die gezielt Ungewöhnliches aus deutschen Brauereien suchen. „Vor einem Jahr noch musste ich jedem Einzelnen erklären, was ein IPA ist", erinnert er sich, „aber jetzt kommen die Leute von selber und bestellen es. Oder, wenn sie unsicher sind, fragen sie, ob's so ein Indianerbier gibt. Da kommt man dann schon ins Gespräch." Dass das „Indianerbier" India Pale Ale nichts mit Indianern zu tun hat, lernen die Gäste dann noch.

GESCHICHTE

Für viele Biertrinker ist es wichtig, etwas über die Brauerei zu wissen – auch wenn ein Gründungsjahr irgendwann im Mittelalter ebenso wenig eine Garantie für gutes Bier ist wie eine Neugründung. Wenn man aber eine Geschichte hat, dann sollte man sie auch erzählen. Und zwar korrekt – also nicht zu viel Phantasie, dafür Fakten, Persönliches und Kuriositäten. Was eine Brauerei an Geschichte hat, ist ursprünglicher (und nicht kopierbarer) Teil des Markenkerns.

GESCHICHTEN

Was wir eben über historische Bezüge gesagt haben, gilt natürlich auch für andere Geschichten, die man über die Produkte einer Brauerei erzählen kann. Wahr sollten sie sein. Und kurz. Gut weiterzuvermitteln. Denn dann wird der kundige Kunde zu Storyteller, gibt also die Geschichte weiter an andere potenzielle Kunden: Der potentielle Kunde in Seattle, Moskau oder Berlin wird zunächst al-

lenfalls einmal eine ferne Ahnung von der Existenz des Produktes haben. Er wird es kaufen, wenn er das Gefühl hat, dass es sein Ansehen als Kenner steigert, und er wird gerne darüber reden wollen. Im Fall des Chimay Bruin („Capsule Rouge") wird er beispielsweise seinen Freunden nicht nur von der Trappisten-Tradition und der Kunst, Trappistenbiere aus dem richtigen Glas zu genießen, erzählen wollen, sondern auch über Geschmack und Aroma. Jeder Hinweis über die tatsächlich im Bier zu findenden Geschmäcker – sie reichen in diesem Beispiel von Karamell, Nüssen und sogar einem leichten Hauch von Zimt bis zu Früchten (Aprikosen, Weinbeeren) und natürlich eine kräftige, aber wohlbalancierte Bittere, die an Mandeln erinnert – wären hilfreich.

52 Prozent der von uns befragten Biertrinker haben angegeben, Biere zu bevorzugen, von denen es „eine gute Beschreibung gibt, was das für ein Bier ist".

Klar: Was immer ein Biertrinker auf dem Etikett finden kann, wird er in Diskussionen mit seinen Freunden verwenden und die Mundpropaganda wird es weitertragen.

Übrigens: Das Internet ist keine Ausrede – natürlich ist es gut, wenn die Produkte einer Brauerei auf der eigenen Website (aber auch im entsprechenden Bereich von ratebeer.com!) akkurat beschrieben sind. Weil aber nur wenige Leute beim Kauf oder gar Verkosten des Bieres den Internet-Auftritt ansehen, gehört möglichst viel von dieser Information auf das Rückenetikett der Flasche oder auf die Dose gedruckt.

GEWINNSPIELE IN DER GASTRONOMIE

Brauchen wir Freibier oder einen Free Lunch? Nein, keiner braucht das – und doch ist die Hoffnung auf einen Gewinn ein starker Motivator. Und besonders gut funktioniert das Marketing mit Gewinnspielen, wenn man online mit einem Angebot vor Ort kombiniert. Vorgeführt hat das beispielsweise das Gasthaus Pecha's. Einmal im Monat wird unter allen Gästen, die online reserviert haben, ein Gewinner gezogen und das durchaus traditionell: Die Namen werden auf Zettel geschrieben und gemischt. Anschließend darf ein anwesender Gast oder Mitarbeiter den Gewinner ziehen. Das Beweisfoto wird auf Facebook gepostet. Per E-Mail gratulieren die Restaurantbesitzer dem Glücklichen über die gewonnene Grillplatte für zwei. Wer auf der Website des Haus am See landet, stößt direkt auf die Notiz „Jede Online-Reservierung nimmt automatisch am Gewinnspiel teil." Das gibt dem Gast einen weiteren Anreiz einen Tisch bei Pecha's zu buchen: „Seitdem reservieren viel mehr Gäste online", wird Chefin Gerti Pecha zitiert.

HISTORISCHE BIERE

Unsere Befragung von Braumeistern hat ergeben, dass 79 Prozent der Braumeister vielleicht (40 Prozent) oder gar sicher (39 Prozent) historische Bierstile nachbrauen wollen. Bei allen zu diskutierenden Schwierigkeiten, die das mit sich bringt – ein gewisser Show- und damit auch Marketing-Effekt ist da schon zu erzielen. Zum Beispiel im Carillon Historical Park, wo die Carillon Brewery im Stil der 1850er Jahre eingerichtet ist – mit einer holzbefeuerten Pfanne, einer holzbefeuerten Darre und einer Reifung der Ales im Holzfass. Alles vor den Augen des Publikums.

HOLZFASSREIFUNG

64 Prozent der von uns befragten männlichen Brancheninsider und sogar 75 Prozent der weiblichen gehen davon aus, dass holzfassgereifte Biere künftig an Bedeutung gewinnen werden. Es sind vor allem junge Befragte, die das annehmen – und besonders ausgeprägt ist diese Erwartung in Deutschland und der Schweiz. Hätten wir dieselbe Frage Brancheninsidern in den USA gestellt, wäre die positive Antwort wohl gegen 100 Prozent gegangen. Kein Wunder: Holzfassreifung für Bierspezialitäten ist eine Möglichkeit, das Spezielle noch spezieller zu machen. Beim World Beer Cup 2016 in Philadelphia hatte die Kategorie 25 „Wood- and Barrel-Aged Beer" 66 Einreichungen, gewonnen hat La Quinta Brewing Co., Palm Desert, Kalifornien mit einem „Bourbon Barrel Aged Koffi Porter". Zudem gab es die Kategorien 26 „Wood- and Barrel-Aged Strong Beer" mit 151 Einreichungen (auch hier hat ein in Bourbon-Fässern gereiftes Bier gewonnen), 27 „Wood- and Barrel-Aged Strong Stout" mit 152 Proben sowie 28 „Wood- and Barrel-Aged Sour Beer" mit 115 Bieren. Diese Kategorie war übrigens die einzige Holz-Kategorie, in der sich eine europäische Brauerei – Thornbridge mit „Love Among the Ruins" – durchsetzen konnte.

INDIA PALE ALE

India. Ja, nicht: Indian. India Pale Ale ist der (relativ) helle Bierstil, der seinerzeit für die Kolonien in Indien gebraut wurde. IPA geht als Kürzel durch – und wir haben bei unserer Umfrage gesehen, dass die Branche zu 69 Prozent diesem Stil große Zukunft gibt. Aber eben bitte unter dem richtigen Namen und der richtigen Begrifflichkeit. Das heißt auch, dass man dem Begriff „Black IPA" entgegentreten sollte – auch wenn ihn der verdiente damalige Stone-Braumeister Mitch Steele eine zeitlang verwendet hat. Wenn ein wie IPA gebrautes Bier dunkel ist, dann ist es eben nicht „pale". Daher wurde der Begriff „Cascadian Dark Ale" vorgeschlagen, er trifft viel besser. So wie es ja auch kein „Schwarzes Pils" geben sollte, weil Pils ex definitionem ein „helles untergäriges Bitterbier" ist.

Was uns besonders aufgefallen ist, sind die kreativen Namen, die manche IPAs haben. Unsere Phantasie wird angeregt, wenn ein solches Bier „Bombay by Boat IPA" genannt wird, wie es Moonlight Brewing tut: Da ist in drei Worten erzählt, dass einst die India Pale Ales aus England mit dem Schiff um das Horn von Afrika bis nach Indien verschifft wurden – und dass diese Biere daher viel Hopfen und Alkohol benötigt haben, um solche Segelschifftransporte unbeschadet zu überstehen. Andere tolle Namen für IPAs lauten: „Bengali Tiger IPA" (Sixpoint Craft Ales), „Immortal IPA" (Elysian Brewing), „Highland Kashmir IPA" (Highland Brewing), und, auf die außergewöhnliche Hopfung verweisend: „Hoppy Hour IPA" (Mash House), „Ruination Double IPA" (Stone), „Bitter Woman India Pale Ale" (Tyranena Brewing Company), „Hop Meadow IPA" (Thomas Hooker / Troutbrook Brewing Co.) oder schlicht, einfach und sehr erfolgreich „Hop Devil" (Victory Brewing Company). Pelican Brewing machte sich überhaupt einen Spaß daraus, die Abkürzung IPA in „India Pelican Ale" zu übersetzen.

IRRTÜMER AUSRÄUMEN

Es ist nicht zu erwarten, dass die Bierkonsumenten allein deshalb (mehr) Bier zu sich nehmen, weil sie es als Gesundheitsprodukt einschätzen. Aber es macht Sinn, jeglichem Vorurteil entgegenzutreten, dass Bier nicht gesund wäre – vor allem in der Fachwelt (wo viele so genannte Ernährungsberater nicht auf dem letzten Stand sind), aber auch bei den Biertrinkern.

Selbst erklärte Bierfreunde – etwa Teilnehmer an Brauerei-Besichtigungen – haben offenbar zu wenig Ahnung davon, dass Bier eigentlich gesund ist. Charles Bamforth, der Vorstand des Instituts für Ernährungswissenschaft an der University of California in Davis, erklärte 2006 bei der Jahrestagung des Institute of Food Technologists, dass Biertrinker meinen, Wein sei gesünder als Bier. Er befragte 325 Besucher amerikanischer Großbrauereien und kam zu dem Ergebnis, dass Rotwein als gesünder als Weißwein eingeschätzt wird, danach kam Light Beer, Lager und schließlich dunkles Bier. Bamforth: „Beer, if you looked at it holistically, is healthier than wine. But it is not perceived that way." Diese falsche Wahrnehmung gehe sogar so weit, dass ein befreundeter Arzt (!) ihm gesagt habe, er trinke kein Bier, weil dieses zu viel Fett enthalte.

Nur zur Sicherheit erklärte er den versammelten Ernährungswissenschaftern, dass Bier überhaupt kein Fett enthalte.

Ernährungswissenschafter haben nämlich oft seltsame Ansichten von Bier: So wird der von vielen Beratern für das Abnehmen (Montignac-Diät) herangezognen glykämische Index von Bier mit 110 angegeben – wegen des angeblich hohen Maltosegehalts. Dass die Maltose zwar in der Bierwürze enthalten ist, nicht aber im fertig vergorenen Bier, wird dabei ignoriert. Es kann nicht schaden, bei Gelegenheit auf solche Unstimmigkeiten, die der ganzen Bierbranche schaden, hinzuweisen.

KÄSE

Was den Charme der Kombination von Bier und Käse ausmacht, ist nicht zuletzt das Spiel von Säure, Süße und Salzigkeit des Käses mit den säuerlich-süßen und hopfigen Komponenten des Bieres. Vor allem: Käse macht aufgrund seiner Zusammensetzung durstig – clevere Gastronomen in Belgien kurbeln daher den Bierabsatz an, indem sie ein paar Käsewürfel als Snack zum Bier anbieten.

Die Agrar Marketing Austria (AMA) hat Programme für Bier-Käse-Kombinationen in den letzten Jahren sehr effizient im deutschen Markt etabliert. Hier wird angeleitet, welche alpinen Käse zu welchen (überwiegend deutschen) Bieren passen – wobei sich etwa zeigt, dass der klassische Bierkäse zu den modernen hellen Bieren gar nicht passt; seinen idealen Partner findet er in dunklen obergärigen Bitterbieren wie dem Fuller's ESB aus London oder dem Uerige Alt aus Düsseldorf. Das sind offenbar jene Biergeschmäcker, die gängig waren, als Bierkäse erstmals gekäst wurde.

KAUFMOTIVE

Biermarken werden in der Gastronomie gemacht. Auf die Frage, warum man ein bestimmtes Bier bevorzugen würde, antworteten die mehr als 1900 Befragten zu 50 Prozent: weil „ich es aus der Gastronomie kenne".

Das Argument wird besonders oft von Befragten aus Österreich, von Politikern, von Braumeistern und von Gastronomen selbst genannt.

Zum Vergleich: Das Reinheitsgebot wird selbst unter deutschen Befragten nur von 43 Prozent genannt (in Österreich sind es 23, in der Schweiz gar nur 13 Prozent); „dass ich die Marke aus dem Fernsehen kenne" reizt überhaupt nur vier Prozent zum Kauf.

Und 21 Prozent sagen, dass sie Bier deswegen trinken, weil es auch ihre Freunde gerne trinken – ein Motiv, das vor allem Befragte unter 30 und Frauen antreibt. Allerdings ist dieses Motiv rückläufig – bei einer vergleichbaren Umfrage unter deutschen Biertrinkern im Jahr 2006 sagten uns noch 31 Prozent, dass sie sich beim Biertrinken der Wahl ihrer Freunde anschließen würden.

Wichtigstes Kaufmotiv ist derzeit aber die Regionalität: 72 Prozent sagen, sie bevorzugten Biere „aus meiner nächsten Umgebung".

KRISTALLGLÄSER

Dass der Willibecher nicht der Weisheit letzter Schluss ist, wenn es um hochwertige Biere geht, ist weitgehend bekannt – und dass edles Kristallglas Bier aufwertet, hat Spiegelau bewiesen: Die Manufaktur entwickelte Formen für IPA, Stout und Witbier.

Dazu wurden mundgeblasene Prototypen erstellt, die die Eigenschaften der jeweiligen Bierstile möglichst gut betonen. Mit diesen Prototypen wurde eine Verkostung im Rahmen der Expertengruppe veranstaltet. Am Ende einigten sich die Bierkenner auf das außergewöhnliche IPA-Glas mit speziellen Designelementen: Das dünne Glas hält das Getränk länger kühl, der hohle gerippte Stiel belüftet das Bier beim Einschenken sowie beim Weitertrinken und begünstigt die Freisetzung der Aromen und diese Aromen werden dann auch im obersten Bereich des Glases wieder eingefangen und konzentriert an den Verkoster übermittelt. Das Halbliter-IPA-Glas wurde in Kooperation mit den Brauereien Sierra Nevada und Dogfish gebrandet in den Markt eingeführt – mit rund einer Million verkauften Gläsern gleich im ersten Jahr ein großer Erfolg.

KUNST

Einige Brauereien haben entdeckt, dass es lohnt, die Kunstszene zu sponsern. Eine junge Galerie oder eine junge Künstlergruppe ist oft schon dankbar, wenn eine Marke mit Kultstatus bei Vernissagen ein paar Kästen Bier springen lässt – und für eine Brauerei kann genau das der Weg sein, mit wenig Aufwand, in einer jungen Szene Kultstatus zu erlangen.

Die Schwechater-Marke, eine regionale Marke des Heineken-Konzerns, hat auf diese Weise unter jungen Künstlern in Wien ihr (allerdings auch kultverdächtig schön aufgemachtes) Zwicklbier positionieren können

Das Engagement kann natürlich auch weitergehen – wie etwa die Stiegl-Brauerei beweist, die jedes Jahr Studierende an der Universität für Angewandte Kunst einlädt, Etiketten zu gestalten. Das ist eine gute Gelegenheit für junge Künstler, eines ihrer Werke in wirklich hoher Auflage gedruckt zu sehen. Das badische Welde-Bräu verfolgt seit 20 Jahren ein ähnliches Konzept: Mittlerweile sind durch den WeldeKunstpreis weit über eine Million Menschen auf ungewöhnliche Weise zeitgenössischer Kunst begegnet. Neben der Künstlerförderung ist genau das ein Ziel des Preises: Kunst im Alltag erlebbar machen und Menschen, die sich nicht oder wenig mit Kunst auseinandersetzen, mit Kunst in Berührung bringen.

LOW CARB

Im deutschen Sprachraum hat die Kategorie Diätbier nie so richtig funktioniert – einmal wollten Konsumenten nicht unbedingt ein Bier haben, das mit medizinischen Vorschriften in Verbindung gebracht wird; andererseits wird gerade jeder Gesundheits-Anspruch bei Bieren derzeit von der Rechtssprechung in die Schranken gewiesen. Als „Dry" Bier gehen dieselben Produkte schwer durch, weil „dry" so ausgesprochen wird wie „3" – man kann halt nicht „ein drei Bier" bestellen. Aber unter dem Begriff „Low Carb", der im englischen Sprachraum verwendet wird, könnte derselbe Stil noch einmal zu Ehren kommen. Constantin Simon hat das mit Nixe-Bier vorgeführt: „Ich war 2008 auf Auslandssemester in Australien. Dort haben Low-Carb-Biere, also äußerst erfrischende Biere mit deutlich weniger Restzucker, gerade irrsinnig geboomt. Diese Kategorie hatte ich bis dahin noch nicht gekannt, das gab es bei uns nicht. Für mich war klar: Das ist ein super Produkt. Ich hab dann damit begonnen, das Projekt aufzusetzen und habe eine Partnerbrauerei gesucht, die zu uns passt. Wir haben dort in Kooperation das Bier entwickelt und nach etwa einem Jahr auf den Markt gebracht. Wir haben mit ‚Nixe' bewusst einen sehr ungewöhnlichen Namen für ein Bier gewählt. Er ist sehr einprägsam und spiegelt viele Elemente wider, wie das Wasser, die hochwertigen Inhaltsstoffe und die österreichische Landschaft. Wir wollten zeigen, dass wir ein komplett neues Bier machen. Die alten Biermarken sind alle sehr eingesessen, sehr traditionell. Wir können mit etwas Neuem herausstechen."

MERCHANDISE

T-Shirts und Kappen hat schon so ziemlich jede Brauerei als Souvenir für die Fans. Besser sind hochwertige Hemden, Jacken, Hosen. Und eigene Bierkrüge – die Spitalbrauerei in Regensburg hat eigene Designer-Krüge aufgelegt, die durch ihr besonderes Aussehen zu Sammlerstücken wurden. Auch sonst lohnt es, Kreativität walten zu lassen – dann lassen es sich die Fans etwas kosten, dass sie für die Brauerei Werbung machen dürfen.

Apropos Werbung: Wenn die Merchandise-Artikel cool genug sind, dass ihnen Kultstatus zuerkannt wird, dann kann es sinnvoll sein, in der Werbung mal nicht das ewig gleiche Bierglas herzuzeigen, sondern stattdessen die Merchandise-Artikel anzubieten.

MEXIKO

Zwei Jahrzehnte schon hält Corona die Top-Position unter den US-Importbieren, 2015 hat es die Position weiter ausgebaut, Modelo Especial hat inzwischen Heineken (das rund sechs Jahrzehnte das unangefochten führende Importbier in den Vereinigten Staaten war) auf den dritten Platz verdrängt. Während alle auf das – in der Tat beachtliche – Wachstum des Craft-Segments schauen, bauen die Mexikaner ihre Präsenz bei den Importen aus. Im Vorjahr sind alle mexikanischen Marken insgesamt um knapp 19 Prozent gewachsen, am stärksten die in Europa noch wenig bekannten Marken Modelo Especial Chelada (plus 62 Prozent), Tecate Light (plus 53 Prozent), Modelo Especial (26 Prozent) und Dos Equis (14 Prozent). Dies ist nur teilweise auf den steigenden Anteil der aus Lateinamerika stammenden Bevölkerung an der US-Gesamtpopulation zurückzuführen – hier entsteht eine ganze Markenkultur neu. Und wenn der neue Präsident Donald Trump sich tatsächlich daran macht, illegal in den USA lebende Mexikaner abzuschieben, wird der Konsum mexikanischer Produkte für viele Konsumenten eine Frage der Solidarität werden; und das wohl nicht nur in den USA.

MINDESTPREISE

Bei Zigaretten sind wir es schon gewohnt – aber inzwischen beginnt die Politik Mindestpreise auch für alkoholische Getränke einzufordern, um diese weniger attraktiv zu machen. Die schottische Regierung hat einen entsprechenden Plan 2012 vorgestellt, 2016 wurde er vom Höchstgericht gebilligt. Man rechnet, dass etwa die Hälfte der alkoholischen Getränke im Einzelhandel teurer verkauft werden müssen – was letztlich den großen Markenprodukten nützen sollte, die im Verhältnis zum „Minimum Unit Price" von 50 Pence nicht mehr so teuer erscheinen. Laut Beveragedaily.com sind 67 Prozent des schottischen Biergeschäfts von der Regelung betroffen. Es gilt, wachsam zu sein: Politiker argumentieren gerne, dass eine Einschränkung des Alkohols „im europäischen Trend" liege – womit Schottlands Gesetzgebung (trotz Brexit) zur Blaupause für regelungswütige Politiker auch in unseren Breiten werden könnte. Als Erstes müsste, wie in Großbritannien, zunächst eine Verpflichtung eingeführt werden, dass auf jeder Flasche angegeben wird, wie viele Standard-Drinks da eigentlich enthalten sind – wenn also über entsprechende Verpflichtungen gesprochen wird, ist es für die Getränkebranche ratsam, aufzupassen, was dahintersteckt.

MULTI-TAP BARS

Wir wissen: Es gibt konservative Biertrinker, die immer das gleiche Bier trinken wollen. In einer Umfrage unter österreichischen Biertrinkern für den Bierkulturbericht der BrauUnion haben wir 2016 herausgefunden, dass 29 Prozent der Biertrinker auch regelmäßig zum gleichen Bier greifen. Aber jene Befragung, die unabhängig von der Studie für dieses Buch durchgeführt worden ist, zeigt auch, dass 45 Prozent der Bierkonsumenten neugierig auf ein neues Bier sind – wobei jene, die häufiger Biere trinken, besonders interessiert sind. Sie haben es auch nicht so leicht: In Österreich gibt es nur eine Handvoll Lokale, in denen mehr als zehn Biere vom Fass angeboten werden.

Andererseits: Wie soll man bei einer solchen Auswahl richtig wählen? Im Redbones, einem Studentenlokal in Somerville nahe Boston gibt es ständig 27 Biere aus teilweise sehr wenig bekannten Kleinbrauereien vom Fass. Wer sich nicht entscheiden kann, wird eingeladen, die Wahl dem Los zu überlassen: Hinter der Bar befindet sich ein Glücksrad und das Bier, bei dem es stehen bleibt hat man dann eben zu trinken. Das macht den jungen Leuten – das Redbones ist nicht weit von der Harvard University und dem MIT – Spaß und es sorgt für Aufsehen im Lokal, jedes Mal, wenn das Rad gedreht wird.

Das Hauptproblem, sagt Redbones-Chef Robert Gregory, sei nicht die Unentschlossenheit der Gäste angesichts der Vielfalt unbekannter Biere – vielmehr wäre es die Neigung, im Zweifel zum bekanntesten Bier zu greifen: Wenn er an einem Zapfhahn Budweiser hätte, wäre mindestens jedes zweite Bier, das er verkaufen würde, ein Budweiser, die anderen 26 Biere hätten nur noch eine halb so große Chance, gewählt zu werden und würden womöglich alt werden. Daher gibt es Budweiser nur auf Verlangen aus der Flasche. Das Geheimnis, viel frisches Bier in großer Auswahl anbieten zu können, laute einfach „Always kick out the best selling beer", sagt Gregory. Es klingt hart, immer das jeweils populärste Bier vom Zapfhahn zu verbannen – das ist aber nur eine konsequente Weiterführung der Idee, dass die Gäste nicht wegen einer Sorte Bier, sondern wegen des Lokals und seiner Biervielfalt kommen.

NACHHALTIGKEIT

Der Leitgedanke der Nachhaltigkeit entspringt der Land- und Forstwirtschaft und ist schon im 18. Jahrhundert anzusiedeln: In den frühindustriellen Zentren des alten Europa, als die Wälder unter übermäßiger Ressourcennutzung litten, forderte im Jahr 1713 ein emsiger Beamter aus Carlowitz die „nachhaltende Nutzung" der Wälder. In Österreich hat die Brauwirtschaft das Thema für sich entdeckt, die BrauUnion bewirbt vor allem ihr in Göss gebrautes Bier als „nachhaltig" hergestellt. „Die Biergenießer des Landes wollen, dass ihr Bier nachhaltig gebraut wird und vertrauen auf die grüne Herstellung ihres Lieblingsgetränks", heißt es im Bierkulturbericht der BrauUnion 2016. Einer Market-Umfrage im Auftrag des österreichischen Branchenführers ist zu entnehmen, dass 60 Prozent der Bevölkerung darauf vertrauen, dass in Österreich Bier nachhaltiger gebraut wird als in Deutschland, den Niederlanden und Tschechien, den anderen großen Bierländern. Vor allem die jungen Biergenießer von 18 bis 29 Jahren sind zu 68 Prozent davon überzeugt, dass das heimische Bier das nachhaltigste ist. Insbesondere die Marke Gösser wird von 30 Prozent der Bevölkerung als die am nachhaltigsten produzierte Biermarke des Landes bewertet.

„Nachhaltigkeit bei den Rohstoffen fängt bei der Regionalität an: Es ist natürlich wesentlich nachhaltiger, mit österreichischen Rohstoffen zu arbeiten, als mit solchen, die erst über lange Transportwege herangeschafft werden müssen. Damit künftig ein noch größerer Anteil des Bedarfs mit österreichischer Gerste gedeckt werden kann, wird neben der Sommerbraugerste auch vermehrt mit Winterbraugerste gearbeitet. Das hat in der Landwirtschaft und für die Brauereien auch den zusätzlichen Vorteil, dass das Ernterisiko reduziert wird", wird Josef Rösler, ein Gerstenbauer aus dem niederösterreichischen Schöngrabern, zitiert.

Und Robert Grossauer, Gösser-Wirt in Graz, erklärt: „In Sachen Nachhaltigkeit und Bier nehmen wir bei unseren Gästen durchaus Interesse wahr:

Viele haben zum Beispiel von der ,Grünen Brauerei Göss' gelesen und erkundigen sich explizit nach dem nachhaltig gebrauten Bier, andere sehen in unserer Bierkarte Bio-Biere und bestellen bewusst diese. Damit hängt auch oft ein regionales Interesse zusammen, das Bewusstsein in diesem Kontext ist in den letzten Jahren definitiv gestiegen."

Fragt man, welcher Aspekt der Nachhaltigkeit die Menschen interessiert, erfährt man, dass 76 Prozent der Österreicher mehr zur Herkunft der Rohstoffe wissen wollen. 52 Prozent interessieren sich für die Transportwege zu und von den Brauereien. Weitere 49 Prozent wollen mehr über Gütesiegel erfahren und 41 Prozent der Befragten interessieren sich für den Energieverbrauch im Brauprozess.

PARAGRAPH 11

Auf alten Fotos finden wir immer wieder den § 11 oder das so genannte „elfte Gebot" – es besagt schlicht: Wenn all das, was in den „zehn Geboten" des alten Testament, den ersten zehn Paragraphen eines Gesetzes oder sonstigen kunstvoll im Dezimalsystem eingerichteten Regeln nicht zum Erfolg hilft – dann halte trotzdem fest an dem, woran Du glaubst. Der § 11 vieler alter Zunftordnungen hat besagt: „Es wird weiter gewandert." Das hieß: Selbst unter ungünstigen Bedingungen, wenn sich alles gegen einen auf Wanderschaft von Ort zu Ort, von Meister zu Meister befindlichen Gesellen verschworen zu haben schien, so musste er doch dem alten Handwerksbrauch folgen und seine Wanderschaft fortsetzen. Bierbrauer und Bierkonsumenten, vor allem aus dem studentischen Bereich, haben das dann im 19. Jahrhundert, als das Wandern der Gesellen langsam aus der Mode kam, abgewandelt in ein „Es wird weiter getrunken."

Uns gefällt dazu allerdings auch der Spruch,

den Michael Hale von Hale's Ales als Merksatz auf seine Shirts gedruckt hat: „The Main Thing is to keep The Main Thing The Main Thing". Dann bleibt man im Biergeschäft schön auf das Bier fokussiert.

PRICING

Wer ein Bier zu einem ordentlichen Preis verkaufen will, muss noch teurere Biere im Programm haben. Nicht eines. Mehrere. Dann schaut der verlangte Preis für das Bier, von dem man eigentlich viel verkaufen will, nicht mehr so hoch aus. Macht jeder Weinbauer so. Sollte jeder Bierbrauer so machen. Und jeder Gastronom sowieso: Der muss nur ein sehr rares, unverschämt teures und mit einem weit in der Zukunft liegenden Ablaufdatum versehenes Starkbier als Referenzpreis auf die Karte setzen. Von dem wird er nicht viel verkaufen. Aber die Preise für die anderen Biere werden plötzlich viel akzeptabler wirken.

PUBLIC RELATIONS

Man kann nicht nicht kommunizieren. Diese alte Weisheit (©Paul Watzlawick) ist leider zu vielen Bierwirten nicht durchgedrungen. Und zu vielen Brauereien auch noch nicht. Webauftritte, Presseaussendungen, ja selbst Pressekonferenzen lassen oft die Frage offen, was denn eigentlich die neue Information ist, die wert wäre, hinaus in die Welt getragen zu werden. Wobei Journalisten die örtliche Brauerei zwar sehr gern haben – vielleicht auch, weil sie gelegentlich ein Freibier springen lässt; nur finden sie oft wenig Neuigkeitswert, um darüber zu berichten.

Anders ist das, wenn Journalisten aus dem Ausland ein interessantes Bier entdecken – die machen dann oft eine tolle Story daraus. Als im Jahr 2010 der experimentierfreudige Braumeister Hilmar Hommel ein aus dem Jahre 1944 stammendes Kriegsbier mit Molke nachgebraut hat, bekam ein englischer Journalist die Geschichte völlig falsch mit. Als dieses unter Mitverwendung von Molke gebraute Leichtbier im Sommer 2010 vorgestellt wurde, scherzte ein Brauereisprecher, dass es zur Erhaltung der Manneskraft durchaus nützlich wäre, weniger Alkohol zu trinken. Prompt erschien in mehreren britischen Medien eine Story, dass die Vorarlberger Käse ins Bier täten (noch ein Missverständnis: Molke fällt bei der Käseproduktion an, ist aber selber kein Käse) und dass dies gut für die Potenz wäre. Als später Damen bei Braumeister Hommel anriefen, um für ihren Mann diskret etwas von diesem Potenzbier zu ordern, fiel der fast vom Sessel.

Aber das ergab nun auch wieder eine gute, weitererzählbare Story, die in den heimischen Medien aufgegriffen wurde.

Was in der Pressearbeit oft vergessen wird, ist, dass der Prophet im eigenen Lande nichts zählt. Eine Erwähnung in einer ausländischen Zeitung ist mitunter leichter zu bekommen als in einer heimischen. Aber sie lohnt sich doppelt: Erstens kommt es ja durchaus vor, dass eine Story in einem amerikanischen Magazin neue Geschäftskontakte auslöst oder auch Touristen in die Region unserer Brauerei bringt. Zweitens, das ist noch wichtiger: Eine kleine Notiz aus einer ausländischen Zeitung kann man schön kopieren und sie im Lokal aushängen und auf die Website stellen. Örtliche Reporter kommen dann fast von selber – denn die Brauerei oder das Lokal ist erst durch die Erwähnung in ausländischen Medien richtig interessant geworden. Zur professionellen Kommunikation gehört natürlich auch, dass man alle wissen lässt, was ganz fremde Journalisten so geschrieben haben.

QUALITÄTSBEWUSSTSEIN

Wer ist eigentlich für die Bierqualität verantwortlich? Der Braumeister? Die Qualitätskontrolle im Labor? Die Transportlogistik? Der Schankbursche? Alle miteinander? Wahrscheinlich. Die Full Sail Brewery hat das so gesehen. Sie hat auf alle Business-Cards, vom Aushilfs-Kellner bis zum Brauereichef als Job-Title „Quality Manager" geschrieben. Damit jeder daran denkt, dass er oder sie für die Qualität des Bieres mitverantwortlich ist.

RADLER

Das bayerische Erfrischungsgetränk mit Tradition hat vor allem in Österreich große Erfolge gefeiert. Andreas Stieber, Marketingdirektor bei der BrauUnion Österreich, dazu: „Wir wissen natürlich, dass wir mit Gösser eine sehr starke Marke haben, Gösser ist auch das beliebteste und meistverkaufte Bier Österreichs. Der Gösser NaturRadler ist weit über die Grenzen Österreichs hinaus bekannt und stark nachgefragt, insbesondere ist der Gösser NaturRadler auch in Deutschland der beliebteste importierte Radler. Dass wir mit dieser Marke aber sogar das Gesamtranking des Cash Brand Equity Index gewonnen haben und uns damit über alle Warengruppen hinweg den besten Brand Equity Index mit einem Wert von 4,7 sichern konnten, macht uns ein bisschen stolz."

Allerdings darf man beim Radler – und anderen Biermischgetränken – nicht aus den Augen verlieren, dass solche Getränke nicht nur junge, sportliche Menschen zu sich nehmen. Vielfach sind es nämlich Senioren und hochbetagte Menschen, die in der Mischung von Bier und Erfrischungsgetränk jene erfrischende Wirkung suchen und finden, die ihnen weder das eine noch das andere Getränk bieten würde.

SAUERBIERE

„Sour is the new bitter" ist seit Jahren ein gängiger Spruch in der US-Craftbier-Szene. Tat-

sächlich werden immer mehr Biere mit Brettano-
myces- und Milchsäuregärung angeboten – beispielsweise von Ale Industries, einer kleinen
Brauerei, die in einem Hinterhof in Concord, California gestartet ist und 2014 nach Oakland über-
siedelt ist. Sie hat schon 2012 mit ihrem „Sour
Stout" überzeugt, einem Stoutbier, das mit lokalen
Mikroorganismen aus den Obstgärten der Umgebung gesäuert wurde.

36 Prozent der von uns befragten Braumeister
meinen, dass Sauerbiere wie Gueuze oder Lambic
an Bedeutung gewinnen werden – und liegen damit
im Branchenschnitt. Die von uns befragten Gastronomen sind eher skeptisch, von ihnen glauben nur
29 Prozent an ein Wachstum im sauren Bereich,
28 Prozent eher an ein Schrumpfen. Biersommeliers sind allerdings völlig überzeugt, dass das
Thema stark im Kommen ist, 48 Prozent erwarten
ein Wachstum.

Bescheidener sehen die Zahlen für (Leipziger)
Gose aus: 22 Prozent der Braumeister halten das
säuerlich-salzige Gewürzbier für einen Stil, der zu-
legen wird – bei den Sommeliers sind es 33 Prozent.

Die Umfrage zeigt auch: Saure Biere und Frucht-
biere sind Stilrichtungen, die von Frauen wesentlich höher geschätzt werden als von männlichen
Befragten.

SPASS

So ernst das Bierbusiness manchmal sein kann
– man spricht ja nicht umsonst von Bierernst: Wer
Bier verkauft, der verkauft nicht bloß ein Getränk.
Er verkauft auch den Spaß, den Menschen damit
haben. Wer nicht selber dran Spaß hat, ist im fal-
schen Beruf. Wer den Spaß nicht vermitteln kann,
auch. Und das kann alle möglichen Ausprägungen
haben – ein bisserl schräg darf es schon sein.
James Watt, der Gründer von Brewdog, hat unter
seine Rechnungen ein freundliches PS geschrieben:

*„Please pay this invoice on time. Otherwise I
won't be able to feed my dog. I wish I was kidding.
If you are not intending to pay on time, please send
some dog biscuits to: BrewDog, Balmacassie,
Ellon, Scotland"*
Da muss doch jeder schmunzeln! Wichtiger
noch: Da zahlt jeder pünktlich. Und vielleicht am
wichtigsten: Mit dieser freundlichen Aufforderung
hat die Marke BrewDog sich fest als außergewöhnliche Biermarke im Hirn des Empfängers verankert.

STARKBIER

Starkbier ist stark im Kommen, es entspricht
der Idee, weniger, aber besser zu trinken. Natürlich fallen viele der neuen Craftbiere steuerlich in
die Bockbier-Kategorie – aber das Angebot außer-
gewöhnlicher (außergewöhnlich starker, außergewöhnlich dunkler, außergewöhnlich hopfiger)
Starkbiere ist auch für traditionelle Brauereien
eine Option. Immerhin sind Biere mit mehr als 14
Grad Stammwürze in den vergangenen Jahren in
Deutschland stark im Trend. Es läge also nahe,
Bock- und Doppelbockbiere, die in unserem
Sprachraum ohnehin als Spezialitäten fest verankert sind, als „typisch deutsche" Variante des
Craftbieres zu etablieren.

TAPROOMS

Brewpubs haben der wachsenen Gruppe von
Bierkennern das Biererlebnis mehr oder weniger
unmittelbar nahegebracht. Das sollte eigentlich
jedem Bräustüberl auch gelingen. Wenn es denn
nicht so altvaterisch wäre. Und wenn es stärker
mit dem Bierbrauen verbunden wäre. Der Vorzug
von Taprooms ist nämlich die unmittelbare Lage in
einer Produktionsbrauerei. Und das ist in den USA
oft mehr als bloß ein Brauereiausschank – zunehmend bemühen sich die Brauereibesitzer darum,
„fine dining" (und eben nicht deftige Brauhausků-

che) in ihren Häusern anzubieten. Und: Wer ein,
zwei Bier in der Brauerei gekostet hat, ist dann
auch eher bereit, Merchandise-Artikel zu kaufen.
Jeder Brauereiausschank sollte welche bereit haben. Und zwar am Ausgang.

TRACHT

Bemerkenswert wie das Bier sollten auch die
Menschen sein, die es brauen. Woran erkennt man
einen Brauer? Auf die Frage sind wir bei Fernseh-
aufnahmen in der südsteirischen Hopfen- und
Weinbaugemeinde Leutschach gestoßen. Bei einem Event „Weinhauer trifft Bierbrauer" waren die
Weinbauern in ihrer Tracht gekommen, die sich vor
allem durch den (übrigens erst vor wenigen Jahren
designten) Junkerhut auszeichnet. Die Fernsehleu-
te wollten nun auch vom Braumeister haben, dass
er sich in seiner Uniform zeige – nur gibt es eben
nichts, was als verbindliche Berufskleidung des
Bierbrauers gelten könnte, wenn man einmal von
dem weißen Mantel der Ingenieure absieht, der für
Filmaufnahmen auch nicht wirklich geeignet ist.
Wenn man dagegen vergleicht, was den Erfolg der
amerikanischen Kleinbrauereien ausgemacht hat,
dann war das stets auch das etwas andere, als wit-
zig und damit „bierig" empfundene Auftreten ihrer
Repräsentanten. Matthew Reich von New Amster-
dam Brewing war beispielsweise dafür bekannt,
dass er an jede seiner Visitenkarten ein Säckchen
mit einer Hopfendolde hängte und so eine Duft-
spur durch New Yorks Geschäftswelt zog.

UNTERSCHEIDBARKEIT

Bier wird vor allem dann zum Star, wenn
es sich von anderen unterscheiden lässt.
Was macht Corona extra anders? Die Klarglasflasche? Der schlanke, fast leere Geschmack? Oder
der Kult um die Limettenscheibe? Ja, natürlich
weckt Corona auch Assoziationen mit Urlaub, Me-

xiko, Exotik – „Beach in a bottle". Aber es ist eben mehr. Sehen wir das für andere Biere an:
• Was macht Guinness anders? Die Farbe, der Kaffeegeschmack, die ganze irische Markenwelt rundum?
• Was ist an Jever so besonders? Dass es aus Friesland kommt? Die grüne Flasche? Oder die wahrnehmbare Bittere?
• Woran erkennt man Orval? An der einmaligen Flaschenform? Am Fisch mit dem Ringlein auf dem Etikett? Oder an dem signifikanten lederartigen Aroma, das aus besonderen Hopfensorten und den verwendeten Brettanomyces-Hefen resultiert?
• Warum ist das Pinkus Müller Münstersch Alt so anders? Weil es ein Bio-Bier ist? Weil es aus Münster kommt? Weil sich jeder fragt, woher der Name „Pinkus" kommt (und jeder, der es weiß, es weitererzählt)? Oder weil es das einzige bewusst säuerliche Altbier Deutschlands ist?

VERKOSTEN

Über das Angebot professionell organisierter Bierverkostungen wollen wir uns hier nicht länger auslassen – wer Conrad Seidl oder einen anderen Bierprofi engagieren will, eine kommentierte Verkostung zu machen, kennt sich ohnehin meist ganz gut damit aus, was läuft und was nicht. Was wir hier meinen, ist etwas anderes: Es ist eigentlich unerträglich, dass viele Gastronomiemitarbeiter die von ihnen angebotenen Biere nie gekostet haben. Genau genommen müsste jedes Fassbier täglich kritisch verkostet werden, bevor der erste Gast ein „frisch" gezapftes Bier bekommt. Die zuständige Kellnerin oder der zuständige Schankbursche müssten verlässlich erkennen, ob in den von ihnen ausgeschenkten Bieren Fehlgerüche, Fehlgeschmäcker oder optische Fehler zu erkennen sind. Dann gibt es ein Problem mit der Bierleitung. Möglicherweise eines, das durch Wegschütten von

zwei, drei Gläsern Bier zu beheben ist. Vielleicht steht aber auch eine Schankreinigung an. Und die wäre dann wirklich pronto durchzuführen; und das restliche Bier zu verwerfen.

VINTAGE BIERE

Bier ist ein Frischeprodukt, so haben wir es gelernt. Aber das stimmt eben nicht für alle Biere – Bockbiere, Doppelbockbiere, Old Ales, Imperial Stout und viele Sauerbiere werden durch lange, oft: sehr lange, Nachreifung deutlich interessanter. Das teuerste Bier in diesem Geschäft ist die „Holy-Grail"-Sammlung von Samuel Adams Utopias, bestehend aus einem 7-Pack mit Jahrgangsflaschen von 2002, 2003, 2005, 2007, 2009, 2012, 2013. Dieser Schatz kostet stattliche 7500 US-Dollar. Wenn man überhaupt das Glück hat, eine dieser Raritäten zu ergattern. Ganz unbekannt ist das Potenzial gereifter Biere auch in Deutschland nicht. Schneider Weisse hat 2015 einen ganz besonderen Schatz für den Heimatmarkt ausgegraben, wie die Fachpresse berichtet hat: Aventinus Vintage (Jahrgang 2012), eine drei Jahre in historischen Weizenbierkellern gereifte Version des Aventinus, wurde erstmals in Deutschland angeboten. Dabei gab es das Bier schon längst für die USA: Bereits 1999 hat Georg V. Schneider mit der Einlagerung in diesem Keller begonnen und das Bier dann jeweils nach drei Jahren – edel verpackt in Seidenpapier – nach Amerika exportiert. Ausgezeichnet durch seine perfekte Balance aus fruchtigen und süßlich-malzigen Noten entwickelt der Aventinus während der langen Nachreifung in der Flasche weiche Aromen und einen noch kraftvolleren Körper.

WEIZENBIER

Rund fünf Jahrzehnte lang hat Weizenbier einen Boom erlebt – Erdinger hat das Seg-

ment wiederentdeckt und bearbeitet, dann wurde es zum Inbegriff des „bayrischen" Bieres und hatte enorme Wachstumsraten. Es gibt inzwischen Zweifel, ob das in Bayern so weitergehen wird – Andreas Stöttner hat solche Zweifel im Juni 2016 im Getränkefachgroßhandel geäußert und vermutet, dass lokal der Trend eher zum Hellen geht. Aber bundes- und weltweit scheint der Trend ungebrochen: „Im Jahr 2015 erfuhren die 32 größten Weißbiermarken einen beachtlichen Anstieg von 7,2 Prozent – das sind fast 0,75 Millionen Hektoliter. Der Konsum im Inland sowie die ausgeführten Mengen stiegen damit auf insgesamt 11,078 Millionen Hektoliter gegenüber 10,333 Millionen Hektoliter im Vorjahr", berichtet die Brauwelt.

WERBEVERBOTE

In Weißrussland kann man sehen, wie Werbeverbote für Alkohol wirken: Es wird zwar nicht weniger getrunken – aber der Markteintritt für neue Anbieter wird extrem erschwert, während die großen etablierten Anbieter das Geschäft exklusiv für sich machen. Das also wäre der Effekt, wenn sich jene 29 Prozent der für dieses Buch befragten Politiker durchsetzen, die mehr oder weniger deutlich gesagt haben: „Werbung für Bier sollte nur mehr in Gaststätten, nicht aber in den Medien erlaubt sein."

Zu bedenken ist auch: Große Anbieter können sich mit Werbeverboten eher arrangieren – sie haben ja schon große Marktanteile – als kleine Brauereien mit Wachstumsambitionen.

ZUTATEN

Auf den meisten Bieretiketten steht nur das, was unbedingt draufstehen muss. Das gibt wenig Anlass, darüber zu reden – und wenn, dann eher negativ: Wenn da von „Hopfenextrakt" die Rede ist, dann gibt es bei den Verkostungen auf der Grünen

Woche garantiert wieder Anfragen, „warum da kein echter Hopfen drinnen ist". Das ist natürlich Blödsinn. Aber Erklärungen, was Hopfenextrakt ist, will niemand dem Konsumenten zumuten. Schade. Und noch bedauerlicher: Kaum jemand sagt dem Konsumenten, welche Hopfensorte verwendet wird – viele Konsumenten wachsen daher mit dem Halbwissen auf, dass „Siegelhopfen" eine Sorte sei.

Der Einwand, dass die Konsumenten doch ohnehin nichts von den Feinheiten der Rohstoffe verstünden, gilt nicht: Wenn auf einem Etikett steht, dass der Braumeister sich für diese oder jene Hopfensorte, diese oder jene Malzqualität, dieses oder jenes Brauverfahren entschieden hätte, dann sagt das auch dem Unwissenden, dass der Braumeister ganz konkrete Vorstellungen hat – und dass er eine hochwertige Ausbildung genossen hat, die man braucht, um all das zu verstehen. Daher nicht im Nebulösen – „gebraut mit den besten Rohstoffen" – verbleiben, sondern die Zutaten detailliert auflisten und erklären. Auf den Rückenetiketten ist Platz für viele gute Erklärungen.

EXPERT TALK

THORSTEN SCHOPPE. Studierte Brauwesen in Berlin und gründete mit dem Schoppe-Bräu eine der ersten Craft-Brauereien in Berlin. Sein Bier wird inzwischen deutschlandweit vertrieben.

„ JA, DAS WAR 'NE GANZ IRRE TRUPPE."

Conrad Seidl im Gespräch mit **THORSTEN SCHOPPE.**

CONRAD SEIDL: *Du hast in Berlin vor 15 Jahren deine eigene Brauerei aufgemacht, wenn ich das richtig im Kopf habe?*
THORSTEN SCHOPPE: Ja, richtig, ja. Und so ein bisschen zu meiner Historie: Die startet tatsächlich schon früher. Ich bin halt während des Studiums, als ich Brauereiingenieur studiert habe, in die Berliner Bier Company geraten und das waren aus meiner Sicht so die Ersten, die man als Craft Brewer bezeichnen konnte. Das war in ganz Deutschland ganz einzigartig.

Aufgefallen ist die Bier Company 1996 mit dem Hanfbier Turn.
Genau, das ging damals durch die Medien.
Weil es nicht nach dem Reinheitsgebot gebraut war – obwohl es ja damals politisch gewünscht war, Hanf, zumindest THC-freien Hanf, zu fördern.

Und ich kann mich erinnern, dass ich in Eurem Keller in Kreuzberg ein ganz wundervolles Kirschbier, das „Berliner Kriek" gekostet habe...
Ja, da waren allerlei wundervolle Biere. Ich glaube, das waren insgesamt so 150 oder so und das hat mich schon sehr geprägt. Ich meine: Ich hatte mein Studium, da ist alles extrem theoretisch abgelaufen und war nicht immer spannend, aber ich hatte halt nebenbei da mal gearbeitet und das war so meine kleine Familie. Danach war ich dann versaut für die große Industrie. Schließlich hatte ich direkt nach dem Studium die Chance, in eine Gasthausbrauerei einzusteigen. Da habe ich die Minibrauerei dort gepachtet und dann nahm das so seinen Lauf...

Du hast schon gesagt, dass man seinerzeit das Craftbier als Begriff noch gar nicht gekannt hat.

Kannte ich gar nicht, nee, nee. Ich meine: Es war schon damals auf der Welt. Es ist ein angelsächsischer Begriff – und wir haben damals schon in die USA rübergeschielt. Ich kann mich erinnern, wir hatten irgendwie die Kappen auf, wo drauf steht „Support your Local Brewery" und „American Homebrewers Association". Im Endeffekt haben ja einige schon rübergeguckt, Du warst ja auch mehrfach drüben. Aber in Deutschland ist das gar nicht angekommen und das Wort „Craft Beer" war mir nicht geläufig. Wir haben so in dem Stil gebraut wie die Amerikaner, wir haben auch Pale Ales und IPAs gebraut und wir haben alles in Kessel geschmissen, was „Kräuter Kühne" im Angebot hatte und so. Also das war eigentlich schon so ähnlich wie das, was heutzutage auch gemacht wird. Nur niemand hat es interessiert und niemand hat dazu Craftbier gesagt.

Ich kann mich erinnern, dass ich einmal bei euch war, es muss so 1998 gewesen sein. Das war so ein Kellerlokal in Kreuzberg, und da sind verschiedene Biere gestanden, ich habe die Etiketten gelesen und habe bei einem Bier gefragt: „Darf ich das kosten?" Ihr habt gesagt: „Oh ja – das ist ein Bier, das ist uns sauer geworden. Wir finden es gut." Ich habe es auch gut gefunden.
Ja, das war ne ganz irre Truppe da. Also wirklich, das denk ich mir immer, das ist wirklich schade! Die Jungs waren ihrer Zeit voraus. Ich mein: Die sind ja auch weiterhin gut untergekommen. Aber im Prinzip, vielleicht sieben oder acht Jahre später, wären sie der große Renner geworden. Aber so waren sie auf verlorenen Posten.

Du hast mit dem Schoppe Bräu eine eigene Marke aufbauen können. Da ging es ja zunächst auch dar-

um, zunächst einmal eine halbwegs laufende Gasthausbrauerei zu sein.

Also ich hatte nie großartige Pläne. Ich wollte nie die Weltherrschaft an mich reißen, ich wollte nie Becks verdrängen oder so. Ich hatte einfach den Wunsch, selber Bier zu brauen und mein eigenes Ding zu machen und das konnte ich mit dem kleinen Sudwerk verwirklichen. Ich habe dann natürlich irgendwann gemerkt: Okay, jetzt einfach nur in 'ner Gasthausbrauerei für das Gasthaus zu brauen, das ernährt dich nicht richtig. Und dann fängst halt irgendwie alles ganz langsam an, dann kam mal einer von draußen und sagte: „Hey, ich will dein Bier auch haben!" Und dann zog es ein paar Kreise und irgendwann stellte ich halt fest: Okay, allein schaffe ich's nicht mehr, dann hab ich halt meinen Lehrling eingestellt. Das ging alles immer ganz langsam, ganz organisch irgendwie vor sich.

Ich habe mir die Biere, die du zu den Hopfentagen mitgebracht hast, angesehen und sie verkostet. Da war jetzt eines dabei, das mit Birkensaft gebraut war. Ein Bier, das du nicht Bier nennen darfst, aber es ist natürlich eines. Und ein schönes Stout – in Berlin geht das wohl ein bisschen leichter als in einer bayerischen Kleinstadt.

Definitiv – wobei ich sagen muss: Eine tolle Sache, die wir in letzter Zeit geschafft haben, ist, dass wir jetzt auch so einen kleinen deutschlandweiten Vertrieb geschafft haben. Nachdem wir ja bisher eigentlich nur in Berlin waren, haben wir jetzt einen Vertriebler gefunden, den Bjane Hoier von „One Pint", mit dem wir zusammenarbeiten. Der verteilt gerade so die etwas extremeren Biere über das ganze Bundesgebiet. Das heißt: Sämtliche Craft Beer Stores, und Locations und Bars etc, die werden halt von dem beliefert und das gibt uns eine tolle Distribution. Insofern können wir auch wirklich solche Biere, die oftmals auch für Berliner Verhältnisse zu extrem sind, trotzdem brauen,

weil wir wissen: Die kriegen wir weg, das ist irgendwie das Tolle dran.

Berlin hat ja im Vergleich mit anderen Weltstädten verhältnismäßige lange gebraucht, um eine eigenständige Bierszene zu entwickeln, auf der Biermeile waren Dutzende Brauereien, die dann letztlich sehr ähnliche Biere angeboten haben. Noch vor zehn Jahren, war da noch nicht viel – wenn ich damals in Berlin Spezialitäten haben wollte, bin ich ins Aufsturz gegangen und ansonsten war da nicht viel. Jetzt ist es ganz anders, jetzt hast du an jedem Eck einen Laden, der Craftbier hat.

Das ist wirklich ein Phänomen der allerletzten Jahre, muss man sagen. Vor vier oder fünf Jahren gab's da eigentlich nichts, oder fast gar nichts. Und jetzt ist es im Grunde eine Welle. Wobei selbst das ist natürlich alles ganz klein. Das sind halt, weiß ich nicht, wenn du das großzügig siehst, sind es vielleicht 20 Läden, die wirklich auch sowas machen, was man jetzt Craft Beer nennt. Aber in Berlin gibt es glaub ich 8000 gastronomische Betriebe und davon sind 20 wirklich Craftbier-lastig. Also auch diese Hauptstadt-Szene ist wirklich noch in den Kinderschuhen.

Aber Potential wäre da noch viel mehr?

Sehe ich so, ja. Es geht sicherlich darum, diese interessanten Biere einer größeren, weiteren Öffentlichkeit darzustellen. Es hilft nichts, wenn du einen Craft immer nur in die Monterey Bar auf der Danziger Straße am Prenzlauer Berg bringst, was zwar eine eine geile Bar ist, aber das Craftbier, das muss halt in die normale Gastronomie raus. Das muss an die normale Kundschaft gebracht werden. Ich denke, das ist momentan die Aufgabe, und ich sehe auch die Chance, die sich da jetzt bietet. Dass man halt erst Einzelhandelskontakte hat, erste Edekas, freie Kaufleute, die stellen sich ein interessantes Biersortiment rein. Wir sind inzwischen im KaDeWe in der Feinschmecker Abteilung, wir sind im Kaufhof am Alexanderplatz –

letztes Monat haben die eine komplette Palette von uns abgenommen. Das sind so Sachen, die jetzt wirklich interessant sind und die jetzt gerade anlaufen. Und das geht so weiter.

Was man ja auch sehen kann: Dass große Brauereien, ob des jetzt Köstrtzer ist oder Becks, oder in Österreich Stiegl und die BrauUnion hergehen und sagen: Okay, wir machen auch ein Witbier und ein Pale Ale – und die drängen damit womöglich die kleinen, ursprünglich aus der Szene kommenden Brauer aus der brauereigebundenen Gastronomie und wohl auch aus dem Handel hinaus.

Das kann sicherlich passieren. Das wird aus meiner Sicht immer in dem Bereich passieren, in dem ein bisschen Marktpotential zu sehen ist. Diese Flexibilität musst du als Kleinbrauer haben, einfach zu sagen: Wenn meine bisherige Nische verbrannt ist, musst du dir etwas Neues ausdenken. Die werden wahrscheinlich nicht 600 Hektoliter Birkensaftbier anbieten. Das ist ja dann die neue Nische. Du musst halt aktiv bleiben, dich immer wieder neu erfinden, dann funktioniert das. Letztlich glaube ich auch, dass natürlich irgendwann beim Pale Ale passieren wird: Dann wirst du als kleine Brauerei mit den Preisen mit den Großen nicht mehr mitgehen können und spätestens dann musst du dir etwas Anderes suchen.

Denkst Du, dass das Pale Ale jener Bierstil ist, der eine breite Akzeptanz finden wird?

Ich glaube, Pale Ale hat das meiste Potential. Damit kannst du die Leute abholen. Ein normaler Pils-Trinker, der kennt eine gewisse Bittere und der hat, wenn er mal ein Pale Ale probiert, dann als neues Phänomen, als Geschmackssensation noch diese gewisse Fruchtigkeit dazu. Was ihm gefallen kann oder auch nicht – aber vielen gefällt es. Ich glaube schon, dass das mittelfristig einen lohnenden Anteil an der Produktion einer größeren Brauerei ausmachen kann.

market

EXPERT TALK

MATTHIAS NEIDHART. Gründete 1994 einen Bierimport für die USA – sein Ziel war, die ausgeprägtesten Beispiele für Bierstile ins Land zu bringen, darunter Uerige Alt, Hofstettner Granitbock und Houblon Chouffe. Mit seinem Sohn Ben betreibt er in Oxford, Connecticut, eine kleine Spezialitätenbrauerei „ordinem ecentrici coctores".

„ EINE AUSSERORDENTLICH ARROGANTE HALTUNG. "

Conrad Seidl im Gespräch mit **MATTHIAS NEIDHART.**

CONRAD SEIDL: *Wir haben vor 10 Jahren für das Buch „Bier verkaufen" darüber gesprochen, dass die Deutschen noch nicht erkannt haben, was in einem guten Bier alles drinnen sein kann. Haben Sie es inzwischen erkannt?*

MATTHIAS NEIDHART: Ich bin nicht ganz so sicher. Was wir sehen über die letzten 10 Jahre, da ist ein Movement in Deutschland, aber das ist so langsam relativ zu anderen Ländern, dass wir manchmal schockiert sind, wie langsam das geht. Wir gehen jedes Jahr zu dem Kölner-Bier-Festival, das ist immer Ende Mai, da treffen sich eigentlich interessante kleine Brauereien. Die Biere sind okay, aber im weltweiten Maßstab, was in anderen Ländern passiert, nicht nur USA, sondern in Italien, Südkorea, Japan, ist die Geschwindigkeit der Änderung in Deutschland fast wie eine –„turtle" – was heißt Turtle auf deutsch? – Schildkröte – ja, wie eine Schildkröte.

B. United International hat einigen deutschen Brauern geholfen, Exporte zu machen. Der deutsche Brauer hat generell immer gesagt: „Naja, wir machen ein gutes Helles, die Amerikaner trinken Helles, aber kein gutes, daher müssen wir ihnen Helles bringen." Was ist an dieser Überlegung falsch?

Da ist eigentlich nichts Falsches dran. Als wir angefangen haben vor 20 Jahren, 1995, war unser Ansatz – und daran wird sich auch nichts ändern: „Wir möchten Biere in der allerhöchsten Aroma- und Geschmackskomplexität". Das bedeutet nicht unbedingt zwölf Prozent Alkohol, das kann auch ein dreiprozentiges Sessionbier sein. Als wir angefangen haben, war diese Welt für uns die Welt der Klassiker. Micheal Jackson, der ja leider verstorben ist, war ganz stark unser Guide zu den klassischen Bieren. Und die Klassiker kommen aus Eu-

ropa, wir haben das diskutiert – nicht weil Europa so viel smarter ist, Europa ist einfach älter. Und die Klassiker im Weizenbier-Bereich, im Helles-Bereich im Lambic-Bereich, im Dunklen-, im Schwarz-Bier sind alle Bierstile aus Europa. Und wir haben uns auf diese Brauereien konzentriert und haben mit diesen Bieren angefangen, und die sind ganz toll. Aecht Schlenkerla war ein Riesenerfolg in den USA und dann natürlich Uerige Düsseldorfer Alt. Nachdem wir den Bereich der Klassiker abgedeckt hatten, war der nächste Schritt, neue Bierstile zu entwickeln, neue Variationen zu entwickeln und wir möchten in diesen neuen Stilen, in diesen neuen Variationen auch wiederum das beste Bier reinbringen, von höchster aromatischer Komplexität. Und da fehlt Deutschland, weil dieses findet in Deutschland nicht statt. In Deutschland bleiben die meisten Brauer immer noch auf ihren traditionellen Biersorten und denken, das ist alles was die Welt möchte und was die ganze Welt benötigt. Das stimmt so nicht.

Als wir vor 10 Jahren gesprochen haben, da hat gerade Uerige mit einem DoppelSticke begonnen, eine Initiative, die letztlich aus Amerika gekommen ist. Es hat Achouffe mit dem Houblon Chouffe begonnen, auch eine Initiative von B.United International. Es waren ja die Belgier damals auch noch nicht so weit, wie sie heute sind. Aber die Lernkurve war offenbar bei den Belgiern steiler als bei den Deutschen.
1995, als wir angefangen haben, war die Entwicklung in den USA auch noch ganz am Anfang – aber die Amerikaner sind enorm innovativ. Und viele Biere sind dann auch nicht richtig gelungen. Aber wenn ich Innovation betreibe, kann ich nicht davon ausgehen, dass alles perfekt ist. Das ist lächerlich. In keiner Industrie funktioniert Innovation so. Die

Amerikaner aber haben eine enorme Geschwindigkeit. Was in Amerika in drei Jahren abläuft, läuft vielleicht in Deutschland über 20 Jahre ab. Und diese enorme Geschwindigkeit an neuen Stilen, an neuen Variationen, die in Amerika entwickelt worden sind, das wollten wir nach Europa kommunizieren. Das ist eigentlich eine neue Welt, die uns interessiert, lasst uns etwas entwickeln basierend auf und mit europäischen Brauereien, die ganz toll brauen können. Und wir haben Brauereien gefunden, die mit uns mitarbeiten, in Belgien und in Italien und in England und in Österreich und dann Uerige mit DoppelSticke und dann letztendlich ein bisschen ganz klein Apostelbräu, eine ganz, ganz kleine Dorfbrauerei in der Nähe von Passau und der hat mit uns mitgearbeitet und das macht richtig Spaß. Aber es ist im Vergleich zu anderen Ländern, zu anderen Brauereien in anderen Ländern sehr, sehr viel schwieriger.

In den USA habe ich vor vielleicht vier oder sechs Jahren, gesehen, dass kleine Brauereien Sauerbiere brauen – und zwar sehr interessante. Ich bin zu Brauereien gegangen, die ihre eigene Mikrobiologie gemacht haben und wilde Hefe geerntet haben, so wie es auch hier passiert. Bei uns in Österreich stand zu diesem Zeitpunkt im Codexkapitel Bier, dass Bier mit Reinzuchthefe vergoren werden muss. In Amerika, braut man einfach darauf los. Da sagt einer: Wir machen saure Biere und auch wenn sie keiner trinkt, wir machen sie trotzdem, weil irgendwann trinkt es jemand. Und jetzt trinken die Leute das.
Ja, absolut. Die Weltinnovation, egal welche Industrie, das hat mit der Brauindustrie überhaupt nichts zu tun, gehen Sie in die Computerindustrie, gehen Sie in die Medienindustrie, gehen Sie in die Social-Media-Industrie, die Weltinnovation in USA funktioniert ganz anders als in Europa und vor allen Dingen in Deutschland. Der Amerikaner hat einen außerordentlich offenen Mindset gegenüber Innovationen und was extrem wichtig ist, der Ame-

rikaner experimentiert, um herauszufinden, was funktioniert, was funktioniert nicht. Es gibt keine festgeschriebenen Standards, an die man sich halten muss. Also diese Welt ist ganz offen und das macht Spaß, weil der Konsument auch offen ist. Und der Konsument sagt nicht, „das habe ich noch nie verkostet, das kann nichts sein“, der Konsument ist sehr bereit, zu verkosten und zu sagen, das schmeckt mir nicht oder schmeckt mir. Diese Welt, dieser Mindset ist fundamental anders als in Deutschland. In Deutschland wird sehr viel argumentiert: „So hat man es immer schon gemacht und so sollte man es machen, alles andere ist Blödsinn, ist Nonsense und keiner braucht es.“ Hier sagt man: Jetzt lassen wir doch mal den Endverbraucher entscheiden, was er möchte oder nicht. Wenn ich sage: „Der Endkonsument braucht es nicht“, dann ist das doch eine außerordentlich arrogante Haltung, weil der Endverbraucher weiß ja überhaupt nicht, was alles möglich ist. Lassen wir doch mal den Endverbraucher entscheiden und nicht die Industrie, oder die Verbände oder einzelne Unternehmen, dies ist für mich eine unglaubliche Arroganz. Lassen wir den Endverbraucher entscheiden, was er möchte und wie viel er davon möchte und dies muss dann den Markt prägen. Und dieses Denken, dieser Denkansatz ist in den USA. Und dieser Denkansatz wird immer Unternehmen Anreize geben, etwas Neues zu machen.

Jetzt muss man natürlich sagen: Es bedarf auch dieses innovationsfreudigen Konsumenten, der Neues probieren will. Die Japaner sind sehr, sehr offen. Der Walkman und die Handycam, das Iphone oder der Ipad, das waren Sachen, mit denen der verspielte Japaner Freude hatte, während der Deutsche sagt: Wozu braucht man denn das? Ich glaube, das Ipad funktioniert in Europa viel schlechter als anderswo, weil man sagt: Wenn ich einen Computer brauche, dann hab ich den ja am Schreibtisch stehen.
Ja, absolut. Es gehört alles zusammen. Ich bin er-

schüttert, wenn ich nach Deutschland komme und höre Diskussionen und spreche mit Leuten über Biere. Ganz oft höre ich das, wenn ich beschreibe, was wir hier machen bei B.United International, wie wir arbeiten: „Ah, das brauchen wir alles nicht! Wir haben unsere Biere und das reicht!“

Die amerikanischen Konsumenten akzeptieren das, weil sie mehr wissen oder weil sie neugierig sind?
Sie sind neugierig. Der Amerikaner weiß nicht mehr als der Rest der Welt. Wenn man meint, dass die Amerikaner smarter sind als Europa, das ist falsch. Sie finden tolle Braumeister in Deutschland, Europa, sie finden aber auch tolle Braumeister in den USA auch. Talente gibt es überall. Der Endverbraucher in den USA weiß nicht mehr als der Endverbraucher in anderer Welt. Aber er hat ein offenes Mindset, er ist neugierig oder sie ist neugierig und sie versucht. Wir sehen das, wenn wir unseren Tasting-Room hier in Oxford offen haben: Da kommten nicht notwendigerweise Bier-Experten, es kommen ältere Generationen, junge Generationen, ganz viele Frauen kommen und die sagen: „Das ist toll, weil das sind keine Biere, wie man sie sonst bekommt.“ Aber die setzen sich hin und bleiben stundenlang und dann beginnen diese Frauen, über diese Sachen zu diskutieren. Das ist so toll. Das kann man sich in Deutschland gar nicht so vorstellen. Gehen Sie nach Baden auf ein Dorf. Da trinken die Männer aus ihren großen Humpen – und wir hier trinken Biere aus Weingläsern. Das ist eine ganz andere Welt. Sie sehen aber auch die Wertschätzung: Mir wird immer vorgehalten, die Deutschen haben die höchste Wertschätzung von Bier, aber schauen Sie sich doch einmal an, was die bereit sind für ein Bier zu zahlen. Die Deutschen zahlen nichts für Bier, das bedeutet die Wertschätzung von Bier ist minimal. Was die Amerikaner bereit sind für gewisse Biere auszugeben – barrel aged, sour ales – ist preislich im Weinbereich. Und das zeigt die Wertschätzung,

die wirkliche Wertschätzung. Es ist ein Unterschied wie Tag und Nacht. Und ich sage allen deutschen Brauereien: Eines Tages werdet ihr aufwachen und alle diese Biere sind da und viele Deutsche werden das trinken und viele Deutsche zahlen den Preis für das. Und ihr wundert euch: „Warum bezahlen die so viel Geld für diese Biere? Die bezahlen überhaupt nichts für mein Bier! Und mein Bier ist gebraut nach dem deutschen Reinheitsgebot." Das kommt nach Deutschland und kein Verband, kein Unternehmen kann sich dagegen wehren. Und auf einmal wird es da sein, der Endverbraucher wird es akzeptieren und die deutsche Industrie wird aufwachen und sagen: „Mein Gott, wir haben es total verschlafen."

Was müsste ein deutscher Brauer machen, um in Amerika erfolgreich zu sein?
Wir haben einige Brauer, die sehr, sehr erfolgreich sind in USA. Die sind erfolgreich in USA, weil sie einen Ruf haben in USA für Innovation. Ein tolles Beispiel Matthias Richter vom Bayrischen Bahnhof in Leipzig hat mit seiner Leipziger Gose einen enormen Ruf in USA. Er braut Variationen der Leipziger Gose für uns. Er benützt Rauchmalz für eine Leipziger Gose-Variation...

Was dann schon eher ein Grätzer Bier wäre...
... richtig. Er braut auch Leipziger Gose mit Hafer, und er macht eine Berliner Weisse, die er in Tequila-Fässern reifen lässt. Er macht all diese Sachen für uns, die enorm, die fantastisch sind. Er hat einen enormen Ruf in USA, er wird akzeptiert als ein absolut innovativer Braumeister. Und weil er den Mut hat, aber wir ihm auch die Möglichkeit geben, solche Sachen zu machen. Wenn er sich auf die Deutschen reduzieren würde, glaube ich nicht, dass er das machen könnte. Aber wir sagen, wir möchten, dass er das macht. Das wäre also meine Antwort: Ein deutscher Brauer, der in den USA erfolgreich sein will, muss innovativ sein.

Ihr habt jetzt selber hier in Oxford, Connecticut eine Brauerei eingerichtet, weil ihr selber noch innovativer sein wollt.
Ja, wir wollen innovativ sein – aber wir lieben Historie. Wir lieben Historie, denn Historie gibt einem so viele Impulse. In der Historie, die Technologie war nicht im Vordergrund. Das heißt die Biere waren, wie man es heute vielleicht sagen würde, die Biere waren unvollständig und waren wahrscheinlich fehlerhaft. Aber die Biere hatten Gehalt, hatten Persönlichkeit, hatten Body und hatten wirklich Charakter. Und um dieses wieder zu machen, brauchen sie eine bestimmte Ausrüstung, bestimmtes Equipment, mit 100 Prozent modernem Brewing Equipment schaffen sie so etwas nicht. Aus diesem Grund haben wir beispielsweise ein offenes Kühlschiff, vergären in offenen Bottichen – alle diese Sachen, die früher eingesetzt wurden, weil man nichts „Besseres" gehabt hat. Das gibt bestimmten Bieren einen unglaublichen Charakter. Und dann gehen wir in die Historie und schauen, was gebraut worden ist, welche Rezepte für solche eben nicht ganz modernen Anlagen überliefert worden sind. Das fasziniert uns enorm, weil wir natürlich auch mit Belgiern zusammenarbeiten, die Lambics und Flamish Red Ale brauen, die sehr viel mit wilder Hefe arbeiten, die mit Bakterien arbeiten, die mit Holzfässern arbeiten. Das hat uns die Augen geöffnet, dass da draußen noch eine Bierwelt liegt, die total unerforscht ist. Und dann schauen wir in die Welt der Weine, wir schauen in die Welt des Cider, wir schauen in Welt der Mets und Honigweine, was die so machen – unglaublich viele Initiativen kommen aus diesen Bereichen. Man kann so viele Ideen entwickeln, wenn man bereit ist, aus diesem Denken der Bierindustrie rauszugehen. Jeder kann Impulse geben, die wir einsetzen können, um ganz neue Flavors und Aromen zu entwickeln. Wir haben uns dazu entschlossen, das selber zu machen, weil es enorm schwierig ist so etwas mit etablierten Brauereien

zu machen – die fürchten sich, fremde Hefestämme oder gar Bakterien in ihrem Gärprozess einzusetzen. Da haben sie Angst vor Kontaminationen.

Da liegt ja noch einiges vor uns in den nächsten Jahren...
Nun, vielleicht um noch die Verbindung zu unserem Interview vor zehn Jahren herzustellen: Vor zehn Jahren war ein Großteil von unserem Gespräch, was wir machen um diese Biere zu verkaufen. Es ging schon damals um Education, Training, Knowledge – und was wir heute machen, ist genau das gleiche nur noch viel intensiver. Hier in Oxford haben wir die Möglichkeit, das wirklich Leuten zu demonstrieren. „hands on", wir laden alle unsere Kunden ein, alle Accounts, also die Wirte und ihr Personal, die können hier zum ersten Mal anfassen und verkosten aus dem Holzfass und vergleichen mit dem frischen Bier, wie sich das entwickelt. Diese Unmittelbarkeit ist für mich wahrscheinlich das wichtigste Element, um Leuten zu zeigen, was möglich ist und auf diese Weise Begeisterung für solche Sachen zu entwickeln. Wenn Leute das anfassen können, das verkosten können, tatsächlich vergleichen können. Das ist True Learning.

EXPERT TALK

RUDI HIRZ. Ist Bierbrauer in fünfter Generation im Apostelbräu in Hauzenberg, nahe dem Dreiländereck von Bayern, Oberösterreich und Tschechien. Er hat sich auf die Produktion von Bierspezialitäten konzentriert.

„ WEIL ICH EIN KLEINER DANIEL DÜSENTRIEB BIN.„

Conrad Seidl im Gespräch mit **RUDI HIRZ.**

CONRAD SEIDL: *Du hast als junger Brauer eine Brauerei übernommen, in der bereits Dinkel für Dinkelbier verbraut worden ist. Wie kommt man überhaupt auf die Idee, Dinkelbier zu machen?*

RUDI HIRZ: Ja, wie kommt man da darauf? Grundsätzlich ist das eine Idee von meinem Vater, der eigentlich 1989 durch den Hildegard-Kreis – Hildegard von Bingen ist ja ein Begriff – angeregt worden ist, neben den vielen Produkten, die es mit Dinkel schon gibt, ein flüssiges Brot zu kreieren, sprich ein Bier zu machen. Und dann hat der Vater, der sich damals bereits mit der Idee befasst hat, ein Weißbier aus 100 Prozent reinem Weizen zu brauen, mit dem Dinkel befasst. Als Brauer kennt man die Probleme, die man hat, wenn man wenig Spelzen hat – wo man also schlecht läutern kann. Beim Dinkel ist das ja ähnlich. Aber der Vater war da schon inspiriert und angetan, so dass er gesagt hat: Ja, das möchte ich probieren. Und letztlich hat er das auch geschafft. Zur damaligen Zeit war es eigentlich relativ schwierig, Dinkel zu bekommen, weil der noch kaum angebaut wurde, das ist ja eigentlich in dem Ende 80er-Jahren populär geworden. Das zweite Problem war, den zu vermälzen. Und da hat es bei uns glücklicherweise noch eine kleine Mälzerei gegeben, in Sankt Salvator draußen, die hat uns dann den Dinkel vermälzt. Und so ist das Produkt entstanden.

Ihr seid in Deutschland berühmt geworden mit dem Original Dinkelbier. Aber in Amerika, wo man Dinkel kaum kennt, seid Ihr inzwischen auch vertreten. Wie kann ein kleiner Brauer aus Bayern nach Amerika exportieren?

Naja, das ist eine ganz eine tolle Geschichte und das freut mich sehr, weil ich 2005, als ich die Brauerei übernommen habe, mit dem Dinkelbier in Amerika nicht punkten konnte. Es war ja vielmehr so, dass der Spezialitätenimporteur Matthias Neidhart mir gesagt hat: Das Dinkelbier ist für unsere Begriffe für den amerikanischen Markt „zu normal". Aber immerhin ist der Kontakt schon dagewesen – und als ich dann im Jahre 2010, als ich das erste Bavarian Pale Ale gebraut habe, bin ich darauf zurückgekommen. Zur damaligen Zeit war das hier noch kein Begriff. Ich wollte den Stil in Bayern neu interpretieren, mit authentischen Inhaltsstoffen logischerweise, Hopfen, Malz, auch die Hefe war ein großes Thema, und dann habe ich eigentlich zum Sudende, zum ersten Sudende dem Neidhart ein kleines E-Mail geschrieben: Wir sind jetzt fertig mit dem First Pale Ale. Und das war eigentlich der Türöffner.

Und das habt ihr dann auch auf eure Etiketten geschrieben?

Ja, das haben wir auch auf die Etiketten geschrieben. Als die erste Sendung nach Amerika rüber ist, habe ich noch eins draufgegeben, weil das haben wir im Container verschifft, abgefüllt wird in den USA. Ich habe das dann so gemacht, dass das komplett authentisch ist, dass man auch eine gewisse PR hat: Ich habe einen riesigen Hopfensack dazugegeben, Naturhopfen, wie man es früher gemacht hat, das heißt also: kaltgestopft. Wir haben während dem Transport den Hopfensack reingehängt, und das war natürlich ein Super-Hype!

Wobei dann wahrscheinlich die amerikanischen Behörden, die bei solchen Dingen ja sehr heikel sind, beim Import gesagt haben: Welches Kraut kommt da denn mit?

Die haben das gar nicht mitbekommen, weil dieses Kraut, in Anführungszeichen, im Sack drinnen war und da keiner reinschauen konnte. Das heißt, wir haben den bei uns verschlossen und der ist erst drüben beim Neidhart in Oxford wieder geöffnet worden. Und der hat mir dann auch gleich das Foto geschickt, als sie den Sack wieder herausgefischt haben.

Bei eurem Pale Ale sind sehr viele verschiedene Hopfen drinnen. Da ist ein Savinskij drinnen, ein Mittelfrüher, ein Opal – da ist also eine ganze Menge unterschiedlicher Hopfen verbraut. Weil du gerne mixt?
Ich habe sogar den Mandarina drinnen. Und da waren wir auch ganz vorne dabei, also wie wir den zum ersten Mal verbraut haben, hat es den Mandarina noch gar nicht als registrierte Sorte gegeben.

Was sagen denn die Leute hier in Bayern am Stammtisch über den Brauer, der da mit exotischen Hopfen und exotischen Malzen braut?
Mittlerweile erfahre ich schon ein bisschen Respekt – logischerweise, weil ich ein kleiner Daniel Düsentrieb bin und kann, Gott sei Dank, da auch schon punkten damit. Das heißt also, dass ich etwas mache, das weit weg ist von Mainstream.

Es ist für deutsche Brauer eigentlich sehr ungewöhnlich, dass sie sagen: „Mein Markt ist der Weltmarkt.“ Normalerweise sagt eine kleine Brauerei in deiner Größe: „Ich bin froh, wenn ich das Bier rund um den Schornstein verkaufe.“
Ist auch richtig, aber da muss man wieder zurückgehen auf die Dinkelbierproduktion, wo man sagt: „Gott sei Dank und endlich kann man weiter verkaufen als nur um den Kamin herum“.

Als wir durch die Brauerei gegangen sind, habe ich gesehen, dass Du sehr viel mit Spezialmalzen arbeitest. Du kaufst viel Malz von Weyermann ein, die sich ja spezialisiert haben, Craft Brauer, also Brauer wie Euch zu beliefern.

Spezialmalze spielen für mich eine ganz wichtige Rolle. Ich habe sie nicht nur vom Weyermann. Für die Bio-Malze habe ich extra einen Bauern, der mir diese anbaut. Der Einkorn, auch der Roggen, der kommt von diesem Bauern – das vermälzen wir auch selber. Andere Malze, etwa Karamalz, Münchner Malz, was man halt dann noch dazu braucht, die bekomme ich dann vom Weyermann.

Sehr viele Leute, die über Craftbier reden, reden vor allem einmal über Hopfen und kräftige Hopfenbittere. Wenn ich mir jetzt so anschaue, du hast da ein Bavarian Farmhouse Ale, da bist du mit dem Hopfen aber ganz niedrig.
Da gehen wir mit dem Hopfen ganz niedrig, ist richtig. Es ist eigentlich nur das Bavarian Pale Ale, wo wir mit Bittereinheiten um die 40 IBU sehr intensiv hopfen. Ansonsten bin ich eigentlich mit der Bittere ziemlich weit unten. Das hängt damit zusammen, dass ich auch selber vielleicht ein bisschen die lieblicheren Biere mag. Muss man ganz ehrlich sagen.

Und das muss man aber selbst in einer Craftbier-Community – zumindest bei uns im deutschsprachigen Raum – erst einmal erklären, weil viele Leute glauben, Craftbier, das ist ein ganz bitteres Zeug.
Das ist so. Obwohl mich wahrscheinlich keiner kennt in der Szene. Ich setze mich in der Craftbier-Szene insofern ab, weil ich nicht unbedingt ein Pale Ale in den Vordergrund stelle. Und ich brauche das India Pale Ale, ich brauche das Stout, als Bierstile, die man woanders her kopiert, nicht. Sondern ich versuche, eigene Bierstile zu kreieren, sprich: auch mit den Inhaltsstoffen extrem zu spielen, was natürlich auch das Korn anbelangt. Und wenn man heute ein normales Pale Ale anschaut, wird man nichts drinnen finden, außer einer Gerste. Aber bei mir ist es schon so, dass ich vier, fünf, sechs verschiedene alternative alte Getreidesorten mitverwende.

Du hast erzählt, du arbeitest auch mit Bauern intensiv zusammen. Da geht es aber jetzt nicht um riesen Mengen? Reich wird der Bauer da auch nicht?
Nein, reich wird der Bauer auch nicht, aber ich habe zum Glück Bauern, die auch Enthusiasten sind. Die haben sich dem verschrieben, wieder solche alten Getreidesorten ins Leben zu rufen. In der Hoffnung, dass man erkennt, dass der richtige Weg wirklich weg vom Mainstream geht – wieder hin zum wirklich speziellen Produkt.

EXPERT TALK

MARKUS LIEBL. Entstammt einer Familie von Brauindustriellen, studierte selber das Braumeister-Handwerk und war aktiver Brau- und Malzmeister. In der BrauUnion Österreich, einem Unternehmen des Heineken-Konzerns, stieg er zum Vorsitzenden des Vorstands auf. Er bekleidet diese Position seit 1999.

„ WICHTIG, DASS WIR DIE WERTIGKEIT HOCH HALTEN "

Conrad Seidl im Gespräch mit **MARKUS LIEBL.**

CONRAD SEIDL: *Du bist der Chef des Marktführers in Österreich. Wenn du zurückschaust auf die vielen Jahre, die du selber als Brauer tätig warst und heute in einer Managementposition, was hat sich den in der Zeit fundamental geändert im Biermarkt?*

MARKUS LIEBL: Naja, fundamental hat sich nicht so viel geändert, aber wir haben es geschafft, das Bier in Österreich für die Konsumenten, für unsere Kunden, attraktiv zu halten. Das heißt, wir haben es immer wieder ein bisschen angepasst. Wir haben Innovationen gemacht, die für den Kunden interessant waren, die der Kunde attraktiv findet. Zum Beispiel die Entwicklung der Radler oder die Entwicklung der alkoholfreien Biere. Beides hatte früher eine andere Qualität – oder jedenfalls eine Qualität, die eben beim Konsumenten nicht so gut angekommen ist.

Bier, auch alkoholfreies Bier, muss zunächst einmal schmecken?

Klar: Bier muss schmecken. Natürlich sind Geschmäcker immer verschieden. Auch wenn nicht jedem das Gleiche schmeckt. Uns ist es eben gelungen, dass wir den Geschmack von relativ vielen Konsumenten getroffen haben. Das Bewusstsein der Konsumenten ist, dass das Bier einen hohen Stellenwert hat und einen hohen Stellenwert hat es auch nur, wenn der Geschmack stimmt.

Die Entwicklung der vergangenen Jahrzehnte in Österreich aber auch weltweit zeigt, dass es eine viel größere Vielfalt des Angebots gibt.

Das ist richtig. Noch vor 20, 30 Jahren ging die Entwicklung in die Gegenrichtung, dass es also weniger Vielfalt gibt. Auch die großen Unternehmen haben sich so entwickelt. Seit zehn, besonders seit fünf Jahren sieht man, dass die Vielfalt wieder gewachsen ist, dass mehr Geschmacksbewusstsein entstanden ist. Allgemein formuliert könnte man sagen: Die Bierkultur hat sich in Österreich sehr positiv entwickelt. Mit verschiedenen Richtungen, mit mehr Marken, aber auch mehr verschiedene Biersorten.

Wir sehen in Österreich jetzt Biere, die wir uns vor 30 Jahren kaum erträumt hätten. Da hätten wir nicht daran gedacht, dass es jemanden gibt, der in Österreich Gose braut, der in Österreich Porter braut, der in Österreich Pale Ale braut. Inzwischen wird das von Brauereien aller Größenordnung gemacht. Selbst die Brau-Union Österreich als Marktführer bietet solche Spezialitäten an. Warum?

Um das Bewusstsein für Bierkultur zu stärken. Das sind normalerweise keine großen Mengen ·von einem Porter gibt's keine großen Mengen. Aber der Konsument wird darauf aufmerksam gemacht, dass es interessante Dinge gibt, die er dann auch schätzt und verkostet. Und wenn dieses Bewusstsein beim Konsumenten da ist, dann wird auch das gesamte Image des Bieres, die Wertigkeit des Bieres, erhöht werden. Und das ist ganz wichtig, dass wir die Wertigkeit unseres Produktes hoch halten. Wir wollten nie so wie eine Entwicklung wie in Amerika vor 30, 40 Jahren, wo die Biere alle gleich geschmeckt haben. Man sieht jetzt auch in Amerika, da haben sich so viele kleinere Brauereien entwickelt, die groß geworden sind auch, weil sie wieder Qualität geliefert haben. Es kommt nicht von ungefähr, dass der pro Kopf Konsum in Österreich beim Bier, mit derzeit ungefähr 106 Liter pro Kopf im Jahr, konstant geblieben ist – bei uns haben die Brauereien, unsere eigenen, aber auch unsere Mitbewerber, mit Innovationen, mit Vielfalt, mit Qualität, mit starken Marken punkten können.

Es gibt ja Leute die sagen: Ich trinke nur ein „richtiges Bier". Für die heißt das schon: Ein Weißbier trinke ich nicht, geschweige denn ein Pale Ale oder gar ein India Pale Ale. Man könnte ja sagen: Der Biermarkt zerfällt in verschiedene Segmente von Leuten. Da sind einmal die Stammtrinker ihrer Marke; da sind die Lokalpatrioten, also der Steirer, der sein steirisches Bier und der Oberösterreicher, der sein oberösterreichisches Bier trinkt und sagt, das aus einem anderen Land mag ich gar nicht. Dann gibt's die Leute, die ich als die Suchenden bezeichnen würde, weil sie etwas Spezielles suchen – aber die machen keine großen Mengen, die trinken nicht jeden Tag ein oder zwei Biere vom Fass.

Es gibt einfach verschieden Konsumenten. Die Bedürfnisse und Geschmackserlebnisse für die Konsumenten sind sehr unterschiedlich – aber vielfach hängt es bei den Menschen einfach vom Konsumanlass ab, dieselben Leute haben im Biergarten und im Restaurant jeweils unterschiedliche Gewohnheiten. Die Diversität ist eigentlich größer geworden. Früher hat man gesagt, ich habe mein Bier von Zuhause und das trinke ich immer. Gibt's heute auch noch, aber es gibt auch viele die sagen ganz bewusst: „Ich verkoste jetzt einmal das und das. Da kann ich vielleicht nicht so viel trinken davon, aber ich weiß wie es schmeckt und ich habe ein interessantes Geschmackserlebnis." Das IPA, das du erwähnt hast, ist sicherlich ein gutes Beispiel. IPA ist ein Geschmackserlebnis, das gut ist, das für die Konsumenten interessant ist. Trotzdem glaube ich, ist es ein Produkt, das man nicht in großen Mengen trinken wird.

Ich schon. Ich trinke da schon auch mehrere Pints.
Glaube ich nicht. Das glaube ich bei dir nicht, dass du gleich viel IPA trinkst, wie du Lagerbier trinkst. Du wirst es mit Genuss verkosten und das ist wichtig, und man schmeckt dann Dinge, die man bei einem unter Anführungszeiten „normalen" Lagerbier nicht schmeckt, aber man trinkt weniger.

Es gibt klarerweise Biere für verschiedene Anlässe. Für verschiedene Kombinationen.
Dadurch ist auch das Image der Biere, die Wertigkeit unserer österreichischen Biere hoch geblieben. Dadurch haben wir nach wie vor einen hohen pro Kopf Konsum, im Gegensatz zu anderen Ländern. Wir haben wenig Importe in Österreich, der Importanteil ist rund fünf Prozent. In der Schweiz ist der Importanteil 20 Prozent. Warum entsteht das? Weil ich glaube, dass wir mit dem Angebot, das wir in Österreich haben, einfach die Bedürfnisse unserer Konsumenten, die Wünsche unserer Konsumenten besser erfüllen können.
Im geschmacklichen Bereich aber auch im Bereich des Angebotes: Wir bieten viel Mehrweggebinde an. In der Schweiz gibt es kaum mehr Mehrweggebinde, auch der Fassbieranteil ist dort niedriger. Ähnlich wie in Italien auch oder in Frankreich. In den USA ist der Einweganteil beim über 80 Prozent. Wir versuchen mit dieser Strategie einfach mehr Konsumenten für unser Produkt zu gewinnen und das ist uns, glaube ich, in den letzten Jahren besser gelungen als in so manchem anderen Land, wo der pro Kopf Konsum eindeutig zurückgegangen ist.

Nun gehört die BrauUnion Österreich zu einem großen Konzern. Wir haben in Österreich sogar eine eigene Produktion von Heineken Bier. Da steckt ja auch ein Geheimnis dahinter. Heineken erfordert sehr viel, eigentlich sehr konservative Technologie, um das zu produzieren. Stichwort: liegende Tanks. Das heißt, in Österreich produziert man dieses international hoch qualifizierte Markenbier auf höchstem Standard, aber es erreicht bei uns aber auch nur den Status eines Nischenproduktes.
Wir führen Heineken als internationale Marke mit einer Produktion in Österreich. Wir produzieren es in der Brauerei Wieselburg. Das Heineken Bier hat eine spezielle Geschmacksrichtung durch eine spezielle Hefe und durch die liegenden Tanks – da-

durch entstehen mehr Gärungsnebenprodukte. Aber trotzdem ist Heineken in Wirklichkeit eine Marke mit einer Konsumentenzielgruppe, die vor allem im jüngeren und urbanen Bereich ist. Heineken erreicht spezielle Zielgruppen – etwa auch durch Sponsorships wie bei der Champions League, wo Heineken Hauptsponsor ist. Aber lass Dir ein Beispiel erzählen: Wir haben einen Kunden in Oberösterreich, der hat eine Disco und er ist auch ein traditioneller Gastronom mit einem Gasthaus. Er hatte in der Disco Heineken und im Gasthaus hat er unser Zipferbier gehabt. Dann hat er gesagt: „Naja, wenn das Heineken in der Disco so gut funktioniert, dann wird's im Gasthaus auch funktionieren." Und er hat Heineken ins Gasthaus aufgenommen, das war dann ein totaler Flop. Das Beispiel zeigt: Man muss kundenspezifisch arbeiten, zielgruppenspezifisch arbeiten, zielgruppenspezifische Angebote haben. Dann kann man Erfolg haben. Aber man wird nicht für alle Zielgruppen das Gleiche verwenden können. Heineken hat eine spezielle Zielgruppe, eine kleine Zielgruppe in Österreich. Daher auch ein kleinerer Marktanteil, aber für diese Zielgruppe ist es hervorragend geeignet.

Nachdem du selber auch Brauer bist und selber „Hands-on-Brewing" gemacht hast, was wäre denn ein Bier, das du selber nochmal brauen würdest?
Ehrlich gesagt: Ich liebe schon die bitteren Biere. Ein gutes Pilsbier ist für mich das Richtige. Beispielsweise in der Richtung Zipfer Pils. An einem gemütlichen Abend, würde ich das Zipfer Pils bevorzugen. Aber zum Kosten, am Ende des Abends, wäre ein IPA gut.

Ich möchte noch etwas ansprechen: Bei großen Brauereien, egal ob das jetzt euer Konzern ist oder ob man an Mittelstandsbrauereien denkt, hat man heute generell eine gute Qualität. In Kleinbrauereien, speziell in Gasthausbrauereien erlebt man leider oft eine Ent-

täuschung. *Wäre es nicht sinnvoll, wenn die großen Brauereien technische oder ideelle Hilfe für Gasthausbrauereien geben würden? Damit nicht vielleicht Konsumenten eines Tages sagen: „Bier ist nicht gut, denn ich war sogar bei meiner lokalen Gasthausbrauerei und die Qualität war nicht in Ordnung."*

Vollkommen richtig. Das ist ein ganz wesentlicher Punkt. Wir müssen einfach Sorge tragen, dass auch kleine Brauereien wirklich eine hervorragende Qualität machen und liefern. Das ist halt nicht immer Fall. Es gibt einfach manchmal auch Biere die, nach allgemeinen Geschmacksempfinden, nicht so toll schmecken oder die nicht gut schmecken. Das sollte durch entsprechende Ausbildung auch vermieden werden. Wir haben ja in Österreich eine Berufsschule für Brauer und Getränketechniker und dort ist genau das das Ziel, dass man die Leute so ausbildet, dass sie wissen, was sie tun und das dann auch ein Produkt rauskommt, das gut schmeckt. Wir haben da nicht nur die BrauUnion Österreich, auch andere Brauereien machen Biersommelier-Kurse, bilden Leute aus, damit sie ein Bewusstsein bekommen für gute Qualität. Mein Ziel ist es, die Bierkultur im positiven Sinn zu beeinflussen. Ich habe vor zehn Jahren eine Wette abgeschlossen mit einem Berater, der hat damals gesagt: „Du wirst sehen, der durchschnittliche Bierkonsum in Österreich wird mindestens um zehn Prozent zurückgehen." Wir haben damals schon 107 Liter pro Kopf und Nase gehabt. Wir haben heute 107 Liter. Ich habe mit ihm um eine Kiste edlen Rotwein gewettet und heuer wird er diese Wette einlösen müssen.

Du musst jetzt eine Kiste Rotwein trinken?

Ich trinke auch gern hin und wieder einen Rotwein. Ich trinke gern auch einen Weißwein, auch wenn Bier mein Lieblingsgetränk ist. Aber da gibt es schon den bekannten Spruch: „Dort wo die Brauer hausen, können sich die Hauer brausen."

Wenn du jetzt wieder wetten würdest: Auf was würdest du denn wetten, was in zehn Jahren in Österreich sein wird?

Ich könnte mir vorstellen, dass wir diesen pro Kopf Konsum von 106 bis 107 Litern halten können. Die Vielfalt wird noch etwas größer werden. Sie darf nicht zu groß werden, damit die Komplexität durch so viele Brauereien nicht zu groß wird. Aber es wird schon noch Geschmacksrichtungen geben, die man heute noch gar nicht so kennt. Da geht es aber nicht nur um den Geschmack, es geht auch um das richtige Angebot. Dann in der Gastronomie um Serviceleistungen und gute Qualität beim Ausschenken. Das wird auch in zehn Jahren ein wichtiges Thema sein.

EXPERT TALK

MARTIN HOFF arbeitete als Investmentbanker, als er seine Liebe zu Bierspezialitäten entdeckte. In Regensburg gründete er Ende 2014 Biretta, einen Einzel- und Großhandel für Bierspezialitäten. Inzwischen ist auch ein Bierlokal dazugekommen.

„ BEGEISTERUNG AUCH IM ÄLTEREN SEMESTER RIESENGROSS."

Conrad Seidl im Gespräch mit **MARTIN HOFF.**

CONRAD SEIDL: *Du hast einen Biereinzelhandel in Regensburg begonnen – und findest Dich kurz danach als Großhändler und Lokalbetreiber wieder. Wie ist das gekommen?*
MARTIN HOFF: Vor fast zwei Jahren war unser Ausgangspunkt, dass meine Frau und ich ein bisschen enttäuscht waren, dass es hier in Regensburg nirgendwo so richtig Biervielfalt gegeben hat. Den Braufactum-Kühlschrank beim Globus hatten wir jetzt zum dritten Mal durch und im Onlinehandel kaufen wir nicht so gern, wir sind jetzt persönlich nicht die großen Onlineshopper. Zumal man da nie weiß, wie das Bier gelagert ist. Wir hatten uns einfach als Konsumenten geärgert oder waren enttäuscht, dass es nirgendwo Biervielfalt in Regensburg zu kaufen gab. Obwohl Regensburg ja schon eine Bierstadt ist: Wir sitzen hier in der ältesten Stiftungsbrauerei der Welt. Krones sitzt vor der Tür. Die Hallertau ist um die Ecke – und es gab trotzdem nichts an Auswahl.

Die Biere, die man hier in Regensburg trinkt, sind ja generell ein Helles, ein Weizenbier, beim Kneitinger das Pils, obwohl das auch mehr in die Richtung eins Hellen geht oder der Bock. Das sind so die vier Biere, die man in Regensburg normal kennt?
Ja, im Großen und Ganzen hat sich das darauf beschränkt – wobei die Stiftungsbrauerei ja inzwischen mehr bietet. Aber wir haben natürlich viel internationale Biervielfalt im angelsächsischen Raum kennengelernt, durch unsere Reisen und die Arbeit. Also Pale Ale, India Pale Ale, Stouts – aber auch alte Biersorten. Geuze, Lambics, Gose – und wir mochten eben Bier zum Essen, unterschiedlichste Bierstile. Und dann haben wir gesagt: Naja, wenns keiner macht, dann machen wir es. Und der ursprüngliche Plan war eigentlich so ein

kleiner Einzelhandel, mit 500 bis 600 Sorten Bier aus aller Welt.

500 bis 600 Sorten? Das ist ja gar nicht so leicht, dass alles rotieren zu lassen. Verkaufen kann man doch nur frisches Bier?
Ja, ja – aber dafür waren wir auch die Einzigen und die Ersten in Regensburg und es ist von Anfang an gut angelaufen. Wie gesagt: Der Plan war ursprünglich primär auf den Endkunden ausgerichtet. Einzelhandel. Ein Stück weit aus Liebhaberei. Und dann haben wir ja innerhalb des ersten halben Jahres festgestellt, dass es zwar verschiedene große Lieferanten mit einigen Craftbieren in der Region gegeben hat, die einige obergärige Spezialbiere im Programm hatten.
Aber was fehlte, war die Beratung dazu. Und das Thema, gerade in der Gastronomie, bei unabhängigen Edekas, bei Feinkostmärkten war nicht nur einfach Craftbier zu liefern, sondern mit dem Kunden, mit dem Gastronomen gemeinsam überlegen: Was passt eigentlich zu meiner Karte, was passt zu meinem Sortiment, was passt zu meinem Kundenstamm?

Wobei der Kunde ja zunächst gar nicht weiß, was auf ihn zukommt: Ok, da kommt jetzt zwar eine besondere Flasche auf den Tisch. Da steht Pale Ale drauf – aber wer das vorher noch nicht probiert hat, der kann sich eigentlich nicht viel vorstellen.
Genau. Deswegen muss man, was wir ja auch mit anbieten, Mitarbeiterschulung machen. Wenn heute ein neuer Gastronom zu uns kommt, dann gehen wir hin und sagen: Möchtest du mit deinem Team nicht mal zu uns reinkommen? Wir machen eine Drei-Stunden-Verkostung.
Wir schauen uns mal an: Was sind typische Bier-

stile? Was sind ganz primäre, typische Geschmäcker? Was passt zu was? Und das, haben wir dann festgestellt, war relativ erfolgreich. Sodass wir gesagt haben: Wir machen jetzt auch Großhandel, vor allem Großhandel für die Gastronomie, was dann nochmal gewachsen ist. Der erste Schritt war der in die Burgergastronomie hinein. Burger und Bier passt ja toll. Viel besser, als für meinen Geschmack, Wein und Burger. Zum Burger, zum Fleisch ein Bier.

Sicher, das kennt man ja aus Amerika – ich meine: wir kennen das natürlich von den vielen Brewpubs und Multi-Tap-Bars. Aber der durchschnittliche Deutsche oder Österreicher denkt doch: Burger, das ist McDonalds, mehr kennen viele nicht.
Ja, das mag für den Durchschnitt stimmen. Aber daneben hat sich inzwischen ja eine richtige Burgerkultur entwickelt – mit unabhängigen Gastronomen, die hochqualitative Burger für echte Burger-Liebhaber anbieten. Ich will mal ein Beispiel nennen:
Einer unserer engsten Kunden ist Max&Muh hier in Regensburg. Das ist eine kleine Kette, die haben vier oder fünf Filialen in der Oberpfalz und in Niederbayern und die haben etwa 20 Sorten Bier. Die machen auch viel Spezialburger mit einer jeweils einer speziellen Sauce und so weiter. Wir haben die beraten und beliefern die eben mit speziellen, auch außergewöhnlichen Bieren. Also, die haben einen Burger, der geht so ein bisschen ins Chili-mäßige, dazu haben wir denen beispielsweise aus Köln, vom Craftbrauer „Freigeist Bierkultur" Sebastian Sauer, ein Witbier mit Sechuanpfeffer, nee: Kampot Pfeffer, mit kambodschanischen Pfeffer verfeinert empfohlen. Und das wird sehr gut angenommen. Auch gerade vom studentischen Publikum. Also der erste Wachstumsschritt bei uns hat uns eben in diese Art Gastronomie geführt, auch zum Teil in die gehobenere Gastronomie.

Und dann habt Ihr begonnen, Einzelhändler zu beliefern?
Der zweite Schritt hat sich daraus entwickelt, dass uns im Großhandel aufgefallen ist: Niemand in Deutschland macht Oberpfälzer Bierkultur. Oberpfälzer, überhaupt: bayrische Bierspezialitäten gibt es nicht als Mischpaletten. Man kann natürlich zur Brauerei gehen, jetzt hier im Spital oder zum Riedenburger Brauhaus. Das sind schon Brauer, die eine wunderbare Biervielfalt haben. Aber die Craftbierstores oder Edeka oder unabhängige Feinkostläden brauchen nicht eine einzelne Brauerei als Lieferanten. Sondern was die brauchen, sind fünf sechs, sieben, zehn oder gar zwanzig verschiedene Brauereien in ihrem Angebot – und häufig eine Mischung aus internationalen Bierstilen und regionalen Bierstilen. Als wir in der Szene bekannt geworden sind, kamen die Anfragen proaktiv zu uns: Könntet ihr uns da eine Palette schicken?

Eine Palette, auf der sich ein Dutzend verschiedene Biere aus unterschiedlichen Brauereien findet?
Ja, genau. Sodass wir da nach etwa einem Jahr hingegangen sind und gesagt haben: Stellen wir uns neu auf und ergänzen den einzelnen Gastronomiehandel durch einen klassischen GFGH, Getränkefach-, Getränkegroßhandel. Wir haben jetzt etwa 60 Bestandskunden in ganz Deutschland, die typischerweise Mischpaletten bestellen. Zehn regionale bayrische Brauereien, ergänzt durch ein bisschen was Irisches, ein bisschen was Kanadisches, was Amerikanisches. Belgisches Bier, Trappistenbiere, Guezen und so weiter. Das ist so der typische Kunde, bei dem jetzt eben auch ein gewisses Volumen geht – immer ergänzt mit einer persönlichen Beratung. Wir bemühen uns sehr, dass immer einer der Eigentümer da ist. Wir sind vier Eigentümer, meine Frau Carolin und ich und Thomas Raab und Martin Schwenke, die auch noch eine Werbeagentur besitzen. Und die übrigens das größte Craftbierfestival in Regensburg organisieren.

Bleiben wir zunächst einmal beim Verhältnis zwischen traditionellen Brauereien und Innovation. Viele Brauer sagen doch: Was brauchen wir eigentlich IPAs oder Porterbiere? Wir haben ja eh so ein gutes Helles und das andere Zeug nimmt uns nur unser Geschäft weg!
Solche Haltungen gibt es. Aber ich glaube, dass zumindest die Brauereien, mit denen wir zusammenarbeiten, eher erfahren, dass Spezialitäten eher ihre klassischen Sorten aufwerten. In der Markenwahrnehmung zeugt es ja von hoher Kompetenz, mit Spezialbieren zu arbeiten, mit obergärigen, angelsächsischen Biersorten zu arbeiten. Ich sag mal so: Wenn man Weinhändler ist, dann sagt man nicht: Ich mach nur Mädchentraube oder ich mache nur Riesling oder ich mache nur Chateauneuf du Pape, sondern der gute Weinhändler bietet verschiedenste Rebsorten, verschiedene Lagen an, weil der Kunde probieren will. Auch je nachdem, zu welchem Anlass er seinen Wein trinken will, was er dazu essen will. Da kommen wir nochmal auf das Thema Speisen und Getränke. Foodpairing ist ein großes Thema. Man will in der Gastronomie, aber auch in der privaten Küche etwas erleben. Ich lade Freunde ein – und es gibt was Besonderes, was Passendes zu unterschiedlichster Küche. Also ich glaube – und ich kann das mit meinen Erfahrungen aus dem Handelsbereich belegen –, dass die Brauereien, die sich trauen, auch Neues auszuprobieren, eben auch: ausländische Bierstile in Deutschland zu brauen, dass solche Vielfalt deren Marke stärkt.
Dazu kommt natürlich, dass Spezialbiere eine deutlich höhere Marge haben, auch für die Brauereien. Wenn wir über die Bierwirtschaft sprechen, dann ist es natürlich so, dass in aller Regel der Spezialbierbereich margenstärker ist. Man hebt sich auch ein wenig ab. Es ist kein Geheimnis, dass Pils, Helles und Weißbier ein sehr umkämpfter Markt ist, in dem kaum noch Geld verdient wird. Das ist im Spezialbierbereich deutlich an-

market

ders. Für jede Qualitätsbrauerei liegt es in ihrem ureigensten unternehmerischen Interesse, Spezialbiere und Sondersude zu brauen.

Mit Verlaub: Der Biermarkt funktioniert anders als der Weinmarkt. Der typische Bierkonsument geht zu einem Getränkehandel, schaut: ist eines der Biere, die ich normalerweise trinke, gerade in Aktion? Und kauft sich da einen Kasten oder auch zwei. Um die angesprochenen Spezialitäten an den Mann zu bringen oder an die Frau, da braucht es auch den entsprechenden Konsumenten dazu.

Diese Konsumentinnen und Konsumenten gibt es inzwischen, auch wenn das eine relativ neue Entwicklung ist und es sich nicht um riesige Gruppen handelt. Es ist kein Geheimnis, dass der deutsche Markt für Premiumlebensmittel schon immer schwierig war. Egal ob Wein, Bier oder Speisen. Die Statistik sagt uns, dass nirgendwo weniger vom Nettovermögen oder vom Nettogehalt für Nahrungsmittel ausgegeben wird als in Deutschland. Deutschland ist nicht umsonst die Heimat der Discounter. Aber hier sehen wir eine starke Veränderung und zwar auch eine Veränderung in meiner Generation um die 30 und jünger, ein anderes Konsumbewusstsein, wobei die Abwechslung die Qualität der Lebensmittel sind es mir wert, mehr Geld auszugeben. Wir haben viele Stammkunden, interessanterweise zum Beispiel aus dem IT-Bereich. Die sind ganz affin für Abwechslung, die suchen hochqualitative Lebensmittel, die entwickeln ein hohes Bewusstsein für Genuss und Qualität. Auch das sagt uns die Statistik: Während der klassische Biermarkt, der in Hektolitern denkt, schrumpft, der Bierkonsum pro Kopf fällt ja, wächst der Spezialbierbereich. Mein Eindruck ist, dass der Kunde da auch weniger, sogar viel weniger preissensibel ist, weil es nicht nur um den Konsum, um das Durstlöschen geht, sondern weil es ein Erlebnis ist. Ein Abend mit Freunden, an dem probier ich vier oder auch sechs verschie-

dene Biere. Das ist etwas, was ich meinen Gästen anbiete und eine schöne Erfahrung mache, eine tolle Zeit verbringe. Ich bin sicher, dass dieser Marktanteil wachsen wird, weil es sowohl genussmäßig als auch von der Story her gute Kunden dafür gibt.

Ich weiß schon, dass es diese sehr bewussten, genussorientierten Konsumenten gibt. Andererseits spricht die Demographie dagegen, dass dieses Segment allzu groß wird: Wir haben einerseits eine alternde Gesellschaft, in der wachsen gar nicht so viele junge Biertrinker nach. Dazu kommt: Viele dieser nachwachsenden potenziellen Kunden, sind dann eben keine Bierkunden, weil sie zum Beispiel aus Kulturen kommen, in denen Alkohol abgelehnt wird. Ein Muslim trinkt vielleicht Tee, Kaffee oder auch Cola – aber geht nicht „auf ein Bier"; weder geht der zum Kirchenwirt, noch geht der in eine Bar, in der Craftbiere angeboten werden.

Ich würde die Frage zweiteilen wollen: Zum einen sehen wir in unserem Geschäft das Phänomen, dass junge Erwachsene mit ihren Eltern zu uns kommen, ihnen ein Bier zeigen und sagen: „Papa, das musst du probieren!" Das sind Eltern, die sonst vielleicht sagen: „Ich trink' mei' Helles und mei' Weizen und dös reicht mir." Wenn aber die jungen Leute ihnen sagen: „Papa, probier doch mal", dann ist die Begeisterung auch im älteren Semester riesengroß. Wir haben im Einzelhandel Kundschaft von 18 bis 99.

Ich habe eine ganz liebe Stammkundin, die kommt jeden Freitag: Sie ist eine 80-jährige Karmeliten-Klosterschwester und die holt immer einen Six-Pack Riedenburger Doldensud, ein IPA für sich und ihre Mitschwestern für den Freitagabend und dann schauen die Fernsehen zusammen, machen Gesellschaftsspiele und spielen und trinken Riedenburger Doldensud. Das ist doch toll!

Zum zweiten Teil der Frage: Es stimmt, es gibt ein strukturell demographisches Problem. Aber die

Frage geht ein bisschen ins politische und da wäre meine Hoffnung doch, dass die jungen Menschen, oder die Menschen, die heute aus dem muslimisch geprägten Raum, aus dem arabischen Raum zu uns kommen, mit der Zeit andere Haltungen entwickeln. Ich glaube, dass es Tendenzen in diese Richtung gibt – so wie es eine Säkularisierung, ein Stück weit eine Abwendung von der Religion in Europa und in der gesamten westlichen Welt gegeben hat. Das heißt, ich glaube nicht, dass in ein oder zwei Generationen die Menschen aus dem arabischen Raum alle sich noch der Strenge an ihre Lebensmittelvorschriften, an ihre religiösen Vorschriften halten werden. Ich denke vielmehr, dass hier durch die Berührung mit der freiheitlich-demokratischen Gesellschaft auch hier eine Öffnung statt*finden wird.*

Bier wäre demnach eine Werbung für die freiheitlich-demokratische Gesellschaft bei?
Ja, sicher! Also ich glaube, dass es kaum ein anderes Kulturgut gibt, das sowohl wirtschaftlich so interessant ist als auch gesellschaftlich verbindend. Das erleben wir heute in der Zeit, wo sicher starke Lagerbildungen stattfinden, wo auch unsere westlichen Gesellschaften ein Stück weit gespalten sind: Bei einem Bier kann man immer noch reden miteinander. Häufig ist bei einem Bier die Streitkultur doch besser als in der Talkshow. Bier ist ein friedenstiftendes Element. Würde ich schon so sagen.

Obwohl das ein schönes Schlusswort wäre, komme ich noch auf etwas anderes zurück: Du wolltest noch etwas erzählen über die Craftbierfestivals, die hier gemacht werden. Die eine Chance sind, wieder neue Interessenten für neue Biere zu finden.
Zwei Geschäftspartner von uns, die mit uns das Biretta gegründet haben, haben eine Werbeagentur. Ziemlich zur gleichen Zeit als wir angefangen, den Einzelhandel aufzubauen, haben die Regens-

burgs erstes Craftbierfestival organisiert. Es war ein Riesenerfolg, schon beim ersten Mal über 10.000 Besucher. Beim zweiten Mal, im Mai 2016, hatten wir fast 18.000 Besucher über drei Tage. Es war damit zahlenmäßig das größte Craftbierfestival in Deutschland. Und es war schön. Wir hatten etwa 40 Aussteller, kein Eintritt, gute Musik, gute Stimmung. Es gab keinen Ärger, keinen Streit. Die Menschen konnten sich durch bayrische und europäische Bierkultur hindurch verkosten in 0,1-Liter Ausschankmengen. Wunderbare Stimmung, tolle Biervielfalt! Die Brauer haben sich gegenseitig mal besser kennengelernt. Und erst ihre Konsumenten! Die Berührung mit den Produzenten, auch das ist ein Riesenthema für den Genießer heutzutage. Wer steckt eigentlich hinter dem Produkt, was ich hier konsumiere? Eine tolle Geschichte, wird's nächstes Jahr wieder geben, vom 24. bis 26. Mai 2017. Wir freuen uns schon sehr. Wir machen's immer mitten in der Altstadt. Wunderschöne Kulisse. Die Stadt Regensburg unterstützt uns stark und das ist, wenn man mal nicht sowieso wegen der herrlichen Altstadt nach Regensburg kommt, ist es sicherlich eine Gelegenheit sich Regensburg anzuschauen und zu erleben, was Oberpfälzer und weltweite Bierkultur hier so kann.

EXPERT TALK

MARKUS QUADT. Begann seine Karriere in der Getränkeindustrie, war Barkeeper in Sydney und Deia, führte mehrere Lokale in Deutschland und übernahm mit der Alten Posthalterei in Lingen ein typisch deutsches Gasthaus, dem er mit Craftbieren ein neues Profil gab.

„ AUF EINMAL RANNTEN DIE UNS DIE BUDE EIN."

Conrad Seidl im Gespräch mit **MARKUS QUADT.**

CONRAD SEIDL: *Du hast ein Lokal in einer mittelgroßen Stadt und hast dich dort auf Craftbier verlegt. Wie ist es dazu gekommen?*

MAKUS QUADT: Ich habe dieses alte Haus, ein altes Fachwerkhaus aus dem 17. Jahrhundert, entdeckt. Und als ich unter diesem Holzbalken, das erste Mal an einem Eichentisch saß, wusste ich: Hier gibt es nur ein Getränk, das hier getrunken werden muss – und das ist Bier. Aber die normalen Biere, die halt bekannt waren in der Stadt, die sind mir zu langweilig. Daher habe ich ein paar Sachen ausprobiert und hab schnell sehr viel gute Reaktion gefunden.

Was war in diesem Lokal vorher drinnen?
Es war mehrfach deutsche Gastronomie. Einige Insolvenzen, wie viele, weiß ich nicht. Meine Vorgänger haben die Ziele falsch gesetzt. Die haben im vornherein überlegt, wie die erste Million in die Tasche wandern kann und nicht erst mal über das Konzept nachgedacht, was ich immer wichtiger finde.

Und bei dir war das Konzept: Es soll Bier sein. Mit welchem Bieren hast du angefangen?
Ich hab schon noch ein klassisches bekanntes Pils bei uns genommen. Aber ich hatte dann halt das Glück, dass ich über die Riegele-Brauerei in Augsburg Kontakte bekommen hab. Da hab ich dann halt die ersten Bierspezialitäten Sachen angeboten. Mal ein Doppelbock oder mal ein IPA. Dann hab ich einmal mein Bier gestachelt und das ging rum wie ein Lauffeuer in Lingen und auf einmal rannten die uns die Bude ein.

Jetzt sag mal: Wo ist Lingen? Wahrscheinlich findet es man es auf der Karte eher mit der Lupe?

Wenn man weiß, wo man sucht, dann ist es recht groß – aber man muss tatsächlich erst schauen. Es ist nördlich von Osnabrück, direkt an der holländischen Grenze, also 30 Kilometer bis nach Holland. Es ist das Epizentrum zwischen Hamburg, Nordseeküste, Ruhrgebiet und Enschede

Da haben die Leute ja in der Nähe Vergleiche mit holländischen und wohl auch belgischen Bieren?
Leider überhaupt nicht. Das ist ja so schade! Wir sind so nah an der Grenze und diese Bierkultur, die man halt in Belgien oder Holland sehr gut lebt, ist überhaupt noch nicht angekommen. Bei uns ist in schon ein Köstritzer vom Hahn eine absolute Besonderheit.

In der Umgebung ist dein Konzept kopiert worden?
Ich bin gespannt: Es macht jetzt ein Kollege ein Steak- und Bierhaus auf. Mal sehen, was da kommt. Ich denke: Ich habe das Glück, dass ich eine Mannschaft habe, die halt Bock drauf hat, wir sind neun Leute und haben mittlerweile über 150 Biere.

150 Biere heißt wie viele Biere vom Fass?
Wir haben sechs Biere vom Fass, weil ich einfach sage: Wenn ich was vom Fass habe, dann will ich es ganz frisch und vernünftig haben. Dementsprechend bin ich nicht so vermessen, dass ich Fassbier anschlage. Das halt ich für einen Quatsch. Wir haben fünf feste Biere und ein Bier, das wechselt. Plus rund 150 Biere aus der Flasche. Ja, ich glaube, da müssen die anderen erst mal was tun, um dorthin zu kommen.

Deine Alte Posthalterei ist ja nicht nur ein Lokal, wo man Bier trinken und dazu was essen kann. Man kann sich Bier von dir auch mit heimnehmen.

Genau: Wir nehmen Bier in allen Bereichen ernst. Das fängt damit an, dass wir im Innenhof Hopfen gepflanzt haben. Wir kochen mit Bier, wir machen einen eigenen Bier-Likör – und wir haben so schöne Holzkisten machen lassen, von einer Behindertenwerkstatt bei uns in Lingen, darin verkaufen wir Bier außer Haus. Wir haben eine Heimat-Kiste mit Deutschen Bieren, Craftbier-Kiste mit durchgeknallten Bieren, oder weltweit einmal rund um die Welt. Die Flasche kostet so viel wie auf der Karte – jeweils minus ein Euro bei Außer-Haus-Verkauf.

Wie kalkulierst du die Biere? Weil es ist ja ein Unterschied, ob du jetzt ein belgisches Starkbier hast oder ob du ein deutsches Pils hast.
Ich mach da eine Mischkalkulation. Warum muss ich an einem Starkbier mehr verdienen, als an einem Pils? Die Frage muss man sich erst mal stellen. Die teureren Bieren sind ja dadurch spannender, wenn ich die Marge auch gleich halte, sind die ja bezahlbar.

Weil du ja sagen kannst, du verdienst an der Kategorie Bier pro Einheit so und so viel und das langt dir?
Genau. Also ich kann da gut von leben. Wir haben eine gute Küche, wir haben eine deutsche Küche, alles zu 100 Prozent frisch und versuchen auch wirklich, dieses Traditionelle wieder heraus zu holen. Ganz klassische Eintöpfe und so... Es gibt nichts, was mir mehr Spaß macht als eine klassischen Eintopf zu servieren und der 60 jährigen Dame am Tisch ein New Yorker Craftbier dazu zu empfehlen.

Was sagt die 60 Jährige Dame dann?
Die vertrauen mir mittlerweile. Mittlerweile macht sie mit. Am Anfang waren die da ein bisschen überrascht, man muss da vorsichtig rangehen, aber mit langsamen Schritten geht das schon und die finden das in erster Linie spannend. Ob die dann zuhause auch ein Craftbier trinken würden?

Ich würde ich jetzt mal behaupten: Nein. Aber es ist halt so ein bisschen Abenteuer noch.

Ich frag mich natürlich immer: Vielleicht ist es leichter, einer 60 jährigen Dame, die sonst wenig Bier trinkt, ein Craftbier schmackhaft zu machen, als einem 30 jährigen oder 35 jährigen gestandenen Pilstrinker?
Ja, das stimmt! Und da muss ich auch wirklich was lernen, und zwar, dass man den Leuten nicht versuchen muss, das Leben zu erklären, weil das können die alle schon selber. Sondern, man muss denen halt Optionen anbieten. Man muss nicht sagen: „Das, was ihr da trinkt, ist nicht gut." Das hört doch keiner gern! Sondern man muss denen sagen: „Es gibt neben dem, was ihr da trinkt, noch andere schöne Sachen." Das ist so ein wenig der Weg, den man gehen kann, um die Leute an die interessanteren Biere heranzuführen.

Wenn aber jemand partout ein Pils haben will, was bekommt er dann für ein Pils?
Ich habe jetzt tatsächlich das letzte Fernsehbier, welches wir hatten, vom Hahn genommen und hab jetzt von Riegele ein Herrenpils am Hahn. Das ist eigentlich ein ganz klassisches traditionelles Bier, ein handwerklich ein sehr gut gemachtes. Dieses Thema Craftbier ist für mich ein bisschen ein Modewort – es geht einfach um ein gutes Bier. Und ich denke, das Bier spricht für sich. Der klassische Veltins-, Jever- und was auch immer -Trinker, weiß das auch zu schätzen. Das sind alles super Biere, super Pilsner mit super Image. Aber ich sag mal: Es gibt schon Biere mit etwas mehr Charakter und da gehört das Herrenpils absolut dazu.

Wir waren vor 20, 30 Jahren gewohnt, dass die Biere, die den meisten Charakter haben, aus Belgien, allenfalls aus England kommen. Später kamen dann die amerikanischen Biere. Hast du internationale Biere dann auch auf der Karte?
Ja absolut. Es gibt wenig Länder, aus denen wir

nichts haben. Natürlich haben wir die ganze Schiene aus Belgien da. Ich achte darauf, dass ich unterschiedliche Lieferanten habe, es gibt ja immer Lieferanten, die sich ein bisschen spezialisieren, der eine macht mehr Belgien, der nächste mehr Amerika. Also die Hauptländer außerhalb von Deutschland sind tatsächlich Belgien, England, Amerika, aber ich schau auch ganz viel auf diese neuen Biere, die in Deutschland ankommen, aus Italien beispielsweise. Ich habe jetzt einen Lieferanten mit vielen tollen polnischen und russischen Bieren. Da ist man auch schon überrascht, was da so passiert in der Szene, ich bin wirklich begeistert.

Das ist ganz spannend: Polen ist überhaupt ganz unterschätzt, die haben tolle Craftbiere.
Meine Frau war letztens da. Sie war in Polen und ich hab ihr gesagt: „Geh mal in den Supermarkt und bring mir ein gutes Pale Ale mit." Sie hat mir ein Foto geschickt von einem Standardsupermarkt, da standen um die 50 Craftbiere im Regal, und dann hat sie mich nur Hilfe rufend angerufen: „Was soll ich tun?"

Alle kaufen und mitbringen!
Klar, so viele man halt mitnehmen kann! Es passiert viel. Man muss nur die Augen offen halten und dem Ganzen eine Chance geben.

EXPERT TALK

HORST ASANGER. (rechts) War Eishockey-Profi und Hobbybrauer, ehe er professionell in die Gastronomie eingestiegen ist. 1999 eröffnete er in der Wiener Innenstadt die „1516 Brewing Company", das erste American Style Brewpub im deutschsprachigen Raum. Er lädt immer wieder Gastbrauer ein, auf seiner Zehn-Hektoliter-Anlage neue Biere zu brauen.

CHRISTIAN „HEIDI" RIEMERSCHMID VON DER HEIDE. (links) Begann seine Brauerkarriere in Bayern, wo er unter anderem bei Augustiner arbeitete. Er machte in internationalen Konzernen Karriere, braute bei Labatt und Hoegaarden. Im Guinness-Konzern stieg er zum Technischen Direktor auf. Er ist Chief Operating Officer bei Newlands Systems in Kanada – und regelmäßig Gastbrauer bei 1516 Brewing Co.

„ WIR SIND VON BRAUERN ALS AHNUNGSLOS BEZEICHNET WORDEN."

Conrad Seidl im Gespräch mit **CHRISTIAN VON DER HEIDE & HORST ASANGER.**

CONRAD SEIDL: *Wenn man sich die Bierwelt heute anschaut, dann ist sie ganz anders als sie vor 25 Jahren war. Was ist die für dich größte Veränderung, Christian?*

CHRISTIAN VON DER HEIDE: Für mich ist die größte Veränderung, dass wir nicht mehr von einer Nischenbewegung sprechen im Biermarkt, sondern dass die Dynamik und das Wachstum im Craftbiermarkt weit aus der Nische herausgekommen ist. Man kann jetzt ganz klar von einem weltweiten Phänomen sprechen, das deutlich über die Schwelle des Individualismus hinausgegangen ist und wirklich im gewissen Sinne eine weite Bewegung geworden ist.

Eine andere, wirtschaftlich wohl ähnlich bedeutende Veränderung ist wohl: Nicht nur die Kleinen sind sehr, sehr viel mehr geworden. Gleichzeitig sind die Großen nicht nur größer, sondern sehr viel größer geworden – wenn man sich zuletzt die Fusion von AB-Inbev mit SAB Miller ansieht.

CHRISTIAN: Das ist richtig, ja. Allerdings muss man dabei auch sehen, dass die Großen zwar weiter mit ihren Kosteneinsparungen ihre Shareholder zufriedenstellen – aber dass auch ganz große Marken, die wir alle kennen und auch schätzen, große Schwierigkeiten haben, in bestimmten Märkten noch zu wachsen. Das heißt: Man sieht eine stärkere Polarisierung zwischen dem Craftmarket, der in den meisten Märkten wächst und zwischen den globalen Marken, die in den meisten Märkten nicht mehr wachsen. Und das war noch vor zehn Jahren anders, das war vor fünf Jahren anders. Und das heißt auch: Der Druck und die Dynamik rund um den Kunden hat sich noch mehr zugespitzt.

Wenn wir uns anschauen, was die Großen machen, um überhaupt noch Wachstum zu produzieren: Sie versuchen, durch Akquisitionen größer zu werden, aber nicht mit ihren eigenen Marken.

CHRISTIAN: Richtig. Sie haben erkannt, dass es eben keine kurzfristige Bewegung war. Dass man im Kleinen Bier brauen kann und dass man mehr Spaß beim Bierbrauen haben kann, mit größeren Sortenvielfalten. Sie haben auch erkannt, dass sie diesen Markt aktiv bedienen müssen. Oder dass sie zumindest verstehen müssen, was da läuft. Bei einigen Akquisen geht es auch darum, erst einmal zu verstehen, warum der Konsument denn so fasziniert ist von stark gehopften Bieren und warum diese durchaus hopfigeren Biere so erfolgreich sind.

Weil du Hopfen ansprichst: Wir sehen, dass der spezifische Alphaverbrauch vor ungefähr fünf Jahren einen Knick bekommen hat und wieder recht steil nach oben geht. Das ist zum Teil auf die Craftbrauer zurückzuführen. Dazu kommt, dass die Hopfenzüchter einfach spannendere Sorten anzubieten haben.

CHRISTIAN: Was hat sich rohstoffseitig am dramatischsten verändert hat: Dass die Hopfenbauern wieder Geld verdienen. Noch vor zehn Jahren hat man sich nicht vorstellen können, dass wir mehr Bittereinheiten und mehr Aroma in die Bierlandschaft reinbekommen und zwar nicht nur bei den Kleinen und bei Craftbrauern, sondern auch bei großen Brauern. Auch die haben Ihre Bittereinheiten leicht erhöht und das hat sich ein Hopfenbauer nicht im kühnsten Traum vorstellen können. Dass in manchen Jahren der gesamte Aromahopfen ausverkauft ist und dass sich der Weltmarkt so stark verschiebt, das ist schon enorm.

Horst, du bist einer der Ersten gewesen in Österreich, die spezielle Hopfensorten gekauft haben. Da hast du ja interessante Erlebnisse gehabt, was die Versorgung betrifft.

HORST ASANGER: Ja wir haben uns manche Hopfen selbst importiert aus Neuseeland und Amerika. Aber nicht nur das. Das Grundwissen auch von den professionellen Brauern ist ein bisschen größer geworden. Du hast ja selbst deine Biertouren gemacht hast mit den Brauern und deren Gastrokunden, wo Du in Barcelona und Brüssel, in Boston und in San Francisco in die dortigen Bierlokale gegangen bist, damit sie mal etwas anderes trinken außer untergärige Lager-, Pils- und Märzenbiere. Uns wurde, als wir 2004 mit Hilfe von Bill Covaleski den „Hop Devil" mit dem Cascade-Hopfen gebraut haben, unterstellt, dass das Geschmacksprofil, das charakteristische Aroma des „Hop Devil", nicht vom Hopfen kommen kann, sondern dass wir da Grapefruitschalen und andere Gewürze genommen hätten. Weil da selbst professionelle Braumeister vor zwölf Jahren noch keine Vorstellung hatten, wie viel Aroma man mit entsprechenden Hopfengaben ins Bier hineinbekommen kann. Wir haben ja viele Gäste aus professionellen Brauereien, die zu uns kommen und sich wundern, was wir gerade wieder brauen. Aber lange haben auch professionelle Brauer, die sehr erfolgreich kommerziell gebraut haben, vom Hopfen zwar gewusst, dass es verschiedene Sorten gibt – aber das wurde eben nicht eingesetzt.

Du hast ja zum Beispiel auch mit Hopfensorten aus Slowenien und mit Hopfen aus Neuseeland gebraut. Das muss man den Leuten erst mal nahe bringen, wenn selbst ein gestandener Braumeister nicht weiß, dass die Grapefruitaromen vom Hopfen kommen können.

HORST: Ja, da muss man immer wieder auch erklären, was man da tut. Es hat sich ja, wie der Heidi schon gesagt hat, viel getan. Pro Saison kommen

zahllose neuer Sorten auf dem Markt, die dann bisweilen erst nur Nummern haben, weil Sie noch keinen Namen haben. Auch die heute in der Craft Szene etablierten Hopfensorten Sorachi Ace, Galaxy und Citra waren für uns vor vier oder fünf Jahren noch komplett neu. Und es bleibt spannend was da noch kommt. Mandarina Bavaria zum Beispiel. Also, die Hopfenbauern und Hopfenzüchter sind sehr sehr kreativ.

Weil der Horst die Hopfensorte Mandarina Bavaria anspricht: Obwohl die Deutschen im Hopfenanbau eine so dominierende Stellung auf dem Weltmarkt haben, sind sie erst relativ spät darauf gekommen, dass man beim Hopfen nicht nur die Alphaproduktion steigern kann, sondern dass man verschiedene Aromen produzieren kann. Auch die Züchtung der Sorte Polaris war ja ursprünglich vor allem auf die Bittere ausgerichtet. Und als man dann gesehen hat, dass man Polaris dieses Eisbonbon-Aroma ins Bier bringen kann, wollte das ja keiner. Da ist ja in den deutschen Zeitungen auch gestanden: Bitte lasst das Bier, so wie es ist.

CHRISTIAN: Das ist ein komplexes Thema. Im Yakima Valley wachsen 86 Aromasorten und in Deutschland gibt es insgesamt 28 oder 32 Aromasorten. Das heißt: Der deutsche Hopfenbauer hat nicht nur sehr spät angefangen oder es hat die Hopfenforschung in Hüll sehr spät angefangen, die Aromasorten umzusetzen – sondern sie haben zwei Drittel weniger zur Auswahl als die Amerikaner. Und wenn ich mir anschaue, wie stark vom Wert und vom Volumen her die amerikanischen Small Batch Brewer – um nicht immer den Begriff Craft Brewer zu strapazieren – Aromahopfen einsetzen, dann verstehe ich auch, warum Deutschland auf den zweiten Rang hinter die USA zurückgefallen ist. Seit zwei Jahren ist der Hopfen in Amerika von der Anbaufläche und von den Aromasorten bedeutender als die Hallertau und alle deutschen Hopfengebiete zusammen. Das heißt: Plötzlich ist mit der Entscheidung zur Vielfalt auch

eine Veränderung der Struktur eingetreten. Das wirkt dann dann auch in die Zukunft. Da fragt man sich dann auch: Müssen die Deutschen jetzt aufholen und eines Tages auch 90 Sorten anbieten? Oder wäre es richtig, dass man einen anderen Weg sucht. Die meisten neugezüchteten Hopfensorten sind Sorten, die fruchtig sind, die nach Beeren schmecken, die nach Pineapple schmecken, die nach Erdbeere schmecken et cetera. Die Frage ist: Wird es andere Bereich geben, wo der Hopfen in der Zukunft nochmal ganz andere Nuancen hat? Wird es mehr blumig? Geht es um Kräuter? Geht es um einen eucalyptusartigen Geschmack, der das Bier ein bisschen schäfer oder mentholartig machen könnte? Da denke ich, da wird sich noch so die eine oder andere Weiche stellen.

Da braucht man aber viel Phantasie. Wie eben beim Polaris, wo als Referenz „Gletscher-Eisbonbon" angegeben wird – das ist ja auch ein Geschmack, den man sich im Bier nicht besonders gut vorstellen kann, bevor man einmal ein Bier wie das Palor von Braufactum probiert hat.

CHRISTIAN: Da muss man bedenken: Hopfen wird auch kombiniert. Ich kann jetzt einen Polaris-Eisbonbon Hopfen im Bier haben – und dann gebe ich dazu einen Tettnanger, der ein bisschen eine pfeffrige Note reinbringt. Letztendlich kriege ich wieder eine komplett neue Aromavielfalt. Und ich denke, dass der Hinweis auf Eisbonbon in der Polaris-Beschreibung schon treffend ist, weil einen natürlich manche Fruchttester-Empfindungen einen an etwas erinnern, was man als Referenz irgendwo in der Erinnerung hat. Aber wir wissen ja: Im Bier kommt es ja nicht eins zu eins durch. Nachdem ich andere Hopfensorten zur Kombination habe, zudem auch noch meine Malzmatrix, habe ich keine Angst, dass die Hopfen das Bier zu atypisch machen.

Horst, Du bist jemand, der mit den Bieren sehr viel experimentiert hat. Der Erklärungsbedarf für Bier ist nicht geringer geworden.

market

HORST: Nein, er ist nicht geringer geworden, aber das ist auch eine Chance – die Leute sind ja inzwischen etwas aufgeschlossener. Um auf den Hopfen zurück zu kommen: Conrad, du hat uns 1998, noch bevor wir die Brauerei hier eröffnet haben, vorgeschlagen, Cascade Hopfen auszuprobieren. Wir sind – und das hat nicht nur uns betroffen, sondern auch Dich und Deine Vorstellungen von Bier – von professionellen Brauern als ahnungslos bezeichnet worden, da hat man gesagt: „Niemand braucht amerikanischen Hopfen." Die waren als reine Alphabomber verschrien und viele Brauer in unseren Breiten haben gemeint: „Der Cascade, der kann überhaupt nichts." Wie gesagt: Das war dann der, der die Grapefruit eingebracht hat und unsere Gäste, die seit Jahren zu uns kommen, die haben sich dann auch mit unseren Brauern unterhalten. Die fragen dann jetzt auch schon: „Welcher Hopfen ist denn da drinnen?" Ja und es gibt halt auch manche Hopfen, die wir selber noch nicht kennen. Den Polaris habe ich noch nicht ausprobiert.

Aber wir haben gerade über den Citra gesprochen. Der Citra ist in Kombination mit anderen sehr gut. Wenn du ihn als Singlehop verwendest, dann wird ihm Katzenpisse vorgeworfen. Es wird für Brauer komplizierter und spannender. Man muss halt die richtige Balance finden.

Was man bei all diesen kleinen Brauereien sehen muss: Die Produktion erfolgt zu deutlich höheren Kosten als in einer Großbrauerei. Wieviel davon kann man, wieviel davon soll man an den „Verbraucher", wie das unschöne Wort heißt, weitergeben?

HORST: Wir produzieren Biere, wo wir im Vorhinein schon wissen, dass wir damit nicht reich werden. Wir haben nicht die Möglichkeit einer Flaschenfüllung und das heißt: Es gibt nur den offenen Ausschank und alles, was im offenen Ausschank ist, muss rotieren, um frisch zu bleiben. Also verlangen wir lieber zwei bis drei Euro weniger pro Glas als andere oder vielleicht auch als wir sollten. Das

mag wirtschaftlich nachlässig sein und wir müssen halt schauen, dass wir unsere Rechnung irgendwie anders zahlen. Auf der anderen Seite: Wenn man das Brauen nicht passioniert und mit Leidenschaft macht, dann soll man es bleiben lassen. Das ist das für uns das Salz in der Suppe. Dass wir experimentieren, Holzfassreife machen · manchmal mit dem Wissen, dass kein Cent bleibt. Aber das ist uns egal. Wir sind auch so stabil genug, dass wir uns das ab und zu leisten können.

Es gibt ja einige, die sagen, ja die Craftbierszene, die gibt uns die Möglichkeit, dass endlich Bier auch Wertschätzung bekommt über den Preis. Wenn ich mir einige italienische Craftbiere anschaue, die sind preislich schon so hoch angesetzt, dass ich mir überlege: Kann ich mir da überhaupt ein zweites Glass davon leisten?

HORST: Beim Preis ist es halt so: Du weißt ja, was an Kosten und Aufwand dahinter steckt, wenn du mehr Geld für ein in einem vorher mit Whisky belegten Holzfass gelagertes Bier ausgibst. Wenn du dich damit befasst, dann weißt du, dass es wert ist. Wenn das teuer verkaufte Bier allerdings ein auf einer billigen chinesischen Anlage produziertes, fehlerhaftes Bier ist, dann ist das schlecht für alle, denke ich. Die Craftbierszene ist eine gute Plattform, aber sie gibt auch vielen unterdurchschnittlichen oder fehlerhaften Bieren eine Bühne. Und einige werden dann auch zu teuer verkauft. Ich weiß nicht, wie viel Absicht bei einigen Sauerbieren, die ich da jetzt in letzter Zeit getrunken habe, dabei war. Du und der Heidi, ihr erkennt ja aufgrund eurer jahrelangen Erfahrung, ob ein Bier fehlerhaft ist oder Off-Flavours hat. Der Konsument weiß es nicht. Der hat relativ viel Geld für ein fehlerhaftes Bier ausgegeben und meint dann: „Craftbier ist schlecht und es kostet nur viel Geld." Das stört mich. Craftbier ist ja auch für Europa eigentlich nichts Neues. Nur die Bezeichnung ist anders und das Marketing ist besser.

Du siehst also die Gefahr, dass dieser Craftbierhype einmal zusammenbricht – wegen relativ hohen Preisen und mit Bieren, bei denen auch die Konsumenten nicht richtig einschätzen können, ob die so sein sollen und ob das wirklich gut ist.

CHRISTIAN: Das Ganze kann zur lächerlichen Situation führen, wenn ich eben ein Scheinmarketing für ein Scheinprodukt habe. Wo dann jemand auch noch einen Haufen Geld für solche dubiosen Biere verlangt. Dann kann der Schuss nach hinten losgehen; und er kann auch andere, seriöse Anbieter treffen. Man muss da ganz stark geografisch unterscheiden. In Kanada zum Beispiel gilt: Je teurer das Bier, umso mehr kann der Konsument die ganze Thematik Bier zelebrieren. Weil das Bier nimmt eine andere Rolle ein im Konsum, das heißt, ich trinke mein Bier nicht nur zur Erfrischung, sondern es nimmt den Platz des Weins in der Kultur ein. Es nimmt den Platz als Begleiter von bestimmten Speisen ein und das bringt es in andere Gebiete, Stadtgebiete, in denen sonst wesentlich hochpreisigere Produkte verkauft werden. Die werden von guten Bieren begleitet. Das heißt: Bier nimmt einfach eine andere Rolle ein und ich bin der Meinung, man muss 100 Prozent der Kosten auf den Konsumenten umsetzen. Diese Konsumenten können sich das schließlich leisten. Märkte sind aber sehr unterschiedlich, Märkte sind sehr sensibel. Ich gebe dem Horst da vollkommen recht, dass ich in einem Markt, der noch nicht entwickelt ist, der noch nicht ganz die kritische Masse erreicht hat, viel vorsichtiger sein muss. Aber wie gesagt, das hängt sehr stark vom Markt ab, von der Geografie. Bin ich in der Stadt, bin ich auf dem Land, bin ich in Europa, bin ich in Amerika, bin ich in Japan? Da gibt's da noch viele Dinge, die da mit reinspielen.

Die Überlegung, die man immer wieder hört ist: Craftbier ist etwas, was eigentlich nicht für Biertrinker ist weil viele Biertrinker mögen den Geschmack von Bier nicht. Die wollen einfach ein erfrischendes Getränk haben. Und dann gibt es daneben einige wenige Kenner, die sagen: „Ja ich will starken Geschmack und den bezahle ich auch extra." Kannst du dieser Theorie etwas abgewinnen?

CHRISTIAN: Ich kann der Theorie insofern etwas abgewinnen, dass es bei den Craftbieren Biere gibt, die Frauen anders ansprechen, die den nichttypischen Biertrinker ansprechen. Auch weil das Bier anders zelebriert wird. Auch weil diese Biere im Durchschnitt viel stärker gehopft sind und dadurch wieder polarisieren. Ja, da gibt es Leute, die ganz klar beim Craftbier nicht mithalten. Und zwar sagen, das Craftbier trendy ist, sich dann aber ein Budweiser bestellten oder ein Heineken, das frische Bier genießen und sozusagen nur das Craftbier T-Shirt anhaben. Klarerweise sprechen belgische Saisonbiere und Sauerbiere ganz stark den nichttypischen Biertrinker an.

Versuchen wir, einen Blick in die Zukunft zu werfen: Wenn wir in zehn Jahren wieder zusammensitzen, was werden wir in diesen zehn Jahren in der Branche erlebt haben, was wird da anders sein? Man sagt etwa: „sour is the new bitter." Oder wir sehen sehr viel Holzfassreifung, wir sehen inzwischen auch andere Malze und andere Getreide, die verwendet werden. Was werden wir in 10 Jahren trinken?

CHRISTIAN: Ich denke auf alle Fälle, dass jedes vierte Bier weltweit ein Small-Batch-Bier sein wird, das von einer kleineren Brauerei produziert wird. Ich glaube nicht, dass das weggeht. Wir haben den Tipping Point überschritten. Dann glaube ich, dass die Trends, die wir beim Hopfen besprochen haben, der eine sehr dominante Rolle im Craftbiersegment gemacht hat, anhalten werden. Das wird aber von anderen Themen wenn schon nicht überholt werden, aber zumindest ein bisschen in den Schatten gestellt. Im Auge behalten müssen wir sicherlich Malze, Cerealien, alternative Braustoffe, unterschiedliche Alkoholstärken, auch wesentlich leichtere Biere, alkoholfreie Craftbiere. Also ich

glaube, da wird sehr viel passieren und ich glaube, dass die Landschaft in zehn Jahren anders ausschauen wird. Ich glaube, dass die Möglichkeit für den Brauer in zehn Jahren auch noch sehr stark definiert wird von der Gesetzeslage. Das heißt, Alkoholsteuer, Biersteuer. Die Kosten, die du hast mittlerweile durch den Hopfen, Immobilienpreise, wo ich meine Brauerei habe, da wird sich der Brauer auch umschauen müssen. Denn es ist ein ressourcenintensives Handwerk und ich könnte mir vorstellen, so wie sich die Städte entwickeln, die Großstadt-Immobilienpreise, dass das es immer schwieriger wird für Brauer, sozusagen vor Ort zu sein, weil immer mehr Brauer werden hinaus aufs Land müssen.

Jetzt noch einmal zu den Bieren, die kommen können: Werden wir ganz verrückte Biere bekommen, werden die radikal anders schmecken, als das was wir heute bereits in der Craftbierszene kennen? Kann da noch was kommen, was völlig anders ist?

CHRISTIAN: Ich denke ja – aber da gibt es wohl auch Grenzen. Ich habe neulich ein Trappistenbier aus Italien getrunken, mit Eucalyptusblüten drinnen. Ich war fasziniert. Aber das war nicht die Art Bier, von der ich mir eine zweite Flasche bestellen würde, aber ich fand es wahnsinnig interessant, wie da die Eucalyptusnote drinnen ist. Das geht nur in kleinen Nischen. Wenn die Drinkability nicht passt, hat es ganz schnell wieder ein Ende. Insofern denke ich ja, es wird ein paar mehr Extreme geben, vielleicht dann auch noch stärkere Biere oder superleichte Biere mit viel Aroma. Aber ich denke nicht, dass die Zukunft den Bieren gehört, die nur extrem schmecken. Allerdings bin ich mir sicher, dass in der Zukunft sowas wie fassgereifte Biere, Sauerbiere sich fest etabliert haben werden. Die werden nicht mehr von der Getränkekarte verschwinden. Bin ich mir auch sicher. Warum? Weil sie ja eigentlich klassische Bierstile sind, die neu interpretiert worden sind.

Die waren ja auch in Deutschland früher recht gängig – Berliner Weisse, Grätzer, Gose...

CHRISTIAN: Alles das und dann kannst Du einige belgische Stile ebenfalls dazunehmen. Es sind wahnsinnig viel leckere, unheimlich tolle Biere da draußen und ich sehe, dass der Konsument eben auch Lust hat, ein wenig auszuprobieren. Der will eben nicht nur ein Sauerbier testen und sich abwenden, wenn ihm gerade dieses nicht schmeckt, sondern er will viele verschiedene probieren und dann das aussuchen, was ihm am besten passt.

Du hast hier jetzt schon eine ganze Reihe von mutigen Bieren gehabt. Von sehr bitteren über holzfassgereifte über sehr saure. Was traust du dich denn jetzt noch in Zukunft?

HORST: Alles. Wir haben auch alles verkauft muss man dazu sagen. Auch wenn mir persönlich nicht alle Biere geschmeckt haben, die unsere Brauer kreiert haben: Es wurde verkauft. Das heißt: Unsere Gäste nehmen das alles an. Auch und gerade weil unsere Barleute, die seit Jahren da sind, es den Gästen näher bringen.

Und das ist ja erst die erste Generation, die nächste Generation von Gästen, aber auch von Personal wird damit aufwachsen und das wird weltweit noch einen weiteren Schub geben.

Es ist nicht zu aufzuhalten. Und es werden auch andere Brauer mit Malzen oder mit Korn zu experimentieren beginnen, da wird ein gesunder Wettbewerb entstehen.

Du hast schon Biere mit Quinoa gehabt zum Beispiel.

HORST: Ja, wir haben Quinoa verwendet, ja. Hat aber wunderbar funktioniert.

Und du lädst Brauer aus der ganzen Welt ein, so wie den Christian, um hier in Wien zu experimentieren.

HORST: So ist es. So wie die anderen Gastköche haben, die mit ihnen dann Sushi machen oder was auch immer, machen wir das mit den Brauern.

EXPERT TALK

JOHAN VAN DYCK. Started his career as a beer marketer. He stumbled upon the historical beer styles Seef and later Bootjes Bier and decided to launch his own company Antwerpse Brouw Compagnie. In 2012 Seef Bier was launched as a historical beer. It is brewed by Brouwerij Roman, a traditional family-run business in Mater, near the Flamish town Oudenaarde. Antwerpse Brouw Compagnie plans to build their own brewery in 2017.

„ HISTORIC BEERS HAVE CHARACTER."

Conrad Seidl im Gespräch mit **JOHAN VAN DYK.**

CONRAD SEIDL: *How did you start this whole thing about Seef Beer? What was your first idea when you did it?*

JOHAN VAN DYK: Actually, we started out more of like a coincidence. I found a book in the city library, it has called "The old breweries in Antwerp" and the author started this book by saying that the historical beer of the city in Antwerp, for more than a century the most popular beer was Seef beer. Even a part town is named after the beer. To be honest, even having worked for breweries, the name Seef was new to me.

You stumbled upon the book because you were a brewer?

Not really. It got my attention because I'm also a fan of history and every picture behind it. It's all about books with old pictures of the city and history. And then I saw that particular book – and realized I had never thought about old breweries and old beers. So from there I startet a whole new adventure. Reading about it and especially learning that it was a very popular beer: Seef. And this historical beer of the city, had gone missing und there was nobody who knew about it. There were some descriptions of it, but it was no longer brewed and nobody even had the recipe. So that really got me into it.

It is not unusual, that historical beers disappear. They go out of fashion, other beers become more popular. Some historical beers just disappear and we cannot recreate them because no one cared to write down the obvious. Because the obvious was: you brewed those beers that your grandfather had already brewed, so everyone knew the recipe.

Yeah exactly. If you think about this with a today's look at it, you think you have all the recipes and everything even on the computers and everything is monitored all the time. Go back a century, not even that long. It was just the old guy explaining to the young guy: Okay this is what you do, you take this and this, put it in the kettle. You knock out the wort, cool it and fermentation starts. And if something goes wrong you have to do this. It was very practical, nothing was ever written down. Seef was brewed by many brewers – and they all had their kind of magic tricks to make the foam or the cloudiness or the aromas perfect to their idea of the style. But was also their secret. One of the first books I consulted, was a book written in 1916, the first Belgian book on Belgian beer and recipes, written by Hendrik van Lingen. He made a mission to write down all the beer styles, the recipes, the brewing methods in a scientific way. For most of the beers he has all the details and how to brew them. But even a professor who studied the beers of his time could not give exact details on Seef beer – while it was still brewed.

So you wanted to do better than the professor?

That's a big assumption. I was just so curios to know. My family has been living in the city for 600 years, so without any doubt, my great-grandfather, even my grandfather drank a lot of his beer. This was like the standard beer, everyone drank this, so I wanted to know what it would have been like. To be honest: I didn't find the recipe. I got in contact with so many people who shared their history, some old people shared pictures and anecdotes. That was such an amazing story for me was that it was even a lot of fun.

So your mission was like being a private eye going to find out who brewed that beer and is still alive?
My wife always said, I was the Indiana Jones of beer. I said, yeah that would be cool. We tracked down a lot of the information in a research we did for three years. And so we were definitely know about the beer at the beginning of the 18th century, and we also found documents from the 16th century...

Was it exactly the same as three hundred years later?
I don't know, probably not. Well, it's really an old beer style – although Gueuze is definitely older. But Seef is one of the oldest Belgian beer styles and it is reborn.

So what's so special about it?
In terms of brewing and technical aspects: It is brewed with buckwheat, wheat and barley. Buckwheat is a big challenge, because buckwheat is not even a grain, it is a semi-grain and has to be treated differently than malted grains. Today's brewing equipment is not made for brewing with buckwheat. Another aspect was the picking of the right strain of yeast, a strain that could be typical for Antwerp – some people call it a semi-wild yeast. You have to handle it carefully, leave the beer in the tank till it has the right aroma – but not longer, otherwise the beer will become too clear.

Where did you find that yeast?
The university of Leuven has a big collection of yeasts – different yeasts of existing breweries but also a collection going back to the beginning of the 20th century. Luckily they had the yeast from Antwerp, but didn't have the recipe. In that collection there are still some other really interesting yeast strains and I think in the coming years we will see new beers, fermented either with these historical yeast strains but probably also with other yeasts that are not traditional brewing yeasts.

Let us turn to the business side of it: When you started your company, you didn't have a brewery.
No, we could have, because we found financing people, who would have invested. But we really wanted to own the beer as an independent company. With outside investors my own share would be just eleven percent. We would not control the company and even worse: Investors might sell their share to someone else once the business outlook looks attractive to potential buyers. We see that happening in the US at the moment. But we wanted to set up a family business. That's why we started using the brewery of a friend of ours, who has right equipment – it was a challenge to find that partnership.

It was a challenge because you're using buckwheat?
Because we use buckwheat, because we come with an own yeast. Other contract brewers just have their own label – and maybe a recipe that uses a different kind of hops. But we come in with totally different ingredients, we brewed the first batches ourselves and even now we track the production online.

Some other contract brewers basically want a beer that has some historic or local touch to it – but you wanted to apply as much scientific knowledge as possible?
We wanted to do everything as exact as we could. Is it exactly the same as hundred years ago? No, definitely not. And why not? Equipment today is a lot better. A hundred years ago every beer was infected. No doubt about that: You had to drink it in a short period of time.

And of course hops are different today from the varieties that were common a hundred years ago.
Yes they are – and it is sometimes really hard to buy those varieties that you believe are best for your beer. Last year it was a disaster because there was a general shortage of hops. And as we are very small we have no leverage in buying things. So what I'm trying to do is find other small breweries, combined we have a bigger buying power, more power to negotiate.

At first you only wanted to brew the correct Antwerp style, present it the consumer and see if it works?
I was very curious to know this beer. I remember when I first tasted, I was the first, and I went like: Wow, this has a velvet mouthfeel, but also flavour and refreshing. And my wife was there and nobody said anything. Then she took a sip. And this is not too bad, is it? No, this is great, wow it was kind of a magic moment for us and I will never forget that moment. So we wanted to share that great experience. It is great to see the people in Japan, in Mexico, in South Africa, that drink our beer. When we launched it in the US, there was a diplomatic mission of Belgium and our king of Belgium was there and we could sign the contract with our importer in the presence of our king.

If you think of other people, other countries, other towns: If they want to reinvent a historic beer of their area – what should they focus on? Market research? Or historic research?
If you just want to brew something that people drink a lot then don't fool them by claiming you have some historical beer. That would be just fooling people. But if you aim at brewing something like Seef, you should do research and analyze its old specific character. Some people will love it and some people will not like it at all. Historic beers have character, they are not the "middle of the road". Think of gueuze: There is a market for it – some people love it, but many people hate it because they think that gueuze is too sour, too astringent. There are lots of beer lovers here, but to be honest, many people don't like sour beers.

But you also have thought of a world market – at a very early stage. You didn't produce that beer just to serve it in one or two places in Antwerp?

To be honest: We didn't have a big masterplan. Our idea was to start off really local, in the bars and then see what happens. But it is not easy to get into these accounts as many cafes and bars are owned by big brewers. I talked to other small breweries, and learned from them: "Export is what's saving our company." None of them had the "let's conquer the world idea" in front, but we all kind of stumbled upon it. In our case for instance by winning gold at the World Beer Cup. All those awards are of course a big compliment – but in the end they also help to sell our beer. People seem to understand that we make something new, something that did not exist on the market for a long time – something that combines Belgian drink tradition, some classical brewery techniques but is also balanced. I think the key word on Belgian beer is balanced, being balanced, with some interesting things I've learned in the US, in terms of aromas and flavours and spice. Let's build a bridge with those two.

Learning from the US means you have spent some time in the US and watched the US craft scene?

Yes, I worked seven years at Duvel Moortgat and I was also responsible for the Ommegang brewery in upstate New York. I have carefully studied the beer scene in different cities in the US. Belgium is a great beer country but it's traditional, in the US there is more entrepreneurial spirit. Let's see where we end up.

EXPERT TALK

WERNER BEUTELMEYER. Ist Gründer des Marktforschungsinstituts Market in Linz an der Donau. Er unterrichtet an den Universitäten Linz und Innsbruck, ist Verfasser mehrerer Bücher zum Thema Marketing und hat sich insbesondere mit Projekten für die Brauwirtschaft – etwa dem jährlich erscheinenden Bierkulturbericht – einen Namen in der Bierszene gemacht.

„MANCHE GROSSEN LEISTEN SICH, NICHT GLAUBWÜRDIG ZU SEIN."

Conrad Seidl im Gespräch mit **WERNER BEUTELMEYER.**

CONRAD SEIDL: *Wir haben vor 10 Jahren miteinander das Buch „Bier verkaufen" gemacht. Damals haben wir beim abschließenden Interview ein internationales Markenbier getrunken, wenn ich mich recht erinnere: ein Heineken. Heute trinken wir Craftbier. Ist das symptomatisch für die Änderung der Szene?*

WERNER BEUTELMEYER: Die Szene hat sich gewaltig geändert, ebenso das gesellschaftliche Umfeld. Wir sehen ja viele Trends, die quer durch das Gemüsebeet auf die Konsumenten wirken – und das ist beileibe nicht nur die Digitalisierung. Wenn man sich das Ernährungsverhalten anschaut, dann ist der wesentliche Trend: Regionalität sticht Bio ab. Das war eigentlich vor 10 Jahren noch nicht zu erwarten. Jeder hat damals gesagt: Bio, Bio, Bio. Das aber hat an Bedeutung verloren – beim Bier, aber generell bei allen Produktbereichen. Dagegen sehen wir eine ungeheure Kraft in der Regionalität, in der neuen Glaubwürdigkeit, die aus der Regionalität kommt, in einer Emotion, die in dieser Regionalität gefangen ist. Das ist natürlich beim Bier eine ganz besondere Chance, eine Stärke, die Bier hat: Ein regionales Gesicht.

So wie der Deutsche Brauerbund vor 25 Jahren eine Kampagne hatte: „Bier braucht Heimat"?
Bier braucht Verankerung, Bier braucht Verortung, Bier braucht Koordinaten. Das heißt: Wiederentdecken des eigenen Kirchturms, des Umfeldes der Region. Wobei man die Region unterschiedlich fassen kann. Aber sie bedeutet immer: Original – nicht Massenware. Nicht anonym – sondern ein personifiziertes Bier. Ein Bier mit einer Persönlichkeit, von der man weiß, wo kommt das Wasser her, wo kommt der Hopfen her, wo kommt das Malz her. Also: Wo wächst die Braugerste?

Das Market Institut macht ja viele Studien für Brauereien – selbst Großkonzerne suchen Verankerung in der Regionalität.
Da haben wir quasi eine Koexistenz unterschiedlicher Welten. Natürlich haben wir die großen, internationalen Marken, die längst Global Player sind. Die haben eine Bedeutung – aber sie haben gleichzeitig auch die Sehnsucht nach etwas Besonderen, nach der Spezialität, nach dem Handwerklichen. Pilsner Urquell positioniert sich als erster Craft Brewer, auch als ältester Craft Brewer. Das ist mit der Regionalität ganz stark gewachsen. Und wir haben auch einen misstrauischen Kunden, auch einen misstrauischen Bierkonsumenten. Der sagt, was trinke ich denn da überhaupt? Was ist da drinnen? Ist das was Ordentliches? Ich möchte ein Geschmackserlebnis haben! Also es geht um eine ganz emotionale Angelegenheit und da ist die regionale Verortung für mich einer der ganz großen, bahnbrechenden Trends und das ist natürlich ideal fürs Bier. Ideal für lokales Bier, ideal für Spezialitäten, ideal für Braumeister, die fleißig und erfinderisch sind.

Wenn man jetzt diese Regionalität auch als eine Chance begreift für den kleinen, für den Mittelstandsbrauer, dann heißt das möglicherweise: Der kleine bayerische Brauer, der sein Bier immer noch wie vor 30 Jahren in die alte Euro-Flasche füllt, ist mit diesem Bier und diesem Auftritt auch glaubwürdiger als der große Konzern, der eine Individualflasche hat.
Ja, gleichzeitig gibt es auch so etwas wie einen Retrotrend: Die gute alte Zeit. Nicht nur die Heimat, sondern die alte Heimat. Wie war denn das früher? Wir reden über eine Generation, die „Generation Mitte" genannt wird. Die Demoskopie hat erkannt: Da gibt's eine Generation, die irgendwo diese alten

Zeiten auch reflektiert und die Produkte, die aus dieser Zeit stammen und da gehört Bier dazu. Bier war immer ein besonderer Saft, ein ganz besonderes Identifikationsmerkmal: Dein Bier – deine Region. Das war immer auf ein und derselben gedanklichen Ebene und jetzt kommt eine ganz neue Qualität dazu: Eine ganz neue Begeisterung für Qualität, der Markt hat etwas gelernt, die Konsumenten haben etwas gelernt. Sie haben also bemerkt, dieses Bier, das hat unterschiedliche Ausprägungen, das kann ein unglaublich tolles Produkt sein mit vielen Gesichtern, passend zu allen möglichen Anlässen, Speisen, Situationen. Bier zu trinken ist also eine unglaublich, eine lebendige Traditionspflege geworden, mit einer völlig neuen Qualität und mit einer völlig neuen Sortenvielfalt.

Vor 20 Jahren haben wir in Marketingseminaren das Beispiel gehört: Wenn ein Angestellter seinen Chef nach Hause einlädt, dann muss er ein teures Bier anbieten, das der Chef aus der Fernsehwerbung kennt, um zu zeigen: Ich kenne mich aus, ich weiß wie toll die ganzen großen Marken von Warsteiner bis vielleicht sogar Guinness sind. Durch die Verwendung und solcher Marken konnte man signalisieren: Ich bin ein Connoisseur, ich bin auf dem Level der Zeit, ich kann nichts falsch machen. Heute würde der möglicherweise ein Bier von einer amerikanischen Craft Brewery hinstellen...

... oder auch von einer Mittelstandsbrauerei in seiner fränkischen, sächsischen oder auch Waldviertler Heimat und erklären: Schau mal, Chef, das ist eine Spezialität, die habe ich entdeckt. Das wirst du nicht kennen, dieses Bier. Das kannst du gar nicht kennen. Denn ich hab's entdeckt. Das ist ein begnadeter Braumeister, der macht dieses Produkt, das ist etwas Einzigartiges und da gibt's auch nicht viel davon. Also wir haben eine Engpassstrategie, etwas, was es früher nur bei raren Weinen gegeben hat.

Da gehört auch dazu: Wer macht das Bier? Also die Personifizierung des Bieres auch in der Person des Braumeisters, in Form des Teams, das geht bis in den Vertrieb hinein. Damit wird wiederum ein Gesicht des Bieres geschaffen. Es ist kein anonymes Produkt, kein Allweltsprodukt, sondern das ist was ganz erdiges, gefasstes, definiertes, emotionales, einzigartiges. Aber, und damit verbunden mit einer ungeheuren Bandbreite an Sorten, an Vielfalt, an Methoden. Also wir haben eine völlig neue Situation. Es geht darum, das Besondere, das Einmalige und das Einzigartige zu betonen – vielleicht auch mit dem Hinweis: Bedrohte Art, da gibt's nimmer viel davon. Deshalb vielleicht auch ein bisserl teurer. So wie bei Thunfisch oder Wildlachs. Man sieht, es betrifft sämtliche Bereiche · ob das jetzt Motorräder sind, ob das Einrichtungsgegenstände, ob Lederhosen, oder einsame Strände sind. Ob das Produkte oder die zugehörigen Marken sind. Wir haben mit einer Retrogesinnung auch eine Wiederentdeckung, eine Renaissance des Bieres und einen neuen Zugang definiert. Dies mit der jeweiligen Region verschmolzen gibt natürlich diesem Produkt eine ungeheure Kraft.

Wir sehen auf dem Markt, aber zum Teil auch aus den Daten der Studie, die diesem Buch zugrunde liegen, dass es auch durchaus unterschiedliche Ausprägungen gibt. Der Schweizer immer schon geneigt gewesen, auch mit Importen neue Geschmäcker zu probieren. Der Österreicher hat diese Regionalität sehr stark, in Deutschland sind Marken immer noch ein bisschen bedeutender als die Regionalität. Was würdest du dem deutschen Brauer empfehlen?

Also ich glaube, dass das Ganze natürlich auch mit der Urbanisierung der Gesellschaft korreliert, das heißt: Je moderner die Gesellschaft ist, umso mehr ist sie natürlich möglicherweise in den nationalen und internationalen Marken-Welten verankert. Und das ist natürlich von der Geographie abhängig: Natürlich ist Österreich auch urban und Wien ist hoch urban, aber dennoch haben wir vielleicht eine ländliche Ursprünglichkeit, die dazu führt, dass es ein stärkeres Regionalitäts- und regionales Markenbewusstsein gibt. Das habe ich aber auch in Frankfurt beobachtet: Da ist eine Straßenbahn mit Werbung für Rothaus-Bier vorbeigefahren – und ein paar junge Leute haben der richtig applaudiert. Die waren wahrscheinlich aus dem Schwarzwald und zum Studieren in Frankfurt. Aber die Marke Rothaus war halt eine Erinnerung an ihre Heimat. Das wird gefeiert.

Wenn ich jetzt in Berlin durch die moderneren Bierlokale gehe, da kommt durchaus eine kleine fränkische Landbrauerei wie die Brauerei zur Sonne in Bischberg mit ihren Bieren gut an, weil die authentisch wirkt. Obwohl von den Berliner Gästen wohl noch keiner je dort war.

Richtig. Das Besondere, das Einzigartige, das Unverwechselbare – das kann durchaus auch aus einer fränkischen Landbrauerei kommen. Weil man da sagt, ich bin neugierig darauf, wie schmeckt denn das überhaupt. Die haben gar nicht die Chance, großartig einen Markenapparat anzuwerfen, den die Großen mit professionellen Marketing und Millionenaufwand betreiben. Die können sich nur über Glaubwürdigkeit, über Emotion, über Inszenierung am Point of Sale behaupten. In der Gastwirtschaft haben sie aber Chancen, wenn die Gäste auf der Bierkarte oder durch die Kellner darauf hingewiesen werden, was da für eine Rarität angeboten wird. Bierkultur heißt diese Begrifflichkeit. Also diese Bierkultur hat enorm an Bedeutung gewonnen. Das ist eine Kultur unserer Gesellschaft geworden und das ist ganz interessant, weil ja gleichzeitig das selber Kochen und vieles an handwerklichen Fertigkeiten in den Haushalten verloren geht. Aber die Sehnsucht ist da.

Aber die Leute schauen sich die Kochsendungen an.
Die Leute haben eine Sehnsucht nach einem ordentlichen Braten, auch danach, ihn selber kochen

159

zu können und ein gutes Bier dazu zu trinken · möglicherweise oder idealerweise eine Spezialität. Wir haben eine tiefe Sehnsucht nach diesen Produkten und auf dieser Welle „schwimmt" sozusagen das Bier.

Das muss aber auch mit verkauft werden . Es reicht ja nicht, ein Bier aus Sachsen jetzt zum Getränkehändler in Essen hinzustellen und zu erwarten, dass das von selbst zum Renner wird. Da sich irgendjemand – der Brauereibesitzer, der Braumeister, vielleicht auch der Biersommelier – aus dem Unternehmen dazustellen.
Natürlich: Es braucht eine Inszenierung, es braucht Information, es braucht Empfehlung. Dieses Erlebnis findet erst dann so richtig statt, wenn man eine Bühne definiert, wenn man das Produkt inszeniert, darüber redet. Das Produkt alleine ist schon wichtig, das ist die Grundlage, aber Produkt und Kommunikation zusammen schaffen es erst das Besondere.

Seit Jahrzehnten beobachte ich, dass in den USA jedes Fleckerl auf einem Bieretikett oder einer Bierdose zu dieser Kommunikation genutzt wird. Bei uns steht gerade das vom Gesetzgeber Verlangte drauf, also etwa, dass da Gerstenmalz drinnen ist, damit die Leute gewarnt sind. Während auf einem amerikanischen Bieretikett natürlich auch gesetzliche Warnungen draufstehen, mehr als bei uns – aber gleichzeitig kaum unter 80 bis 100 Worten aufgedruckt sind, in denen das Bier beschrieben ist, wo eine Geschichte erzählt wird, wo vielleicht auch etwas über die Brauerei und den Braumeister gesagt wird. Sollte man sich bei den Etiketten, die ja das wesentlichste Kommunikationsmittel für den, der es trinkt, sind, nicht auch etwas überlegen?
Also Flasche und Etikett machen Unverwechselbarkeit und Positionierung eines Produktes aus und sie werden ja ausführlich studiert, wenn die Flasche am Tisch ist. Es geht hier nicht um diese

schnelle 3-Sekunden-Kommunikation, sondern das wird angeschaut. Insofern wäre es mehr denn je nötig, diese Chance zu nutzen und entsprechend die Geschichte hier einzupacken, die hinter dem Produkt steht. Kein Marketing-Blabla über „feinste Rohstoffe" und „unberührte Natur", sondern eine faktenreiche Beschreibung der Rohstoffe, eine einladende Darstellung der Natur rund um die Brauerei. Ich glaube schon, dass man gar nicht zu viel auf diese Etiketten hinaufpacken kann. Der Bierdeckel ist natürlich auch so ein Thema: Alles rund ums Bier, das Fläche bietet, sollte genutzt werden, um die Story zu transportieren. Das Storytelling gehört zum modernen Marketing, zum modernen Biermarketing dazu.

Jetzt haben wir über tausend Diplom-Biersommeliers in den letzten Jahren ausgebildet. Die haben bewirkt, dass über Bier gesprochen wird – wenn auch nicht immer alles wahr ist, was da gesprochen wird.
Naja, Bier war ja vor drei oder vier Jahrzehnten noch das absolut uninteressante Arbeitergetränk, das Getränk des Mundl Sackbauer aus „Ein echter Wiener geht nicht unter". Das war keine Empfehlung…

Und dann kam der Conrad Seidl.
Und dann, genau, kam der Conrad Seidl und hat gesagt: „He bitte, das ist ja was Besonderes, das hat Qualität, das hat also einen Markenkern, eine Glaubwürdigkeit." Es gibt mehr, als nur diesen Spruch „Mei Bier is net deppat" vom Mundl Sackbauer aus der Fernsehserie. Das war eine Entwicklung vom Proletengetränk hin zur Spitzengastronomie. Da hat sich ungeheuer viel getan in den letzten Jahren und jetzt fasziniert eben diese neue Sortenvielfalt…

Es kann sich aber auch eine kleine Brauerei in Niederbayern mit ihrem einfach sehr gut trinkbaren Hellen profilieren, wenn sie diese Echtheit zeigt.

Es geht ums Original, es geht um die psychologische Differenzierung, Marken entstehen im Kopf. Natürlich muss das Produkt passen, das ist keine Frage. Aber die Story ist wahnsinnig wichtig · eine Story wird ja nicht nur von Hopfen, Malz, Gerste und Wasser, sondern von den Menschen und dem Ort, wo dieses Produkt entsteht, gemacht. Da wollen wir als Konsumenten reinschauen. Eine Brauerei muss mitteilen, was da passiert, wie das passiert. Der Prozess, das ist faszinierend und nichts ist faszinierender als quasi hinter die Kulissen des Braumeisters zu schauen. Also wenn da etwas preisgegeben wird, dann ist es für eine neugierige Gesellschaft, die ständig, „over-newsed but underinformed" ist, die also ständig überreizt ist, ein echter Mehrwert. Natürlich habe ich da auch digitale Chancen jetzt: Denn jetzt kann ich die Biermarke ins Handy eingeben, den QR-Code scannen oder den Doktor Google fragen. Das bedeutet eine Revolution der Märkte, was den Fachhandel betrifft und die Wirtschaft allgemein, ob Industrie, Dienstleistung oder Handel. Man spricht ja immer vom „Kunden 4.0", es gibt aber auch beim Bier einen „Biertrinker 4.0". Nicht unbedingt, weil er sich das Bier digital bestellt, das ist relativ irrelevant….

Weil E-Commerce im deutschen Lebensmittel-Markt nicht so bedeutend ist…
Das ist nicht das Thema – wir wissen, dass es eher schlecht als recht funktioniert, aber es gibt was Anderes. Das Thema ist, dass wir Empfehlungen brauchen, dass wir Hintergründe wissen wollen. Wobei viele Menschen bereit sind, selber Empfehlungen und Erfahrungen zu teilen – auf Yelp, Ratebeer, Tripadvisor oder Beeradvocate. Daher muss man als Anbieter umso bemühter sein, dass Konsumenten gute Erfahrungen machen und diese teilen. Eine schlechte Erfahrung wird ja noch viel eher geteilt, da können ein, zwei schlechte Bewertungen ganz schnell die Runde machen. Wir haben misstrauische Konsumenten, sie werden im Netz

nachschauen. Was steht über dieses Craftbier im Netz? Und das muss möglichst aktuell sein. Ich möchte andere Erfahrungswerte kennenlernen, auch darüber streiten können: Was sagen denn andere? Was sagt der Conrad Seidl auf Beer-Weekly über dieses Bier? Oder in seinem Bierguide?

Also wir haben hier eine neue Kommunikationsebene zusätzlich zu Flaschenetikett, zusätzlich zu Bierdeckel, zusätzlich zu dem, was in der Lokalität vielleicht an Information aufliegt und das muss von einem erfolgreichen Brauer in unserer quasi digitalen Gesellschaft offensiv gespielt werden.

Wir sehen in Amerika, dass die Craft Brewer, vor allem was Dollarvalue betrifft, sehr viel stärker geworden sind. In Amerika schrumpft der Biermarkt, aber vor allem zu Lasten der Großbrauereien. Was muss den ein Großer tun, um die große Marke groß zu halten?

Also zunächst er darf vom Gaspedal der Kommunikation nicht runter. Das ist leider ein ungeheurer Druck. Share of voice, Share of mind heißt auch Share of throat. Im Endeffekt geht es um ein Tempo, das eine große Marke schon immer fahren musste. Wer vom Gaspedal weggeht, wird ins Schleudern kommen. Es geht eine gewisse Zeit, da merkt man auch nichts, aber dann ist die Neugierde der Konsumenten weg, dann ist die Probierbereitschaft weg, also das geht dann direkt rein in ein Minus beim Konsum. Die Kleinen, die haben Weiterempfehlung, weil sie was Besonderes sind. Ein Bier einer Konzernbrauerei hat viel weniger Chance, weiterempfohlen zu werden – einfach weil es der Biertrinker 4.0 nicht für spannend genug hält, es weiterzuempfehlen. Das eine ist ein unglaublicher Druck, der aufgebaut wird, also vertriebsseitig natürlich auch. Ich muss die Logistik und die Vertriebspunkte haben – und das alles muss passen und da muss es eine Mengenmechanik am Leben gehalten werden und das kostet ungeheuer viel Geld. Also sparen bei der Kommunikation in diesen Zeiten, das geht nicht für die Großen.

Das weiß ein Großkonzern, ob das jetzt Heineken, Radeberger-Gruppe oder wer immer das ist, ganz gut. Es machen die Kleinen ebenfalls gut, die bekommen zum Teil free press, weil es halt für die Zeitung eine gute Story ist, dass ein junger Brauer oder noch besser eine junge Brauerin eine alte Brauerei übernommen hat und dort ein tolles Bier braut. Das ist eine gute Story für Zeitung oder Fernsehen, ganz ohne Inserate. Auch das erste India Pale Ale oder der erste Triple-Bock von ganz Hessen ist so eine Story. Aber der Mittelstandsbrauer, der muss sich erst einmal entscheiden, ist er ein Großer oder ein Kleiner? Oder wovon lebt der Mittelstandsbrauer in Zukunft?

Die Mitte kommt natürlich besonders unter Druck, aber der Mittelstandsbrauer hat die Region. Der ist irgendwo letztlich über den Kirchturm definiert und über seine Einzugsgebiete und über seine logistische Möglichkeit. Aber der ist damit hundertprozentig glaubwürdig. Manche Großen leisten sich den Fehler, nicht glaubwürdig zu sein. Mir ist vor Kurzem wieder eine Werbung aufgefallen, wo ich mir gedacht habe: Das darf nicht wahr sein! Eine deutsche Biermarke, mir fällt sie jetzt nicht ein, zeigt seit 20 oder mehr Jahren einen See im Flachland und schreibt dazu: „Felsquellwasser ". Wenn ich Felsquellwasser höre, da denke ich an die Krimmler Wasserfälle im Gebirge, wo also wirklich Quellwasser den Berg runterstürzt oder aus dem Berg entnommen wird. Das passt nicht zusammen. Die Großen müssen aufpassen, wenn sie nämlich nur die bestehenden Marketingkonzepte ausrollen, fortsetzen, keine Innovation hinein bringen, dann wirkt diese Form der Kommunikation immer schwächer. Auch wenn Felsquellwasser ein guter Begriff ist, ist der seit 20 Jahren schlecht kommuniziert worden. Da denk ich mir: Das kann nicht gut gehen auf die Dauer.

GENUSS
SHOPPING
BIER
ROTWEIN
SKI
WEISSWEIN
MÖBEL & DESIGN
OLDTIMER

DIE PREMIUM GUIDES ZUM PASSENDEN THEMA

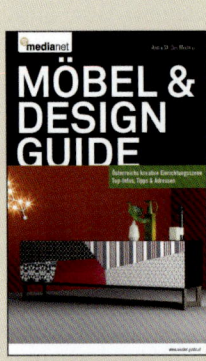

www.medianet.at